佛學與人生系列7

古叢林入禪秘鑰

管炬 編著

博客思出版社

凡例

佛法幽玄。義理晦沉。而難為剖析銷會。由於意義難知。所以大多埋藏於煙塵之中。殊為可惜。本人不忖簡陋。於珠玉砂石中揀出。以饗有緣讀者。

本書乃是以大藏經中。古大禪師所言為底本。編輯而成。而古德之言。亦是根據。古宗師的古人所說。再舉以示眾。由於年代久遠。所以。在此很多地方。將不論禪師名號。而統以古德稱之。

見地為先。見得一里。方說得上一里話。見得透頂澈底。方能說而無說。也才能有行履份。否則。夢也未夢見在。更沒有什麼說或不說。而佛法著重於因果。禪就是最迅速。最即時的因果法門。主要原因是即心即佛。剎那的恁麼來。一切已經固定而不可改變。所以修行的目的。最重要的還是要淨洗如來藏的業識種子。如果能夠明心見性。見地清淨。則定能得大自在。大涅槃。故心淨則佛土淨。

很多人都認為。學禪很苦。苦無明師良友引進修行之路。故本書乃是為中等程度修行者而寫。由於中等者。可浮可沉。故予以助之。本書不是只有少數幾個理論。而是有完整的結構。大致上宗門之要點。本書都有提及。所以本書刊出後。禪宗將無秘密。然以當今科技之進步。資訊之發達。只要有心。豈有秘密之可言。況教典基礎不足。如何能有悟門。故本書分為兩大部份。上為正文。其中有很多古人未傳之秘。但卻是宗門鎖鑰。本人在此予以闡釋並公開。以助學者能儘快體悟發明。至於其下的相關法語部份。則為入門之根基。乃是將佛典中古德提示。分門別類放於適當章節中。幫助學者了解正文。以使觸類旁通。故只要信之而研讀。必能有所收獲。不足之處。亦請賢者不吝指教。

道法是一。由於各人根器有別。習氣深淺不同。故學有遲速。然誰又能知道。個人歷劫之根基如何。所以本人認為。祇要善用方便。一切時劫限量不得。或許一剎那間。便能悟道。所以云。用少方便力。疾證菩提道。然重要是能夠善用工具。而本書便是助道之利器。

百年光陰能有幾許。未能回光達本以前。都是夢幻。所以要麼就不學。要學即學最勁截最簡要的法門。禪是一超直入如來地。是活的祖師西來意。能讓人一生成就。既然有路可行。有緣者不可錯過。然而佛法本無可說。了即當下即了。其間無有少法可得。故云諸法寂滅相。不可以言宣。蓋此事不屬文言。不因工夫。要在活路上。觸著磕著自己曠劫中事。乃名了事。所以本書所述之一切只是方便說。讀者不可認作實法會。當然書中內容或有疏漏不當。或思議不及而觸忤人天處。因果本人自須承擔。

導讀

禪是中國的瑰寶。流傳至今已數千年。而獲得證悟者亦多。若無真正的好處。則不可能傳得這麼久。且得到諸方智者的重視。然現今修禪的人很多。且佛法到處都有人在宣揚。但為何總是說不著重點。且未能讓人有入禪的方法。而能夠有效的隨時走在修行的道路上。即以如今之工商社會。一切都講求快速。若不能有效率的達成心神寧靜的目標。則修行有何價值。故必須要能以簡潔的方法。就取得最大的效果。禪並不只是能讓心靈放鬆。及讓身體上得到輕安而已。禪是累世持久的身心淨化工程。其目的是要得到真正的智慧。使身心獲得徹底的解脫。此則必須得到無師智及根本智。禪是思惟修。是轉識成智。以定慧為雙翼。將身心上的雜質予以燃燒變化。要知道心的力量是非常強大的。參禪的目的。即就是要全力的開發自己的心靈。重點是要使心清淨。心淨則佛土淨。心因清淨而能靈巧。即有力量去應付世間各種苦難。使人得到幸福。所以此事直以見性為本。以離念為方法。然要達到能自信自肯而大受用的地步。則必須要有真實見解。為何法法各不相知。各不相到。一切法是有是無。是實是虛。以及各種修行漸次。書中都分門詳述。總要使學者能得到關鍵性的見地。了解禪的思想語言。如此才有辦法去研讀傳燈等各種禪門典籍。而能進一步的獲得其中的旨趣。

本書分為三十六章。內容包含心法道三個部份。於中每個部份也都有數個章節予以闡釋。心是清淨心。法是一乘法。道是解脫道。而三者可分也可合。就如同法身報身化身三身一體。出則一時同出。所以古人云。大道虛曠。常隱於自受用中。常顯於自受用中。絲毫不有。絲毫不無。應古應今。全生全不生。全滅全不滅。故須具金剛正眼。凡所有法都是一切臨時。只是一乘法。而有無掌管一切法。但大部份人卻被有和無兩頭所拘。必須跳脫兩邊。趨向中道才能得自在。三界惟心故屬法空。即心即佛故知妙有。然空有不相離。且自己就是牢關。自己是銀山鐵壁。加上我執法執。於有無中就成為三關。昔藥山惟儼禪師問石頭云。三乘十二分教某甲麤知。嘗聞南方直指人心見性成佛。實未明了。石頭曰。恁麼也不得。不恁麼也不得。恁麼不恁麼總不得。子作麼生。山罔措。次參馬祖。仍伸前問。祖曰。我有時教伊揚眉瞬目。有時不教伊揚眉瞬目。有時揚眉瞬目者是。有時揚眉瞬目者不是。子作麼生。山於言下契悟便禮拜。祖曰你見箇什麼道理便禮拜。山曰惟儼在石頭處如蚊子上鐵牛。祖曰。汝既如是。善自護持。各位。恁麼不恁麼總不得是無。我有時教伊揚眉瞬目。有時不教伊揚眉瞬目則是有。而三乘十二分教某甲麤知。以及有時揚眉瞬目者是。有時揚眉目瞬者不是。則表一切以自己為依歸。自己是大總持。所以藥山在石頭總不得處如蚊子上鐵牛。於馬祖我有時教伊有時不教伊言下得大受用而契悟。此即是有無及自己三關。

然而真空須配妙有。故所有的法都是相對待。都是相參而成組合。例如有天必有地。有陰便有陽。身中有生老病死。念上有生住異滅。國土有成住壞空。故須見到同便須見到異。見到有便要同時見到空。所以雲門一句中要帶三句。函蓋乾坤句。截斷眾流句。隨波逐浪句。而函蓋乾坤。截斷眾流是一組。是頂門眼。是恁麼來。無語中有語。是轉位就功。是卻來底人。紅爐片雪春。而截斷眾流。隨波逐浪是一組。是肘後符。是恁麼去。有語中無語。是轉功就位。是向去底人。玉韞荊山貴。其間要以截斷眾流為樞紐。所以頂門眼和肘後符是相輔相成。而臨濟宗的三玄三要。亦可如法帶入。昔臨濟上堂云。一句語須具三玄門。一玄門須具三要。有權有實有照有用。故其在理事上的運用。也只如此。例如第一句和第二句合為一組。為頂門眼。第二句和第三句合為一組。為肘後符。金剛經云。須菩提。諸微塵。如來說非微塵。是名微塵。如來說世界。非世界。是名世界。此即是綱宗中所云。初善中善後善。見山是山見水是水是初善。先肯定為有。見山不是山見水不是水是中善。次否定為無。最後見山是山見水是水是後善。最末才予以肯定是無量無邊。所以有時壁立萬仞。有時卻須入泥入水。端看個人依目前的語脈從何而來。再予以放行或把住。故云目前無法。意在目前。不是目前法。非耳目之所到。

以上隨口所說。都是本書中的法要。散在各個章節中。且本人相信佛法並不難。只要有要訣。知道關鍵。每個人都能獲得證悟。都能心空及第歸。至於太複雜的理論則不用管他。與證悟的主題並不相干。徒擾心智。浪費時間。且生死事大。無常迅速。歲變月遷。剎那不住。從無始以來。眾生為無明所覆。煩惱所纏。始終都在緣塵中流浪。誠可憐愍。既無駐顏之妙藥。又無換骨之靈丹。畢竟作麼生。才得不蹉跎光陰。不再流轉去。又如大限到來。四大分離。識神無主。前路茫茫。冤業相牽。到此之際。生前勢力。靠不得了也。師友眷屬。替不得了也。金銀珍寶。用不得了也。田園產業。恃不得了也。文章學問。顯不得了也。智謀機械。使不得了也。作麼生得擺脫拘執去。莫是齋得幾員僧拜幾拜佛可脫生死麼。莫是持幾卷經唸幾箇咒可脫生死麼。莫是講得三經五論如瓶瀉水可脫生死麼。莫是將祖師公案逐一商量。知道如何拈如何頌可脫生死麼。且就算能於本分中實有見處。將一千八百則陳爛葛藤。都予穿過而無毫髮可疑。要也脫生死不得。何以故。以渠未能悟達無生以前。都無行履份。都如被冰夾之魚。雖是渾身在水。怎奈轉動不得。又如司庫之吏。雖然出入珍寶錢財無數。怎奈非渠所有。當知死生是無量劫中的大事。是自迷自惑底一種妄習。於當人八識五蘊中念念遷流。起為愛憎。動為能所。粘骨綴髓。極未來際。永無有自了之期。上至人天。下至蠢動。皆同這一著子。除非自己真實要了生死。然後奮一片決定信心。向腳跟下真實悟去。自餘功用俱落異途。

各位。自誑無益。縱有珍寶如山。眷屬如恆河沙。開眼即見。合眼即不能見。故知有為之法如夢幻等。若不急急參尋。空過一生。大為可惜。且佛法難聞。而目前即有解脫的方法。若知而不願求。或求而不能入。豈不是虛度此生。然雖佛性自有。但若不學終不明了。且未曾得個立地之處。饒你十二時中。常常在繩墨上行。又何曾有一絲毫是處。所以古德云。訪舊論懷實可傷。經年獨臥涅槃堂。門無過客窗無紙。爐有寒灰蓆有霜。病後始知身是苦。健時多為別人忙。老僧自有安閑法。八苦交煎總不妨。大眾。如何得脫苦去。如何是安閑法。此須是參它涅槃堂裏禪始得。然人病苦生死到來。作不得主者何也。此無他。蓋為分成兩段。把生死病苦看作生死病苦故也。殊不知。生死病苦即是當人本地風光。本非他物。故此必須全身拶入。即生死而無生死。然雖云。老僧自有安閒法。八苦交煎總不妨。但今時人多自不到者個田地。將謂八苦之外。別有個安閒之法與不安閒的作對敵。是以越對敵越不安閒。病苦外另有個無病苦的。所以強作主宰。然越要作主越作主不來。以致虛受辛苦。但只要不看作兩橛。自然就裡便得安閒。然亦不是無別。何也。若不是兩橛。則病苦無有歇時。

此事首要在明心見性。心是清淨之心。性是當下的五蘊。然體用不相離。故表現在剎那。攝論曰。處夢謂經年。悟乃須臾頃。故知時雖無量。攝在一剎那。賢首曰。此中一剎那者。即謂無念。楞伽曰。一切法不生。我說剎那義。初生即有滅。不為愚者說。以一剎那流轉必無自性故。即是無生。若非無生則不流轉。是故契無生者方見剎那。昔黃檗慧禪師初謁疏山。正值山坐法堂參次。慧先顧視大眾。然後設問云。剎那便去時如何。山曰。逼塞虛空。汝作麼生去。慧曰。逼塞虛空。不如不去。疏山乃默然。慧出見第一座。座問慧曰。汝適才祇對之語甚奇。慧曰。亦似偶然。願為開示。第一座曰。一剎那間。還容擬議否。慧於是悟旨於言下。華嚴十定品中有入剎那際法門。但以剎那是極短促的時間。思慮不及故。終不別論生滅。

蓋因有生有滅。皆悉是空是幻。相似相續故。凡愚妄見有實。猶如燈焰。念念生滅。謂為一焰。又昔世尊在摩竭提國。阿蘭若法菩提場中始成正覺。於普光明殿。入剎那際三昧。明以法界身為定體。無三世性故。從兜率天下降神。及入涅槃。四十九年住世。轉一切法輪。總不出剎那際。以此三昧圓通始終。非三世古今故。以總言之。一切過去現在未來諸佛。皆盡一智成佛。并眾生生死。亦不移剎那頃。維摩經云。直心是道場。無虛假故。但入剎那際三昧。即成無上覺道。當知這箇時節。具無量廣大智慧門。無量神通門。無量言詞門。無量不可說又不可說。一切佛菩薩自在受用門。故知剎那三昧通一切法門。直下便見。不落意地。眼孔定動。則已不是了。故溈山嘗語仰山曰。寂子速道。莫入陰界。而仰山曰。慧寂信位亦不立。此即華嚴經所言。一念普觀無量劫。無去無來亦無住。如是了知三世事。超諸方便成十力。

又一切都是以自己為主。所有之法都要會歸自己。昔蘄州五祖法演禪師年三十五歲。始棄家祝髮受具。往成都習唯識百法論。因聞菩薩人見道時。智與理冥。境與神會。不分能證所證。西天外道。嘗難比丘曰。既不分能證所證。卻以何為證。無能對者。外道貶之。令不鳴鐘鼓。反披袈裟。三藏法師至彼。救此義曰。如人飲水。冷暖自知。乃通其難。演禪師曰。冷暖則可知矣。如何是自知的事。遂往質本講。講莫能答其所問。但誘之曰。汝欲明此事。當往南方。扣傳佛心宗者。師即負笈出關。所見尊宿。無不以此咨決。然疑終不破。後謁圓照本禪師。於古今因緣會盡。唯不會僧問興化。四方八面來時如何。化云。打中間底。僧作禮。化云。我昨日赴箇村齋。中途遇一陣卒風暴雨。卻向古廟裏避得過。以此公案請益本。本云。此是臨濟下因緣。須是問他家兒孫始得。師遂謁浮山遠禪師請益前話。遠云。我有箇譬喻說似儞。一似箇三家村裏賣柴漢子。把箇匾擔向十字街頭立地問人。中書堂中今日商量甚麼事。演師默計云。若如此大故未在。遠一日語師云。吾老矣。恐虛度子光陰。可往依白雲端。此老雖後生。吾未識面。但見其頌臨濟三頓棒話。實有過人處。必能了子大事。師遂禮辭往參白雲端禪師。一日請問。南泉摩尼珠語。端叱之。師領悟而汗下被體。乃作投機頌云。山前一片閑田地。叉手叮嚀問祖翁。幾度賣來還自買。為憐松竹引清風。

此後遂在白雲處掌磨司。一日端至語之曰。有數禪客自廬山來。詰之皆有悟入處。教伊說。亦說得有來繇。舉因緣向伊。亦明得去。教伊下語。亦下得。秖是未在。你道如何。演於是大疑。即私自計曰。既悟了。說亦說得。明亦明得。如何卻未在。遂參究連日。忽然有省。從前寶惜一時放下。厥後嘗語人曰。我因茲出一身白汗。便明得下載清風。雪堂行有頌發揮之曰。腦後一椎喪卻全機。淨贏贏兮絕承當。赤灑灑兮離鉤錐。下載清風付與誰。大眾。演和尚在眾時即為翹楚。一聞舉著便自不安。此正所謂。不以少為足也。又道從前寶惜一時放下。當知放得下方名到家。否則總是枯弄花枝。無有實益。渠後出世上堂自云。法演遊方。十有餘年。海上參尋。見數員尊宿。自謂了當。及到浮山圓鑑會下直是開口不得。後到白雲門下。咬破一箇鐵酸餡。直得百味具足。且道餡子一句。作麼生道。乃云。花發雞冠媚早秋。誰人能染紫絲頭。有時風動頻相倚。似向堦前闘不休。大眾。花發雞冠此是暗指頂門上一著子。是金剛正眼。大體上參禪。要得到兩樣東西。一者是頂門眼。一者是肘後符。而兩者二而一。一而二。目的都只是要證空證幻。頂門眼直通父母未生前的本分田地。所謂直截根源佛所印。五祖演和尚於如何是自知的事。疑於自己。後又於興化云。打中間底及向古廟裏避得過處。疑於本分田地。至於肘後符。則是掃蕩前蹤。摘葉尋枝我不能。佛來也打。魔來也打。演於從前寶惜一時放下處。回歸威音王前。洞山云。見佛及祖。如生冤家相似。方才入我宗門。直須透金剛圈。吞棘栗蓬始得。若能悟入。則能得本道公驗。得大總持。

自序

本人出生於信仰佛教家庭。年輕時即對於性命之學有興趣。所以這一生大部份時間。都著力於與身心有關之研究。中年亦曾研究過五術。但總覺得對於他人與自己命運幫助不大。後來即予以放棄。一九八七年在樹林光明寺。皈依住持老和尚。並向渠學習太極拳。記得當時是冬天的早晨四點多。天還沒亮。天冷。且下著毛毛細雨。老和尚腳不太方便。一般總是口述著。我自個學。遇上不會渠才起身稍做比劃。有一天在學玉女穿梭這一招時。不知怎麼的就是學不會。老和尚於我頂門上拍一下云。怎麼這麼笨。良久又問云。痛不痛。我當時只是曲順人情。說不痛。渠見我不知痛癢。不會。也沒再說什麼。但日後卻在寺院結緣書櫃中。常放些禪宗書籍。讓我帶回家閱讀。此是我初與禪宗接觸的開始。而頂門上這一拍。大概也是往後本人能夠開智慧。易於悟懂道理的原由之一吧。如今回想。當初老和尚頂著光頭。在寒風細雨中佇立慈悲之模樣。心中仍是無限感激與懷念。從茲而後。看書即常盤腿。也曾坐到十根腳指頭。每根都如火燒過。打拳也打到腳步凝滯到移不動。後來才知。此是欲界未到地定中間的前行。腳步凝滯屬地大。腳指頭如火燒過屬火大。

由於禪乃功德叢林。要達初禪必須要有支林功德法配合。故當時雖小有境界。

但沒有力量。對於修行人最難克制的淫慾。是無法抵抗的。為了對治。故日以繼夜以楞嚴咒持心。大約經有兩參年。也只怪自己心不猛烈。故效果仍是不彰。然於某天心中正在行淫時。突然冒出雪堂行的一首詩云。門前石塔子。八白仍九紫。方位已分明。莫被巡官使。心中震撼云。原來目前所想的那個女人。就是我的巡官閻羅老子。當下一陣冷汗。淫思去了七八成。自此心中日漸清明。故知參禪。也必須先除卻粗緣。否則必不成就。當然在此之前。本人也早已悟到剎那。而得前後際斷。多少去掉些法執。但這只能到達化城。而非是寶所。其間雖然零星也悟得東山水上行。急水上打毬子。和古佛放光時節。以及壺公瓢中自有日月長等等公案。但心中總有個窒礙。雖然自己並不認為是在認識神。其實還是以識神為主。原因是心未歸一。未達到真正的虛空粉碎。大地平沉。但自己並不覺知。而此時心已漸細。也已感到初禪的震動。最初是粗動。其後是細而漸成片。又後則是細如電流。而致全身局部酥麻。其後則有熱痛癢等。不一而動遍及全身。查這與六妙門。小止觀中所述境界穩合。故無有問題。已入初禪。

在此當略為述及本人對四禪八定的看法。四禪八定者。為色界四禪和無色界四定。其中色界以初禪。和四禪最為重要。初禪為初次證入有覺有觀三昧。因前數息隨息諸方便修習。或念佛持心等。從初修禪以來不計勤苦。既有善心。功力成就。自然感報。如法華中說。隨功賞賜。乃至禪定。根。力等事。其次或因色界五陰。住在欲界身中。麤細相違。故有掉。動八觸等事。或十六觸次第而生。且有十種善法眷屬與動俱起。其十者。一。定。二。空。三。明淨。四。喜悅。五。樂。六。善心生。七。知見明了。八。無累解脫。九。境界現前。十。心調柔軟。如是十法與動俱生。名動眷屬勝妙功德莊嚴動法。故初禪是修行者定與慧的最初成就。離欲及惡法。而獲清涼定。故較為重要。其後的二禪喜禪。三禪樂禪。也只是其心漸漸轉細。於覺心更加明淨而已。並無太大意義。四禪者以捨為主。所謂捨念清淨。此定發時。與捨根相應。故名捨俱禪。是無覺無觀三昧聖默然攝。亦名不動定。入禪時心如明鏡。亦如淨水無波。絕諸亂想。正念堅固。是世間真實禪定。無諸垢染。行者住是定中。心不依善。亦不附惡。無所依倚。亦無若干種種色相。而內成就淨色之法。於此禪中若欲轉緣學一切事。隨意成就。一切神通變化莫不從此定出。故經云。佛於四禪為根本。

大致來說。不管是初禪或二三禪。若不以捨來定一心。使念常清淨。如何能得禪定。即以四無色定來說。一。空處定。二。識處定。三。無所有處定。四。非有想非無想處定。也都有捨的含意。即以空處定為例。首先將自己與虛空合。心中清淨。眼裡光明。這裏不著一點。不挂一絲。身心與虛空合為一體。彼此相互具足。彼具足是我。我具足是彼。這時若無合者。則不辨虛空。若不具足。卻成兩箇。故明歷歷地有眼。淨裸裸地有身。所以雖虛而靈。雖空而妙。此即是放捨身心。其他如識無邊處定。修行者於定靜中。察覺到識的頻繁亂動。而想予以除遣。以至於無所有處定。於中無有定法。故無所謂的受與不受。而非有想非無想處定。遠離兩邊。

隨緣放曠。這也都可與捨同作類比。又論云。無想有三義。一。無想天定。二。非有想非無想定。三。滅受想定。而佛弟子滅心。入滅受想定。又云。般若滅一切法。而能生一切法。如從初禪來滅憂。乃至非想非非想。滅不用處之想。皆般若中前方便。是般若氣分所攝。滅諸法為入空。以其滅諸法故。能生後勝法故。般若能生萬法故。

然四無色定。終亦必須回歸至四禪捨禪。因為倘若沒有色界的淨色種子。則不應於定中。對因緣時現種種色。故知色界四禪仍屬漸修法。處在功動。故佛弟子入滅受想定。方至無學處。在此舉個例作參考。昔世尊因長爪梵志索論義。預約云。我義若墮。我自斬首以謝。世尊云。汝義以何為宗。志云。我義以一切不受為宗。世尊云。是見受否。志拂袖而去。行至中路有省。乃謂弟子云。吾當回去斬首以謝世尊。弟子云。人天眾前。幸當得勝。何以斬首。志云。我寧於有智人前斬首。不於無智人前得勝。乃嘆云。我義兩處負墮。是見若受。負門處麤。是見不受。負門處細。一切人天二乘皆不知我義墮處。唯有世尊。諸大菩薩知我義墮。回至世尊前云。我義兩處負墮。故當斬首以謝。世尊云。我法中無如是事。汝當回心向道。於是同五百徒眾一時投佛出家。證阿羅漢。古德拈云。是見若受破家門。是見不受與誰論。區擔驀折兩頭脫。一毫頭上現乾坤。以上所述。有些部份。是本人參禪的一段葛藤。識者見笑。

目錄

一　入禪秘鑰

參禪一著。要敵生死。不是說了便休。古人云。只貴子眼正。不貴子行履。故參學之士。以見地為先。所言見地者。乃的信自心。本來清淨。了無一物。不獨凡情。聖亦不立。但因無始無明。自蔽妙明。故起種種。顛倒妄想分別。造種種業。譬如人無事。忽於睡中作個夢。夢中苦樂等事。宛然現前。及至覺來求之。了不可得。是謂無中生有。豈實法耶。但痴人顛倒。執為實有。此乃見地不徹也。及佛出世說種種法。乃破夢之具。亦是本無。然學佛法者。又執為實。此乃夢中增夢耳。今參禪別無妙訣。直是打破夢想顛倒。若了知本無。的信自心清淨無物。則達妄想非有。了妄不有。則知佛法所謂破妄想者。亦本非有。佛法是藥。妄想是病。若藥病不立。則本體安然。如此則知。藥病皆病。故知說個得字。說箇悟字。又比之如大醉忽醒。大夢忽覺。亦是不得已。強立對待之名。且如人不飲酒。本自無醉。何消說個醒字。眼若不睡。諸夢自除。何勞說箇覺字。若是不迷不失底人。向他說個得字悟字。堪作何用。豈不見祖師道。迷時只迷悟底。悟時只悟迷底。迷悟兩忘。直下是甚麼。既知如此。便當知佛法二字。總是對治之說。應病之藥耳。人若能坐在無依田地。既不見有凡夫眾生。又不見有涅槃生死。則佛法二字。於你分上有何用處。故南陽忠國師云。踏毗盧頂上行。更說甚麼十身調御。既能出格在高高山頂上立。便知曰佛曰法曰眾生曰國土。俱從無依建立。是故臨濟和尚云。無依道人是諸佛之母。佛從無依生。若悟無依。佛亦無得。所謂一剎那間。遊履三眼國土。入諸佛世界。入眾生世界。入諸魔世界。乃至徧入一切真俗淨穢等法界。而不著不礙者。總是自己無依道人翫弄神變。遊戲三昧。放去收來。得大自在處也。

所以此事。不可以有心求。不可以無心得。不可以語言造。不可以寂默通。昔釋迦老子在般若會上。問文殊師利菩薩云。汝入不思議三昧耶。文殊云。弗也。世尊。我即不思議。不見有心能思議者。云何而言入不思議三昧。我初發心。欲入是定。如今思惟。實無心想而入三昧。如人學射。久習則巧。後雖無心。以久習故。箭發皆中。我亦如是。初學不思議三昧。繫心一緣。若久習成就。則更無心想。常與定俱。故佛說。世出世間功德。以無心功德為最大而不可思議。即如通常我們學字學畫。始而一點一畫全用心意識。繼而手忘筆。筆忘紙。後則星馳電卷。勢如塞上之將軍。魚躍鳶飛。妙若空中之噫氣。何曾與心意識商量來。此即是無心。昔汾陽善昭禪師謁首山。遇其上堂。師出問云。馬祖陞堂。百丈卷席。意旨如何。山云。龍袖拂開全體現。師云。師意如何。山云。象王行處絕狐蹤。師於言下大悟。提起坐具云。萬古碧潭空界月。再三撈摝始應知。便作禮。於時葉縣省和尚作首座。參退問師云。昭兄。爾適來見個甚麼道理。便恁麼道。師云。正是善昭放身捨命處。省便休。又昔阿㝹樓馱性好打眠。世尊見而訶曰。咄咄何為睡。螺螄蚌蛤類。一睡一千年。不聞佛名字。繇是激發。七日不眠。失其雙目。卻得半頭天眼。故知不放逸功德大矣。而所謂萬古碧潭空界月。再三撈摝始應知。此即是不放逸。此就是入禪秘鑰。

古德云。學道如鑽火。逢煙且莫休。直待金星現。歸家始到頭。昔圓悟禪師未離蜀時。在講肆中已為同輩所推。及至出蜀。所至諸方無不盡其底蘊。首謁真如喆和尚。欲呈所見。喆云。且歇去。次日復往。喆云。昔有僧問睦州。以一重去一重即不問。不以一重去一重時如何。睦州云。昨日栽茄子。今日種冬瓜。汝靜思之。悟遂靜默數月。忽然有省。即以告喆。喆詰之。悟曰。知客在門頭。典座在厨下。喆頷之。各位。此乃是法住法位。後來圓悟又謁黃龍晦堂心禪師。心云。我此間要宗說俱通。一處不明。非吾眷屬。只如獅子尊者被害。白乳涌頭。今人唯血出。汝意云何。悟云。乳血果有異耶。心曰。安得同。悟曰。二物從何而有。心曰。傷汝膚。乳何在。悟曰。待和尚一鋤成井。我亦如是。晦堂笑曰。此後生亦可穿鑿。又謁東林總和尚。總曰。路逢達磨否。悟曰。今日獲瞻慈相。總斥之曰。汝狂矣。悟私自謂云。此平實禪也。次日復往。總曰。人人有一慧日。汝有之乎。悟曰。無。總曰。安得無。悟云。在山南。總可其語。且道圓悟此語。落在什麼處。大眾。山南者。頂門也。必須具金剛正眼始通之。是異而不異。分而不分。東林既是落七落八。圓悟未免頭上安頭。則前所謂平實禪者。語不誣矣。

是時叢林中有人。得證悟者多。聞知圓悟機鋒峻捷。辨說過人。有一老宿笑曰。勤川子被禪道裂破肚皮矣。何年得安樂耶。者箇便是將圓悟推向萬丈深坑。更擠以石。然後要他甦醒起來。自作活計。蓋說食如何能飽人。圓悟聞之。不覺負愧。遂往龍舒。謁太平五祖演禪師。演詰其所見。每呈各種伎倆。五祖衹是不肯他。圓悟以為祖用心行移換人。五祖道。你他日著熱病打時。方思量老僧話在。圓悟忿然而去。至金山。因故人有疾。悟授以己見。其人臨終。狼狽萬狀。悟曰。參禪極頭處。今敗績矣。古人到者裏。論實不論虛。只如圓悟平日所歷諸方宗匠之門。得如是契證。古人淵奧。罔不窮盡。因甚至演祖之室。則如賊入空屋。更無一物可稱其意。後至蘇州萬壽大病。怖不自持。平日見解。一無所用。乃謂佛鑑禪師曰。太平老人所謂的涅槃堂裏禪。今日驗矣。追繹五祖之言。乃自誓云。若病稍間。即還太平。

其時五祖演已遷海會。悟如誓前往。祖一見而喜。即令參堂。不久入侍者寮。

所謂欲識佛性義。當觀時節因緣。時節若至。其理自彰。必欲究明此事。須當因緣脗合。自有其時。若時節因緣未至。世間有這麼多的句。誰人又能知道那一句為正句。能觸動己心而開悟。看他圓悟豈不是因緣時節該至耶。一日因有官人相訪請問法要。祖曰。官人曾讀小艷詩否。官人答曾讀。祖曰。頻呼小玉元無事。只要檀郎認得聲。圓悟聞之謂祖曰。此兩句亦能發機乎。五祖云。此便是說禪。圓悟云。如何是禪。五祖再舉一遍云。頻呼小玉元無事。只要檀郎認得聲。如何是佛。麻三斤。圓悟忽然有省。五祖又云。如何是祖師西來意。庭前栢樹子。圓悟長噓一聲。五祖云。汝作麼生會。圓悟云。去卻胸中物。喪盡目前機。祖大悅云。這漢徹了。時有雞正啼。悟乃斥之曰。汝亦會禪耶。大眾。末後一著。始到牢關。絕後再甦。欺君不得。此便是全心即佛。全佛即心。一人發真歸元。十方虛空。悉皆消殞底時節也。看他對五祖曰。此兩句亦能發機乎。便是百了千當的時節。縱使五祖未開口曰麻三斤。圓悟是時。亦當如桶底子脫相似。乃至道個麻三斤。胸中凝膺之物豈不脫然耶。圓悟凝膺之物既已脫然。無著快活處。時有雞正在啼。乃斥之曰。汝亦會禪耶。者箇便是回乾轉坤。千聖羅籠不住。透頂透底。獨步大方底手段。所謂靈光獨耀。迥脫根塵。體露真常。不拘文字。自後五祖之門能大其家。其若子若孫。分光四海。猶揭日月者。惟圓悟一人而已。此豈易事哉。

由於圓悟曾在死生大事上。有所怖懼而留心。故其弟子中。坐脫立亡者亦多。

茲隨舉兩例以饗讀者。昔圓悟住昭覺時。會中有五百眾。有道祖者。被舉為第一座。一日為眾入室未罷。尚餘二十七人。立於門側。道祖忽發問云。生死到來。如何迴避。眾無對。祖遂擲下拂子。屹然而往。眾皆驚異。圓悟得知。疾至而約退餘僧。喚云。祖首座。祖首座。祖遂舉頭開眼視悟。悟云。抖擻精神透關去。道祖點頭便行。又圓悟會中。有得法弟子道覺。時住彭州妙寂禪寺。一日買三十錢酒服藥。悟見而叱之云。老老大大。作這般模樣。覺遂進前問訊云。告禪師。只喫這一回。後次不敢。次日鳴鼓陞座。辭眾便行。看他先輩。去住自由。大不容易。當是在平時行履綿密。方能如此。故知三乘十二分教。只是表顯之說。如人說食。終不能飽。要能返照自己真實受用處。於一切時。無纖毫滲漏。方為究竟。各位。如今要得世間功名。也須至少十餘年苦工纔得成就。何況要學無上菩提。了脫曠大劫來。生老病死等苦。豈是容易底事。且世間所學一伎一能。若不得其要妙。則成常習。非伎能也。況學道乎。必須得其綱領要妙。不爾。則成口耳傳授。流入名相。終成戲論耳。

宗鏡錄云。正念思惟甚深法門。有二種人能枯十二因緣大樹。一者溫故不忘。二者諮受新法。昔妙色國王欲求勝法。恨不值佛。帝釋遂現藥义形。而為說法。乃曰。我肚饑不能為汝說。王遂呼廚吏作上膳奉之。藥义曰。此非我食。人新血肉是我常食。王思他人身肉俱非我有。遂將己之愛子及愛妻皆與食之。猶未克足。欲捨己身。願乞先為說法。帝釋見王為法心切了無違拒。遂捨藥义形而現帝釋本形。一手托妻。一手托子。了無遺損。若人學道。欲圖個得力處。亦須如此一迴始得。古云。擊石乃有火。不擊元無煙。人學始知道。不學非自然。此說雖曰訓蒙。於禪學分上。說得恰妙。何以知然。謂石中有火。不以智巧擊之引之。則終於不遇也。今人惟知石中有火。未曾施半錢智巧之力擊之。終日指此冷石說火之用。說到脫然落地。依前只是塊石頭。要覓一點火為用。了不可得。此是不肯死心做工夫以求正悟。惟記相似語言而說禪者是也。昔祖心禪師既悟。見老黃龍曰。大事本來如此。和尚何得教人看話下語。百計搜尋。黃龍云。若不教汝如是搜尋。窮到無可用心處。自證自肯去。則埋沒汝也。又昔二祖安心已竟。一日達磨復云。外息諸緣。內心無喘。心如牆壁。可以入道。二祖由是七年乃有語云。我已息諸緣。磨云。莫成斷滅否。二祖云。不成斷滅。各位。不成斷滅。此正是禪宗門頭一箇嫡真血脈。故云。那伽常在定。無有不定時。古德偈曰。學者先須識自宗。莫將真際雜頑空。妙明體淨知傷觸。力在逢緣不借中。出語直教燒不著。潛行須與古人同。無身有事超岐路。無事無身落始終。此是真空妙有。緣起無生之旨。

◆相關法語

情與無情一體。觸目皆真。佛與眾生不別。當體全現。隨處作主。遇緣即宗。有時放行。則溝渠瓦礫悉生光彩。有時把定。則真金七寶咸皆失色。所以道。諸人欲識命麼。流泉是命。湛寂是身。千波競起是文殊境界。一亘晴空是普賢床榻。其次。借一句子是指月。於中事是話月。從上來事。如節度使信旗相似。如諸古德未建立許多作略。到這裏作麼生商量。不假三寸。試請說看。不假眼。試觀矚看。不假耳。試采聽看。所以道。盡十方世界都盧是個真實人體。更向什麼處著眼耳鼻舌身意。

色陰已消受陰明白。新證未獲故解已亡。此楞嚴修證菩薩未達方便者。有證有得於其中間自生疑礙。不如我宗門下。了則頓了。若其未了。只宜豎起脊梁不顧危險。卻不可於塗路邊有所顧盼。如竹篦子纔舉起時。汝作麼開口。且無開口處。如何更有設心處。既無開口。又無設心。病於何生。藥於何治。瞥爾知歸。內外豁然。盡大地皆藥。信手拈來。消補互用。正當此時。豈復問人求活計耶。

諸法寂滅相。豈在言詮。上人截卻舌頭。山僧口挂壁上。還我寂滅相來。把得定作得主。遇境逢緣自解轉轆轆。挨得開插得腳。因邪打正。何處不風流。蓋天蓋地。不從人得。見聞不昧。聲色純真。內外中間了無干涉。向甚處著眼。所以道。

撥塵見佛。佛亦是塵。非佛非塵是甚麼面目。豈不見。古德云。張弓架箭魚游網。物外棲神鳥入籠。生殺盡時蠶作繭。如何透得此三重。

有祖以來。時人錯會。相承至今。以佛祖言句為人師範。若或如此。卻成狂人無智人去。他祇指示汝。無法本是道。道無一法。無佛可成。無道可得。無法可取。無法可捨。所以道。目前無法。意在目前。他不是目前法。若向佛祖邊學。此人未具眼在。何故。皆屬所依不得自在。本祇為生死茫茫。識性無自由分。千里萬里求善知識。須具正眼。求脫虛謬之見。定取目前生死。為復實有。為復實無。若有人定得。許汝出頭。上根之人。言下明道。中下根器。波波浪走。何不向生死中定當取。何處更疑佛疑祖。能替汝生死哉。

身口意清淨。是名佛出世。身口意不淨。是名佛滅度。古人一期方便。與你諸人計個入路。既得個入路。又須得個出路。登山須到頂。入海須到底。登山不到頂。不知宇宙之寬廣。入海不到底。不知滄溟之淺深。既知寬廣。又知淺深。一踏踏翻四大海。一摑摑倒須彌山。撒手到家人不識。鵲噪鴉鳴柏樹間。

先將六情六識。四大五蘊。山河大地。萬象森羅。總鎔作一個疑團頓在目前。不假一鎗一旗。靜悄悄地。便似個清平世界。如是行也只是個疑團。坐也只是個疑團。著衣喫飯也只是個疑團。屙屎放尿也只是個疑團。以至見聞覺知。總只是個疑團。疑來疑去。疑至省力處便是得力處。不疑自疑不舉自舉。從朝至暮粘頭綴尾打成一片。無絲毫縫罅。撼亦不動趁亦不去。昭昭靈靈常現在前。如順水流舟全不犯手。只此便是得力底時節也。更須慤其正念。慎無二心。輾轉磨光輾轉淘汰。窮玄盡奧。至極至微。向一毫頭上安身。不動不搖。無來無去。一念不生。前後際斷。從茲塵勞頓息。昏散勦除。行亦不知行。坐亦不知坐。寒亦不知寒。熱亦不知熱。喫茶不知茶。喫飯不知飯。終日獃憃憃地。恰似個泥塑木雕底與墻壁無殊。纔有者境界現前。即是到家之消息也。決定去地不遠也。

話頭有十種病。曰意根下卜度。曰揚眉瞬目處挅根。曰語路上作活計。曰文字中引證。曰舉起處承當。曰颺在無事匣裏。曰作有無會。曰作真無會。曰作道理會。曰將迷待悟也。離此十種病者。但舉話時。略抖擻精神。只疑是個甚麼。此事如蚊子上鐵牛。更不問如何若何。下嘴不得處棄命一攢和身透入。

古人出家。單為生死大事。操方行脚參師訪友。只為決擇己躬下向上一路。不明不已。故善知識單以此事示人。近來法門寥落。所以不得超脫得大自在者。以一向死守話頭念念不捨。不知參禪最先要內脫身心。外遺世界。離念一著為要。何以繫念返為念縛。故不得超脫耳。但於念念中看。覷念未起處。用在離念一著。久久忽然念頭迸斷。心境兩忘。如脫索獅子自在遊行。

向未舉念時。未開口時會得。便是一切經之母。一切經皆從此中流出。所以道。一切諸佛及諸佛阿耨多羅三藐三菩提法。皆從此經出。昔東印度國王。請般若多羅尊者齋。王問云。諸僧皆轉經。尊者為什麼不轉。尊者答云。貧道入息不居陰界。出息不涉眾緣。嘗轉如是經。百千萬億卷。

從上來有二種方便。有真實方便。所謂說無有間。有善巧方便。所謂妙應群機。若從真實方便得入。不假思量性自神解永無有退。妙用河沙也。若從善巧方便得入。得坐披衣向後自看。始得未足。將為究竟。此二種方便皆一法也。不可須臾有失。

若是得底人。終不言我知我會。遇飯喫飯。遇茶喫茶。終日只守閑閑地。蓋他胸中無許多波吒計校。所以道。心若無事。萬法一如。無得無失。終日只履踐此一片田地。凡有來問。只將此事一時截斷。所以道。見須實見。悟須實悟。古人云。百尺竿頭作伎倆未嶮。向衲衣下。不明大事失卻人身始是嶮。既如是。豈可不明心達本。一切萬緣一齊放下。棄卻知見解會。令教如木石瓦礫相似。到大安穩休歇之地。然後一波纔動萬波隨。而初無動靜等相。蓋他得底人。終日以無所得心。修無所得行。行雖與人同。而常與人異。只為此一片田地。打揲得盡淨。一切會同脫體無礙。豈是小了底事。直須用作事始得。

天清地寧。時康道泰。摩醯正眼洞明。肘後靈符光彩。譬如善舞太阿。終不自傷其手。又如壯士展臂。不借佗力。既爾水到渠成。自然風行草偃。豈不見古德道。緣不虛應。似鏡臨形。若能於心無心。於己無己。於彼無彼。於我無我。塵塵壁立萬仞。蕩蕩通徹十虛。如是則法隨法行。法幢隨處建立。

先佛所說。於一毛端現寶王剎。坐微塵裏轉大法輪。是真實義。法華會上。多寶如來在寶塔中分半座與釋迦文佛。過去佛現在佛同坐一處。實有如是事。非謂表法。天台智者大師讀法華經。至是真精進。是名真法供養如來。悟得法華三昧。見靈山一會儼然未散。此所謂。唯證乃知難可測。

理須頓悟。乘悟并銷。事在漸除。因次第盡。大眾。須知事無理外之事。理無事外之理。若單悟理不除事。此人有眼無足。若單除事不悟理。此人有足無眼。若能理事圓融行解相應。此人方有語話分。要識事麼。祇你二六時中胡思亂想。起貪瞋癡造種種業底猢猻子是。要識理麼。祇你一念未生以前無欲無依無見無聞底主人公是。你若親見得主人公一面。猢猻子自然不敢作怪。所以祖師門下玅在頓悟。頓悟之後。觸境逢緣自能隨處作主。縱有無始妄習一時銷融。譬如夜夢千秋覺已隨滅。你若單除事不契理。謂之盲修瞎鍊。直饒向六根門頭死獦狚地去遏捺。爭奈猢猻子依前跳梁不能馴伏。所以道。但得本。莫愁末。在今天下出家者如牛毛。得本者如麟角。所以正宗寂寥。叢林衰落。

參禪須求玅悟。不可掠虛。發言須契正宗。不可儱侗。儱侗則正宗不達。卒落野狐之群。掠虛則悟門不親。終滯知解之網。所以道。參須真參。悟須實悟。閻羅大王不怕多語。近代學者。祇因悟門不親學處不玄。所以語多滲漏。如群盲摸象。各說異端。互相是非。取笑識者。豈不見阿難尊者於楞嚴會上。聞佛開示。身心蕩然得無罣礙。自知心遍十方。見十方空如觀手中所持葉物。一切世間諸所有物。皆即菩提玅明元心。心精遍圓含裹十方。反觀父母所生之身。猶彼十方虛空之中吹一微塵。若存若亡。如湛巨海流一浮漚。起滅無蹤。了然自知獲本玅心。常住不滅。

佛祖大機。人天正眼。朕兆未分時。無許多事。及至一氣已分。便有生住異滅。春夏秋冬。若隨波逐浪去。種種建立。觸處圓融。若截斷眾流去。把住要津。不通凡聖。若也二途不涉。脚跟下灑灑落落。豈不是本分衲僧。

若要明此事。須是起疑參究。你若深疑此事。便是般若智現前。何故。行脚事祇要疑情息。你若不起疑。爭得疑情息。十二時中。有何法迷卻上座。應須自家裁斷看。三界二十五有。迷心故有。如今如何得無去。既無。未得迷情決然不奈何。須證取無迷無悟事方得灑落。行脚人喚作袈裟下事。事若未了禍事也。此是大苦。馬鳴祖師。說個三細六麤。動即有苦。如何得不動去。不是說一句兩句。便當得譚玄譚妙。說義說理。坐禪入定。便當得自家無事。

諸人每日行千行萬。不是不到。何故卻不分曉。祇為信之不及。若信得及則不行而到也。十方世界事。不待思量一時曉了得。諸人每日說千說萬。不是說不到。何故卻不分曉。亦是信之不及。若也信得及。則實無所說也。三世如來所說之法。不待思量。一時曉了得。大眾。還到恁麼田地也未。我此宗門祇論證悟。不論會解。若是為生死底人。須求親悟親證。

欲學此道。須是具決定信。逢逆順境心不動搖方有趣向分。佛言。信能永滅煩惱本。信能專向佛功德。信於境界無所著。遠離諸難得無難。又云。信能超出眾魔路。示現無上解脫道。如上所說。教有明文。佛豈欺人耶。若半明半暗。半信半不信。則觸境遇緣。心生疑惑。乃是於境界心有所著。不能於此道決定無疑。滅煩惱本遠離諸難。諸難者。為無決定信。被自己陰魔所撓。若能一念緣起無生。則不越此念。即時超出魔路。所謂魔路亦非他物。乃是昧卻此心。於此心外妄生差別諸見。而此心即隨差別妄念流轉。故成就魔境。若能直下信此心。決定本來成佛。頓亡諸見。即此魔路。便是當人出生死菩提路也。

二 先明自己

學道的目的就是在於解脱自己。而人的觀念和見地。是能否透脱的關鍵。古者云。人平不語。水平不流。心地若平。氣則能和。心中則不再紛紛紜紜。水若能平。則得靜止。不再亂流亂動。蓋人人心中都有一把尺。都自認為自己是公平正義的。所以凡事都要講道理。爭對錯。每個人都很固執。這個執著就是痛苦的主要來源。然佛法不是這樣的。人生也不是這樣的。活得愈久的人就知道。生命本身只是因果。更本沒有什麼道理可講。一切突然而來。突然而去。來時無口。取也不得。捨也不得。古者言。誰云秤尺平。直中還有曲。誰云物理齊。種麻還得粟。可憐馳逐天下人。六六元來三十六。經云。心隨萬境轉。轉處實能幽。隨流認得性。無喜亦無憂。故知山河大地。日月星辰總不出自心。三千世界。都來是汝個自己。何處有多般。

心外無法。滿目青山。虛空世界皎皎地。無絲髮許與汝作見解。所以一切聲是佛之聲。一切色是佛之惠。法不孤起。仗境方生。為物之故。有其多智。終日說何曾說。終日聞何曾聞。所以釋迦四十九年說。未曾說著一字。汝若不生心動念自然無妄。所以云。心生則種種法生。心滅則種種法滅。故若能於一切時一切事。都不予以計較。隨流釋放出自己。而不與人爭人我。所謂秤鎚搦出油。閑言長語休。腰纏十萬貫。騎鶴上揚州。將秤盤星捏碎。才能自由自在。

古德云。學道先須識得自己宗旨。方可臨機不失其宜。祇如鋒鋩未兆以前。都無是個非個。瞥爾暫起見聞。便有張三李四。胡來漢去。四姓雜居。不親而親。是非互起。致使玄關固閉。識鎖難開。疑網羅籠。智刀劣剪。若不當陽曉示。迷子何以知歸。欲得大用現前。但可頓忘諸見。諸見若盡。昏霧不生。智照洞然。更無他物。以今學人觸目有滯。蓋為因他數量作解。被他數量該括。方寸不能移易。所以聽不出聲。見不超色。假饒併當門頭淨潔。自己未能通明。還同不了。若也單明自己。法眼未明。此人祇具一隻眼。所以是非欣厭貫系。不得脫坼自由。謂之深可愍傷。所以學道。若不明得自己。一切將是虛言。古德云。一切修多羅。及諸文字。大小二乘。十二部經。皆因人置。因智慧性。方能建立。若無世人。一切萬法。本自不有。故知萬法本自人興。一切經書。因人說有。又云。世人生死事大。汝等終日。只求福田。不求出離。生死苦海。自性若迷。福何可救。不識本心。學法無益。

無上菩提。須得言下。識自本心。見自本性。不生不滅。於一切時中。念念自見。萬法無滯。一真一切真。萬境自如如。如如之心。即是真實。若如是見。即是無上菩提之自性也。

昔六祖惠能大師。於金剛經。應無所住而生其心。言下大悟。一切萬法不離自性。遂啟五祖言。何期自性。本自清淨。何期自性。本不生滅。何期自性。本自具足。何期自性。本無動搖。何期自性。能生萬法。既然一切本自具有。此即是具足的自己。是萬法的根源。菩薩戒經云。我本元自性清淨。若識自心見性。皆成佛道。淨名經云。即時豁然。還得本心。昔袁州蒙山道明禪師。因趂六祖盧行者。至大庾嶺。祖見師至。即擲衣鉢於石上曰。此衣表信。可力爭耶。則任將去。明遂舉之。如山不動。踟躕悚慄乃曰。我來求法。非為衣耶。願行者開示。六祖云。汝既為法而來。可屏息諸緣。勿生一念。吾為汝說。明良久。祖云。不思善。不思惡。正與麼時。那箇是明上座本來面目。明當下大悟。徧體汗流。泣禮問曰。上來密語密意外。還更有密意否。祖云。與汝說者。即非密也。汝若返照。密在汝邊。明曰。惠明雖在黃梅。實未省自己面目。今蒙指授入處。如人飲水。冷暖自知。今行者。即惠明師也。祖曰。汝若如是。則吾與汝。同師黃梅。善自護持。由上可知。萬法盡在自心。而不思善。不思惡。正與麼時。一念覺知。即是自己本來面目顯現之時。

古德云。眾生久流轉者。為不明自己。欲出苦源。但明取自己。自己者。有空劫時自己。有今時日用自己。空劫自己是根蔕。今時日用自己是枝葉。又曰。一夏將末。空劫以前事。還得相應也未。若未得相應。爭奈永劫輪迴。有何心情學佛法廣求知解。被知解風。吹入生死海。若是知解。諸人過去生中總曾學來。多知多解。說得慧辯過人。機鋒迅疾。只是心不息。與空劫以前事不相應。因茲惡道輪迴。動經塵劫。不復人身。如今生出頭來。得個人身。在袈裟之下。依前廣求知解。不能息心。未免六趣輪迴。何不歇心去。如癡如迷去。不語五七年去。已後佛也不奈汝何。所以云無量劫來秖者箇。今日依然又者箇。復將者箇了那箇。者箇那箇同安樂。誠哉是言。然聖人立言。有其難為之處。如世尊偈曰。陀那微細識。習氣如瀑流。真非真恐迷。我常不開演。以第八識言其為真也。則慮迷無自性。若言其非真也。則慮迷為斷滅。恐於一法中生二解。故說有個自己。也是垜生招箭。說無個自己。也是垜生招箭。而此事畢竟不在有無二邊。一切只是臨時。是一乘法。是即心即佛。又曰。始覺合本覺謂之佛。古德云。三乘十二分教。還同說食示人。食味既因他說。其食要在自己親嘗。既自親嘗。便能了知其味。是甘是辛是鹹是淡。達磨西來。直指人心。見性成佛。亦復如是。真性既因文字而顯。要在自己親見。若能親見。便能了知目前。是真是妄是生是死。既能了知真妄生死。返觀一切語言文字。皆是表顯之說。都無實義。

如今不了。病在甚麼處。病在見聞覺知。為不如實知真際所詣。認此見聞覺知為自所見。殊不知此見聞覺知。皆因前塵而有分別。若無前塵境界。即此見聞覺知。還同龜毛兔角。並無所歸。故此事須是揩磨自己明白。能揀辨古今是非。若得明自己。不明古今。是人工夫未到。田地未穩。若明得古今。不明自己。是人關鍵不透。眼目不明。當知自己即是古今。古今即是自己。古人因你自己不明。為你自己分上。等閑拈出一星子放在面前。直是蓋天蓋地。照古照今。何曾有一絲毫情識知見。到你穿鑿解會。你纔向這裡起一念。要去明他古今。會箇自己。便被他一箇明字與會字。隔作兩段去也。所以道。情生智隔。想變體殊。只如情未生時。隔箇甚麼。須是向遮裡一皎百雜碎。不見有古今自己始得。昔僧問梁山觀禪師。如何是空劫以前事。梁山云。擊動乾坤鼓。時人聽不聞。又昔僧問趙州。如何是學人自己。州對曰。山河大地。這些都是透頂澈底的事。而古人亦大有葛藤相為處。秖如雪峰和尚道。盡大地是你。夾山和尚道。百草頭上薦取老僧。鬧市裏識取天子。洛浦和尚云。一塵纔起。大地全收。一毛頭獅子。全身總是。你把取翻覆思量看。日久歲深自然有箇入路。此箇事。無你替代處。莫非各在當人分上。老和尚出世。秖為你作箇證明。你若有箇入路。少許來由亦昧汝不得。若實未得。要方便撥你即不可。蓋不可頭上安頭也。古人云。五蘊山頭一段空。同門出入不相逢。無量劫來賃屋住。到頭不識主人翁。遮裡若領略得去。向空劫以前。明得自己。便見五蘊山頭一段空。真箇是如此。不見道。曾經大海休誇水。除卻須彌總是塵。

永嘉云。亦無人。亦無佛。大千沙界海中漚。一切聖賢如電拂。昔婺州五洩山靈默禪師。遠謁石頭便問。一言相契即住。不契即去。頭據坐。師便行。頭隨後召曰。闍黎。師回首。頭曰。從生至死秖是這個。回頭轉腦作麼。師言下大悟。乃拗折柱杖棲止焉。各位。此理如何。從生至老祇是者漢。你道是那箇漢。你纔起心要見者漢時。便不見者漢。者漢難見。千難萬難。今時人祇道是者箇漢。更是阿誰。不可別有也。若恁麼。如何明得從生至老底事。如何便見得祇是者漢。你若不見者漢。四大五蘊總未知下落處。如今天下人盡道。祇是者箇漢。是定有者箇漢。是定無者箇漢。今時諸方知識。有時說得是。有時說得並無巴鼻。蓋為他亦未曾了達。有時許人道是。有時卻道不是。若如此。爭明得從生至老祇是者漢。仔細看來。今時人也祇是舊時人。今時作用。也祇是舊時作用。千變萬化。也祇是要你在者裏自肯一肯方始得了。所以古云。不是心。不是佛。不是物。只要汝諸人行履。六祖云。本來無一物。又昔有僧問長沙和尚。如何轉得山河大地為自己去。沙云。如何轉得自己為山河大地去。僧云。不會。沙云。湖南城裏好養民。米賤柴多足四隣。各位。此公案雖然主賓互換。要且泥水尚未分。必須裂轉鼻孔。恁麼不恁麼總不得。然後恁麼不恁麼總得。如此才能夠得金剛正眼見到。塵塵剎剎露此身。湖南城裏從來事。米賤柴多足四隣。而達水飽飯飽。四海浪平的自己。

◆相關法語

若論主人翁。於今當人一切時中。說是說非底豈不是。做好做惡底豈不是。至如寤時底夢裏底。惺惺底寂寂底。散亂底靜定底。思惟底無記底。開眼人看來總不是別事。只是一向不曾知有。遇境逢緣妄生計執。古人云。卻物為上。逐物為下。所謂逐物者。皆由不識真心。妄認六塵影像為自心相。處處流轉。如狗子啗枯骨自生津味。不知一切境界緣慮。總沒有一毫頭許與我計執。若能從此省得。亦不用離他。他本無有恁麼事。離箇什麼。既不用離他。亦不用自生珍貴。若生珍貴。何異逐物。蓋以無始劫來。悟不曾得。迷不曾失。只是暫時自信不及。便有許多分別。許多疑慮。既有分別疑慮。則究竟無則成畢竟有。苟非大徹大悟一回到親證田地。雖則龜毛兔角。一時也遣他不得。

如來一音演說法。眾生隨類各得解。只據目前孤明歷歷能聽能說底是誰。能解底是誰。合掌問訊底是誰。低頭禮拜底是誰。諸人各自點檢看。你莫強支吾便道。能聽能解底是我主人公。你爭知說底見底和箇主人公。都是假名字。道是也不得。道非也不得。道亦是亦非也不得。道非是非非也不得。須是自悟始得。

若論箇一般事。直須仔細分曉。稍有一毫頭隔越。過犯彌天。諸佛諸祖證處。便是衲僧證處。儞若頭上有佛有祖。作麼生得見自己底。若見自己底。箇時立佛不得立祖不得。立人不得立法不得。直下廓然一切普徧。正放下時。純是箇自己。卻為甚麼喚作佛喚作祖。佛祖不是第二人。佛是靈靈淨覺底。箇是衲僧真實自到時節。若是真實自到也方解喚得回來。在在處處得用。乃至見聞覺知折旋俯仰。皆是恁麼輥底用。無一絲頭隔越。儞若不到恁麼時。生時不知甚麼處生。盡時不知甚麼處盡。既迷生處即不知有盡處。乃至不知地水火風見聞覺知。便喚作幻化影像。則不見本來人。本來人也隨分喚作子孫邊用。所以道。我有六兄弟為我成家計。儞若不知有。便喚作六賊。自劫家寶去也。

昔南泉問庵主。如何是庵中主。主云。蒼天。蒼天。泉云。蒼天且止。如何是庵中主。主云。會即便會。不用忉忉。南泉拂袖便行。此乃一把推出用也。箇時若有些子佛法道理。又卻成一切心緣。妄想交織流轉去也。

學道者明知有是事。何故不得旨而長疑。蓋信未極疑未深也。唯深與極。若信與疑真是事也。不解如此返照遂迷亂。不知由緒困躓中途。能自返省更無第二人也。既曰此事又豈更知耶。知是妄慮。此事則不失也。道不止說與示而後顯。蓋體自常露。說示者方便道用爾。省悟者亦暫時岐路也。或因說而證。或因示而入。或自覺觸以歸。終無異事別得。至心源而止也。人言悟了方修。此屬對治門。雖然禪門亦許以正知見治之。若論當人即不須若是也。

佛道長遠。久受勤苦乃可得成者。綿亘三世凡聖一如。畢竟無別法。此大丈夫事。人不識問。遂依來而答。不知乃自問。爾欲答誰耶。人不識答。遂依言起見。

不知乃自答。爾何有旨趣耶。故曰。總是你。好看好看。若不就己知歸。所作皆成造偽。縱記得河沙會盡塵墨。於己何益。故曰。將聞持佛佛。何不自聞聞。外求有相佛。與汝不相似。尊宿云。我今對你一句子亦不難。你若一言下薦去。猶較些子。若不會。老僧卻成妄去。

如今但學無心。頓息諸緣。莫生妄想分別。無人無我。無貪瞋。無憎愛。無勝負。但除卻如許多種妄想。性自本來清淨。即是修行菩提法佛等。若不會此意。縱你廣學勤苦修行。木食草衣。不識自心。皆名邪行。盡作天魔外道。水陸諸神。如此修行。當復何益。誌公云。本體是自心作。那得文字中求。如今但識自心。息卻思惟。妄想塵勞自然不生。

從上古佛先德現前在此。盡大地凡夫四生六趣現前在此。向者裏直下了得。實無一絲毫子。豈是取一邊捨一邊。豈有一段本來事。有一分今時妄想。僧問藥山云。三乘教中還有祖意也無。答云。有。僧云。既有。達磨又來作麼。藥山云。只為有。所以來。豈非作得主宰。轉得歸自己乎。

三世諸佛。六代祖師。只是明心了事底漢。阿儞諸人還明得自己心也未。還了得自己事也未。儞若明得心。儞若了得事。更無毫髮分外底。更無毫髮欠少底。淨盡脫得了。通身恁麼去。言語有所不到。是非有所不及。如熱鐵上泊蚊子不得。了無外因緣。了無他影像。照與照者二俱寂滅。於寂滅中。能證寂滅者是儞自己。若恁麼桶底子脫去。地水火風五蘊十八界。掃盡無餘。作麼生是盡不得底。所以德山圓明大師道。及盡去也。直得三世諸佛口掛壁上。猶有一人呵呵大笑。若識此人。參學事畢。

只為馳求取捨。至今不得現前。既有許多流轉法可厭可棄。所以諸佛出世祖師西來。使汝尋師訪道。祖師邊事透不過時。直下如銀山鐵壁相似。且如何是銀山鐵壁。元來是自家屋裏事。思量來。者般事我未會以前如銀山鐵壁。如今會了元來我是鐵壁。所以道。祖師常在世間。先聖道。自從認得曹溪路。了知生死不相干。須是你自家踏著始得。方知道佛祖常時垂手。須一一從自己胸中流出。自然明得諸聖出世善巧方便。

若論此事。不論僧俗。不在久近。若儞一念相應。照體獨立。物我皆如。在一切時。圓陀陀。明了了。淨裸裸。赤灑灑。堂堂地現前。在一切時。成佛作祖。只為儞放不下。自築界墻。便見有自它。是儞自礙三界。三界豈曾礙儞。若自不作障礙。便是普徧底身。普徧底心。是大自在底漢。所以古人道。一法若有。毘盧墮在凡夫。萬法若無。普賢失其境界。且道作麼生。得恰好相應去。會麼。虛空誰肯掛一物。大海自然歸百川。

禪門名迦葉大寂定門。不動一絲子無所不通。不動一毛頭無所不達。方從是出生便了他諸聖行履處。未能如此。莫道是諸聖行履處。十二時中行履處何嘗分明。

祇為無始劫來顛倒迷亂六趣。何曾見還。猶如蠅子透窗相似。不見古德有頌云。為愛尋光紙上鑽。不能透處幾多難。忽然撞著來時路。始覺從前被眼瞞。

參禪別無華巧。祇是通身要起箇疑團。晝三夜三切莫間斷。久久純熟。自然內外打成一片。便與虛空打成一片。便與山河大地打成一片。便與四維上下打成一片。豈不見道。盡大地是學人自己。盡大地是箇解脫門。盡大地是沙門一隻眼。盡大地撮來如粟米粒。

山僧教人識取自己。師僧家聞得了卻云。初機學人看底事有甚難會。你且緩緩。且仔細。你用何者名自己。祇如古德對自己語云。遊山翫水。你道。我會也。更是阿誰。又對自己云。是你自己。你道。我也會得。是我自己。且如對伊道。噇飯時。飯是你自己又怎生會。又卻去不得。古德云。山河大地。盡大地是你自己。又且如何消遣。

現今山河相對剎土縱橫。分別思惟千差萬別。怎生說箇是你底道理。者裏若不了。一切處礙塞殺人。祇為諸人歷劫循塵。為物所轉。你試指出。那箇是物。何者是你。所以有僧問玄沙。學人乍入叢林。乞師指箇入路。沙云。還聞偃溪水聲麼。云聞。沙云。從者裏入。今時人不明了。祇管道。心性周遍。更是誰聞。如此言論有何交涉。我問你。聞時聞箇什麼。若曰聞水聲。認箇業識堪作何用。據他所見。聞處歷歷地。一時領得。離此聞外無聲可得。盡從我者裏顯現。

儞還曾十二時中無道理無思惟來麼。還曾平常穩密來麼。既一切皆是儞自己。即不見有它相。雲門大師道。飯豈不是儞自己。為甚麼將自己喫自己。時中放得下。須是歇盡去。若有一絲頭即不見底。若見底去便見生處。諸人還識得根源麼。還識得本祖麼。所以僧問文殊。達磨還是祖否。殊云。不是祖。僧云。既不是祖。何用西來。殊云。為儞不薦祖。僧云。薦後如何。殊云。方知不是祖。且道作麼生是祖。瑞光流不滅。真氣觸還生。

從上祇一心而已。真極故迷。以真極故不知有自己。不知有自己則不能內守真極。故不知外無法。不知外無法則不能不外見。不能內守則真心流轉。不能不外見則境界似生。以似生之境界。惑流轉之真心。逾遷逾遠。從迷至迷無有窮盡處。於無窮盡生死之中疲極思脫。然不須更疑境界。境界元無。以不知無故似生相續。知其本無。則全身在境界中如夢如幻。雖知其本無。如夢幻之不能繫縛。然無住足之地則暫無復有。如凡夫禪不難使妄盡以至於不動。以不曾發明本心。故滯於色界。更差別則流為無想極於無色。皆識心變現。所以我宗止貴見性。於生死中直下悟取本原心地。直下不受一切境界之所惑亂。雖處至紛至紜。而真心不昧。如摩尼珠映於五色。頭頭上明物物上了。到此方知二乘雖會無我之性。尤非大自在究竟之處。

自己是主人翁。畢竟到生死時。是能作得主。還是不作主。者一段直下明白底作麼生銷繳。又如說是說非時。做好做惡時。得不分別麼。寤時夢時得恆一麼。惺惺時寂寂時。散亂時靜定時。思惟時無記時。總無走作麼。假如有預顢佛性。撥無因果之流作何辨白。到此慎毋儱侗。於今說底會底多是儱侗。所以佛法身心打做兩橛。暗地裏有許多不相應處。須知者椿大事。要時時有徹證。要真實親到。否則不識因果。自欺欺人決招地獄。告汝學人。慎厥去就。毋遺後患。

三　唯論一乘

佛云。我本意唯為一大事因緣故。出現於世。一大事者。欲令眾生開佛知見。乃至入佛知見。故諸有所作常為一事。唯以佛之知見。示悟眾生。無有餘乘。若二若三。三世十方諸佛法亦皆如是。雖以無量無數方便。種種因緣譬喻言詞。而為眾生演說諸法。是法皆為一佛乘。故云我於菩提樹下。初成正覺時。普見一切眾生。皆成正覺。乃至普見一切眾生。皆般涅槃。又云。如來成正覺時。普見一切眾生。貪恚癡諸煩惱身中有如來智。常無染污。德相備足。所以古云。天下無二道。聖人無二心。既無二道。又無二心。則無一法不是真乘。無一事不為妙用。瞿曇以此而修心。老聃以此而養性。尼丘以此而治身。莫不一一由此無二之道。無二之心。然據實而論。修心者。至於修無可修。則不為心之所礙。養性者。至於養無所養。而不為性之所拘。治身者。至於治無可治。則不為身之所累。既不為身之所累。不為性之所拘。不為心之所礙。全體是無二之道。無二之心。三界二十五有。當下平沉。八萬四千塵勞。隨處解脫。然則此無二之道。無二之心。未得洞明時。不曾欠一絲毫。既得洞明之後。亦未嘗增一絲毫。是知此事。人人本有。各各圓成。但能一念頓超。自然現成受用。如未能得現成受用。則直須於十二時中。行住坐臥日用應緣。是非交結逆順縱橫處。急著眼看。此未明無二之心底一念。自何而來。驀然得見此一念分明。則如鬧市裏逢故舊時。昔日風采歷歷現前。不著問人自心了了。然後日用應緣是非逆順。皆是自家自受用三昧。無二之道無二之心盡在是矣。

昔達磨大師。航海而來。直指人心。見性成佛。雖則門庭萬仞。壁立千層。然秖演一心之法。更無餘事。乃至六代傳衣。五宗競出。運無礙輪。化無緣眾。亦秖演一心之法。更無餘事。含靈具此一心之法。學人學此一心之法。三世諸佛。歷代祖師。示此一心之法。故楞伽云。佛語心為宗。心即是佛。佛即是心。離心無佛。離佛無心。亦如離水無冰。離冰無水。言離心無佛者。非是遠離於心。但使不著心相。經云。不見相名為見佛。即是離心相也。離佛無心者。言佛從心出。心能生佛。然佛從心生。而佛未嘗生心。亦如魚生於水。水不生於魚。欲觀於魚者。未見魚而先見水。欲觀於佛者。未見佛而先見心。即知已見魚者忘於水。已見佛者忘於心。若不忘於心。則尚為心所惑。若不忘於水。則被水所迷。故知只有一心而無二。所以若人但覺心神瞀亂。未能獲安穩者。惟方當瞀亂。或疼極難忍之時。即反究此疼者為誰。而知疼者又為誰。若的確見得果是兩個。則當知疼者自疼。而知疼者未嘗疼也。又若見得知即是疼。而疼即是知。則又當知疼和知俱非真。蓋主人原只一個矣。

昔維摩詰令諸大菩薩。各說不二法門。時三十二菩薩。皆以二見。有為無為。真俗二諦。合為一見。為不二法門。後問文殊。文殊云。如我意者。於一切法。無言無說。無示無識。離諸問答。是為入不二法門。蓋為三十二人。以言遣言。文殊則以無言遣言。一時掃蕩總不要。是為入不二法門。殊不知靈龜曳尾。拂迹成痕。又如掃箒掃塵相似。塵雖去箒迹猶存。後文殊卻問維摩詰云。我等各自說已。仁者當自說。何等是菩薩入不二法門。維摩詰默然。諸位。文殊這一靠。莫道金粟如來。設使三世諸佛也開口不得。所以維摩詰默然。若是不二法門。須是同得同證方乃相共證知。維摩詰默然處天寬地廣。若是活漢。終不去死水裏浸卻。雪竇知他落處故下語云。維摩道什麼。咄。大眾。雪竇亦不說良久。亦不說默然據坐。只去急急處云。維摩詰道什麼。此便是直示一乘法。只如雪竇恁麼道。還見維摩詰麼。夢也未夢見在。雪竇復云。勘破了也。諸位還見得落處麼。說什麼勘破。只如不二法門。佛來也摸索不著。蓋來時無口。必須臨時以金剛王寶劍。當頭直截。朝打三千。暮打八百始得。如能不拘得失。不落是非。如萬仞懸崖。向上捨得性命。跳得過去。

才許你親見維摩。只這些子如捨不得。大似群羊觸藩。只在鬼窟裏作活計。故知若有能說所說。則不能入不二法門。圓覺經云。以輪迴心。生輪迴見。入於如來大寂滅海。終不能至。

昔永明壽禪師云。詳夫心者。非真妄有無之所辨。豈文言句義之能述乎。然眾聖歌詠。往哲詮量。非不洞明。為物故耳。是以千途異說。隨順機宜。無不指歸一法而已。故般若云。唯言無二。法華云。但說一乘。思益云。平等如如。華嚴云。純真法界。圓覺云。建立一切。楞嚴云。含裹十方。大集云。染淨融通。寶積云。根塵泯合。涅槃云。咸安祕藏。淨名云。無非道場。統攝包含。事無不盡。籠羅該括。理無不歸。是以一法千名。應緣立號。不可滯方便之說。迷隨事之名。謂眾生非真。諸佛是實。若悟一法。萬法圓通。塵劫凝滯。當下冰消。無邊妙義。一時通盡。深徹法源之底。洞探諸佛之機。故知十方諸佛出世。祇共說一心法。所以佛密付與摩訶大迦葉此一心法體。盡虛空徧法界無不是者。亦無不非者。若論者箇法。非是能於言句上解得他。亦不是於一機一境上見得他。者一門名為無為法門。若欲會得。但知無心忽悟即得。此意唯是默契得。若用心擬學取。即轉遠去。若無歧路心。一切取捨心。心如木石。始有學道分。

昔日溈山和尚一日示眾云。老僧百年後往山前檀越家作一頭水牯牛去。左脇下書五字溈山僧某甲。當恁麼時。若喚作溈山僧卻又是水牯牛。若喚作水牯牛卻又是為山僧。且道汝等喚個什麼即得。當時有僧出云和尚。若恁麼某甲相隨去也。山云。汝若去。切須啣取一莖草來。各位。且道切須啣取一莖草來是什麼意思。也須要會得好。雖說雲月是同。溪山各異。然亦只是言一乘法。此表劍鋒相拄也。又昔荊公問佛法大意於蔣山贊元禪師。元禪師不對。荊公益扣之。元不得已而謂之曰。公有障道者三。近道之質二。公受氣剛大。世緣深厚。以剛大之氣遭深世緣。必身任天下之重。懷經濟之心。然用舍不能必則心未平。以未平之心。安能一念萬年哉。又多怒。學問尚理。教中謂之所知障。此其三也。惟視名利如脫髮。甘淡薄如頭陀。此其近道之質也。且以教乘滋茂之。更一兩生恐純熟。各位。大小贊元禪師。未免將話打作兩橛。殊不知。若要洞明無二之道。非剛大之氣不能遠到。則未免中途困躓。然若離世緣外。而欲求此道。則譬如避溺而求火。殊不知。世緣浩浩。正是此道之根源。只要忘記取舍之心。無有不是此道現前底時節。既得此道現前。則覓世緣了不可得。未平之心當下消殞。全體便是無二之心也。故知妄本無體。乃是自心所起。若識心是佛。心本無妄。那得起心更認於妄。各位。那箇臺無月。誰家樹不春。

◆相關法語

即恁麼便承當擔荷得去。可以籠罩古今。乾坤大地透頂透底。淨裸裸。赤灑灑。要且不是你見聞覺知色聲香味觸。盡乾坤大地只是箇真實人體。說什麼見聞覺知。纔跨門來。已是兩手分付。更無纖毫遺漏。須知向上一路。不立文字語言。既不立文字語言。如何明得。所以道。路逢達道人。不將語默對。又云。相逢不拈出。舉意便知有。也須是徹骨徹髓。信得極見得徹。然後盡十方世界只在一絲毫頭上明得。其或滯於知見。便有佛有祖。所以卻入建化門中葛藤露布。祖師西來。不立文字。直指人心。見性成佛。只論直指人心。要須是其中人始得。若立語句。以至百千萬億方便。其意只是與人解粘去縛。令教淨裸裸地。輝騰今古。實無許多般計校。

心包太虛。量周沙界。空生大覺中。如海一漚發。東弗于逮。西瞿耶尼。南瞻部洲。北鬱單越。上至非非想天。下至風輪水際。不消一箇咳嗽周匝有餘。若向箇裏見得。無三界可出。無涅槃可證。情與無情同成正覺。地獄天堂皆為淨土。智慧愚癡通為般若。諸戒定慧及淫怒癡俱是梵行。靜鬧閑忙頭頭合轍。從來喫飯。未曾咬著一粒米。從來著衣。不曾掛著一縷絲。從來說話。不曾開口。終日行。未嘗擡腳。

汝今覺妄起時。覺正是佛。可中若無妄念。佛亦無。何故如此。為汝起心作佛見。便謂有佛可成。作眾生見。便謂有眾生可度。起心動念。總是汝見處。若無一切見。佛有何處所。所以文殊纔起佛見。便貶向二鐵圍山。

參禪正忌雜毒入心。貴乎純一。所以道。舉一不得舉二。放過一著。落在第二。須知參禪也是第二。修玄門也是第二。成仙也是第二。作佛也是第二。生也是第二。死也是第二。總之凡起一念。皆是第二。苟真實要會純一無雜。但向一念未生前看。行也看。住也看。坐也看。臥也看。一看看得行不知行。住不知住。坐不知坐。臥不知臥。不覺不知。忽然覿面相逢。始覺從前錯用心。方知生也不可得。死也不可得。作佛也不可得。成仙也不可得。參禪也不可得。修玄門也不可得。一也不可得。雖然如是。異日相見。若作如是見。一棒打折汝腰。莫言不道。

唐朝因禪師運椎擊土次。見一大塊。猛擊之。應椎而碎。豁然大悟。有老宿聞云。盡山河大地。被因禪師一擊百雜碎。應菴華禪師上堂舉云。老宿恁麼道。縱知因禪師落處。銜鐵負鞍有日在。者裏著得眼去。也是徐六擔板。

真實空者。從本以來。一切染法不相應故。離一切法差別相故。無有虛妄分別心故。應知真如。非有相非無相．非有無相．非非有無相．非一相非異相。略說以一切眾生。妄分別心所不能觸。故立為空。據實道理。妄念非有。空性亦空。以所遮是無。能遮亦無。故言真實不空者。由妄念空無故。即顯真心。常恒不變。清淨圓滿。故名不空。亦無不空相。以非妄念心所行故。唯離念智之所證故。

言最上乘者。菩薩所行之處也。無所不乘亦無所乘。終日乘未嘗乘。此為佛乘。

經云。無乘為佛乘也。若人知六根不實。五蘊假名。遍體求之必無定處。當知此人解佛語。經云。五蘊窟宅是名禪院。內照開解即大乘門。不憶一切法乃名為禪定。若了此言者。行住坐臥皆是禪定。知心是空。名為見佛。何以故。十方諸佛。皆以無心。不見於心名為見佛。捨心不吝名大布施。離諸動定名大坐禪。何以故。凡夫一向動。小乘一向定。謂出過凡夫小乘之坐禪。名大坐禪。若作此會者。一切諸相。不離自解。一切諸病。不治自瘥。此皆大禪定力。

實無一法。為緣為對。若有一絲頭便是一絲頭。你諸人如何見得無一法為緣為對底道理。若向者裏明得。現前何處更有身心可求。若實無箇證入處。都來祇是生死流注。如今問諸人。你現今種種分別念慮。作麼生都無法為緣。現前我見你你見我。作麼生無法為對。須是恁麼翻覆體究始得。古德道。佛法便是諸上座。諸上座便是佛法。是有語路來體解無語路來體解。是有可趣向處無可趣向處。各位自看。

莊子說。天地一指。萬物一馬。法句經云。一亦不為一。為欲破諸數。淺智之所聞謂一以為一。故莊子猶滯一也。老子云。窈兮冥兮。其中有精。外雖亡相。內尚存心。華嚴經云。不著二法。以無一二故。維摩經云。心不在內。不在外。不在中間。故知老子仍滯於情識也。

佛說布施持戒人天之福者。為眾生多在妄想。佛無量善巧方便。隨眾生意說妄想法。誘引令趣大乘門。法華經云。我此九部法隨順眾生說。大乘為本。又說云。

十方佛土中准有一乘法。且以假名字。引道於眾生。終不以小乘。濟渡於眾生。又說云。勿親近小乘三藏學者。又說云。唯此一事實。餘二即非真。

佛言。比丘心如絃直。可以入道。聖人亦云。人之生也直。是知佛心無別妙處。只是眾生中直心人耳。直則無委曲相。所言直者。乃一塵不立。纔有一念不直便是過錯。能念念直。則念念不容一物。物不立處。則本體自現。故六祖大師云。常自見己過。即此一語便是成佛作祖之要訣。所言過者。非作事之差。乃自心之妄耳。以此心本無一物。平平貼貼。纔有一念則為過矣。一念尚且為過。況種種惡習。念念發現不自覺知。豈能免過。學人用心。若不在一念上著力。則終身參學。不能得真實受用。以用浮想緣影為功。故錯到底耳。

涅槃者。體是寂滅。無為安樂。我心既是真心。妄想則斷。妄想斷故。則具正念。正念具故。寂照智生。寂照智生故。窮達法性。窮達法性故。則得涅槃。經云。制心一處。無事不辦。如來於一切經中。說一切罪福一切因緣果報。引一切山河大地草木等。種種雜物。起無量無邊譬喻。或現無量神通種種變化者。只是為教導眾生。心行萬差。是故如來隨其心門。引入一乘。我既體知眾生佛性本來清淨。如雲底日。但了然守本真心。妄念雲盡。慧日即現。何須更多學知見及一切義理三世之事。譬如磨鏡。塵盡明自然現。

三界空花。四生夢寐。依體起行。修而無修。尚不住佛。不住心。誰論上界下界。然此教中。以一真心性。對染淨諸法。全揀全收。全揀者。俱剋體直指靈知即是心性。餘皆虛妄。故云。非識所識。非心境等。乃至非性非相。非佛非眾生。離四句。絕百非也。全收者。染淨諸法無不是心。心迷故。妄起惑業。乃至四生六道。雜穢國界。心悟故。從體起用。四等六度。乃至四辨十力。妙身淨剎無所不現。既是此心現起諸法。諸法全即真心。如人夢所現事。事事皆人。如金作器。器器皆金。如鏡現影。影影皆鏡。

四　三界惟心

三界惟心。萬法唯識。只者八箇字。從上諸佛諸祖。秘密之旨。盡於此矣。一切諸法。皆唯是心。有情無情。同入法界。不了此宗。功歸生滅。所以一切眾生界。即是法界。一切二乘界。即是法界。一切菩薩界。即是法界。一切諸佛界。即是法界。但一切界現。則法界不現。眾生界現。則法界不現。二乘界現。則法界不現。菩薩界現。則法界不現。諸佛界現。則法界不現。非無法界。祇是不現。若法界現時。觀一切界。如第五大。如第六陰。若就一切界。冥合法界。則如水中鹽味。色裏膠青。不壞目前。且共來往。心相體性。自有因緣。然雖如是。古人又道。法界一真。猶存見隔。見在即凡。情忘即佛。拈卻藥忌。慎莫追尋。華嚴云。知一切法。即心自性。成就慧身不由他悟。起信論云。三界虛偽。唯心所作。離心則無六塵境界。乃至一切分別。即分別自心。心不見心。無相可得。故一切法如鏡中像。楞伽云。寂滅者名為一心。一心者名如來藏。故知一切無非心也。

維摩云。諸佛解脫。當依眾生心行中求。何以故。華嚴云。心如工畫師。造種種五陰。一切世間法。無不從心造。如心佛亦爾。如佛眾生然。心佛及眾生。是三無差別。心既為生佛之母。亦為依正之源。故楞嚴云。諸法所生。唯心所現。一切因果。世界微塵。因心成體。欲言心有。如箜篌聲求不可見。欲言其無如空篌聲。彈之亦響。不有不無。妙在其中。故般舟云。諸佛從心得解脫。心者清淨名無垢。五道鮮潔不受色。有解此者大道成。然眾生無始以來。無明妄起。現有心相。心相既形。妄境斯現。妄境既現。則分好醜。好醜既呈。即有憎愛。憎愛既生。乃有去取。既有去取。乃有善惡。既有善惡。則有因果。由是而四生九有。三界六道。無不熾然建立。眾生既沉生死大海之中。頭出頭沒。無有出期。諸佛愍之。為說出苦之要。還源之術。說天人法。出三途之苦。說二乘法。出天人之苦。說大乘法。出二乘之苦。說一乘法。出三乘之苦。在天台。則判之為四教。在賢首。則判之為五教。要而言之。總不出破人法二執。顯人法二空。以證真如實相之體而已。後佛因大梵天王所獻。金色鉢羅華。拈出示眾時。百萬人天。悉皆罔措。惟有金色頭陀。破顏微笑。佛乃曰。吾有正法眼藏。涅槃妙心。付與摩訶迦葉。因此歷代相傳。以至達磨大師。西來此土。不涉名言。不立修證。惟直指人心。見性成佛而已。

夫心本無形。云何可指。性本無相。云何可見。佛本現成。云何復成。其意祇是因眾生妄起諸見迷卻本心。故渡海西來。息其妄見。使還得本心。此如太空之中。妄生閃電。電光既息。則空體湛然。始知前非有失。今非有得。特因妄見起滅。似有得失。所以三祖信心銘云。不用求真。惟須息見。何謂息見。有見無見。亦有亦無見。非有非無見。乃至佛見法見。道見禪見。毗盧師法身主見。向上關棙。涅槃後心見。一有諸見。悉是天魔眷屬外道種性。一息諸見。即是如來真子祖師命脈。息見二字。實還源之要旨也。既知如此。則須保任。蓋為無始刼來。習氣深重未能頓除。故保任之功不可或疎。然所謂保任者。非假造作。乃就當下之法。嘗惺惺地不為凡心所雜而已。昔天皇悟禪師。囑龍潭信曰。任性逍遙。隨緣放曠。但盡凡心。別無聖解。所謂逍遙放曠者。乃是於一切妄境。超然不著。如鳥飛空。而毫無所牽繫。如龍出海。而毫無所障礙者也。所謂海為龍世界。空是鶴家鄉也。

故大凡修行。須是離念。此箇門中。最是省力。祇要離卻情念。明得三界無法。方解修行。離此外修。較似辛苦。不見古來有一持戒僧。一生持戒。忽因夜行。踏著一物作聲。謂是一蝦蟆。腹中有子無數。驚悔不已。忽然睡著。夢見數百蝦蟆來問索命。其僧深懷怖懼。及至天曉觀之。乃一老茄耳。其僧當下疑情頓息。方知道三界無法。始解履踐修行。又昔唐僧元曉者。海東人。初航海而至。將訪道於名山。獨行荒陂。夜宿塚間渴甚。引手掬於穴中。得泉甘涼。黎明視之髑髏也。大噁之。

盡欲嘔去。忽猛省。嘆曰。心生則種種法生。心滅則髑髏不二。如來大師曰。三界唯心。豈欺我哉。遂不復求師。即日還海東。疏華嚴經。大弘圓頓之教。是知一切諸法。隨念而至。念未生時。量同太虛。又晉鳩摩羅什。兒時隨母至沙勒。頂戴佛鉢。私念鉢形甚大。何其輕耶。隨即覺重。失聲下之。母問其故。對曰。我心有分別。故鉢有輕重耳。又律部曰。昔有一國大亂。民爭逃他邦。道旁室廬皆空。一老兵過之。聞呱呱之聲而入視之。有嬰兒仰視屋梁。老兵隨其觀之。乃懸飯囊耳。為解開視之。則灰也。嬰兒見之即死。蓋其母欲棄去。不忍殺。懸此囊紿云。此飯也。故其繫念不忘。識其為灰。則無餘想矣。乃知三界生死留滯。皆想所持。故古之達法大士。臨終超然自得者。無別道。但識法之根源而已。

◆相關法語

一切諸法。皆是心地上妄想緣影。譬如湛水因風成波。唯風滅故動相隨滅。非是水滅。爾心地上存許多善惡等相。便是水上波浪。風休波滅不是水滅。善惡相盡不是心滅。本來一段事空不得。若是坐禪底人。風塵草動自看得出。分曉直是分曉。諸人若到恁麼時節。自然恰恰好好。古人道。百尺竿頭坐底人。雖然得入未為真。百尺竿頭須進步。十方世界現全身。此是全身應現。

若認心是佛。心是三界采集主。若認智是道。智是多矯詐。若論佛出世時。喚作三界智人。說一切教義句理。喚作暫時受用具。若喚心是佛。認智是道。皆是處所。所以道。無心意而現行。暫時披垢膩之衣。來為人說破。不是凡聖物。他家早晚與人為因。亦不曾與人為果。若與人為因。即不自在。被因果所拘。不得自由。佛未出世時。無人會得。若出世邊論。還許少分會。但以冥理自通。無師自爾。本自無物。由是見聞覺知即是報化。所以三十二相異體故。若離彼。即同如來。報化佛總打卻。何處存立。

汝等諸人。直饒學得佛邊事。早是錯用心。不見古人。講得天花落。石點頭。亦不干自己事。自餘是甚麼閒。擬將有限身心向無限中用。如將方木逗圓孔多少誵訛。若無恁麼事。饒你綻花簇錦亦無用處。未離情識在。一切事須向者裏及盡。若有一毫去不盡即被塵累。豈況更多。差之毫釐過犯山嶽。不見古人道。學處不玄盡是流俗。閨閤中物捨不得。俱為滲漏。直須向者裏。及取及去及來。併盡一切事始得無過。如人頭頭上了物物上通。祇喚作了事人。終不喚作尊貴。將知尊貴一路自別。不見道。從門入者非寶。棒上不成龍。知麼。

經云。無智人中。莫說此經。此經者心也。無智之人。不信此心。但欲遠求外學。愛慕空中佛像。光明香色等事。皆墮邪見。失心狂亂。經云。若見諸相非相。即見如來。八萬四千法門。盡由一心而起。若心相內淨如虛空。即出離身心內八萬四千煩惱病本也。凡夫當生憂死。臨飽愁飢。皆名大惑。所以至人不謀其前。不慮其後。無變當今。念念歸道。

經云。平等法者。凡夫不能入。聖人不能行。平等法者。唯大菩薩與諸佛如來行也。若見生異於死。動異於靜。皆名不平等。不見煩惱異於涅槃。是名平等。何以故。煩惱與涅槃。同是一性空故。是以小乘人。妄斷煩惱妄入涅槃。為涅槃所滯。菩薩知煩惱性空。即不離空。故常在涅槃。涅槃者。涅而不生槃而不死。出離生死名般涅槃。心無去來即入涅槃。是知涅槃即是空心。諸佛入涅槃者。即是無妄想處。菩薩入道場者。即是無煩惱處。

知見等體。顯法為性。必須認得現今。了然而知。即是心性。若能了心。則萬法俱備。猶如大樹。所有枝條及諸花果。皆悉依根而始生。伐樹去根而必死。若了心修道則省力而易成。不了心而修道。則費功而無益。故知一切善惡。皆由自心。心外別求。終無是處。

經云。無量義者。從一法生。然無量義統唯二種。一。不變。二。隨緣。不變是性。隨緣是相。當知性相皆是一心。故馬鳴菩薩以一心為法。以真如。生滅二門為義。論云。依於此心顯示摩訶衍義。心真如是體。心生滅是相用。

起信論云。心真如者。即是一法界總相法門體。所謂心性。不生不滅。一切法唯因妄念。而有差別。若離心念。別無境界之相。是故一切法。從本已來。離言說相。離名字相。離心緣相。畢竟平等。無有變異。不可破壞。唯是一心。故名真如。

若一念心起則有善惡二業。有天堂地獄。若一念心不起。即無善惡二業。亦無天堂地獄。為體非有非無。聖人無其心。故胸臆空洞與天同量。心得涅槃時。即不見有涅槃。一切煩惱為如來種子。為因煩惱而得智慧。故身心為田疇。煩惱為種子。智慧為萌芽。佛在心中。如香在樹中。煩惱若盡。佛從心出。朽腐若盡。香從樹出。即知樹外無香。心外無佛。若樹外有香。即是他香。心外有佛。即是他佛。心中有三毒者是名國土穢惡。心中無三毒者。是名國土清淨。

眾生與菩提。亦如水與冰。為三毒所澆。即名眾生。為三解脫所淨。即名菩提。為三冬所凍。即名為冰。為三夏所消。即名為水。若捨卻冰。即無別水。若棄卻眾生。則無別菩提。明知冰性即是水性。水性即是冰性。眾生性者。即菩提性也。眾生與菩提同一性。只如烏頭與附子共根耳。但時節不同。迷悟異境。故有眾生菩提二名矣。

菩薩摩訶薩。行深般若波羅蜜多時。了四大五陰本空無我。了見自心起用有二種差別。云何為二。一者淨心。二者染心。此二種心。法界自然。本來俱有。雖離假緣。合互相待。淨心恆樂善因。染體常思惡業。若不受所染。則稱之為聖。遂能遠離諸苦。證涅槃樂。若隨染心造業。受其纏覆。則名之為凡。沈淪三界。受種種苦。何以故。由彼染心。障真如體故。

楞伽經云。自心現境界。隨類普現於五法。云何是五法。名。相。妄想。正智。如如。是故眾物無名。由心作名。諸相無相。由心作相。但自無心。則無名相。故曰。

正智如如。法句經云。參羅及萬像。一法之所印。維摩經云。欲得淨度。當淨其心。隨其心淨。則佛土淨也。

明明不昧。了了常知。盡未來際。常住不滅。名為佛性。亦名如來藏。亦名心地。達摩所傳是此心也。從無始際。妄想翳之。不自證得。耽著生死。大覺憫之。出現於世。為說生死等法。一切皆空。開示此心。全同諸佛。

大智度論曰。復次有人謂地為堅牢。心無形質。皆是虛妄。以是故。佛說心力為大行般若波羅蜜。故散此大地以為微塵。以地有色香味觸重故。自無所作。水少香故。動作勝地。火少香味故。勢勝於水。風少色香味故。動作勝火。心無四事故。所為力大。又以心多煩惱。結使繫縛故。令心力有漏。善心雖無煩惱。以心取諸法相故。其力亦少。二乘無漏心雖不取相。以智慧有量。及出無漏道時。六情隨俗分別取諸法相故。不盡心力。諸佛及大菩薩智慧無量無邊。常處禪定。於世間涅槃無所分別。諸法實相其實不異。但智有優劣。行般若波羅蜜者。究竟清淨。無所罣礙。一念中能散十方一切。如恆河沙等三千大千國土。故知其心有此大力。眾生妄隔而不自覺知。

志公曰。我見世間之人。各執一般異見。祇知傍灶求餅。不解返本觀麵。餅則從來是麵。造作由人百變。華嚴論曰。若隨法性。萬相都無。若隨智力。眾相隨現。隱顯隨緣。都無作者。凡夫執著。用作無明。執障既無。智用自在。

五　即心即佛

此心即是佛。佛即是此心。此心歷歷孤明。惺惺不昧者是。此心雖無形相。亦不離形相。即世間無一物不屬吾心。以吾心之外。無一物耳。此心即一切智。一切種智。在佛菩薩分上。說唯佛能證。故下一智字。總在心分上說。般若云。一切智智清淨。無二無二分。無別無斷故。所以佛佛授手。無邊刹境。自他不隔於毫端。祖祖相傳。十世古今。始終不離於當念。向上一路千聖不傳。直饒坐斷報化佛頭。未免墮在聲色堆裏。更向威音那畔獨振玄風。空劫以前單明自己。又大似隔靴抓癢。蓋若未能用在即時。有甚麼快活處。所以云。群靈一源。假名為佛。體竭形銷而不滅。金流璞散而常存。百姓日用而不知。諸佛常知而獨用。以獨用無私之旨。常居乎有象之先。以日用不知之心。迴出乎真諦之表。無前無後。無古無今。彼我混同。

聖凡不異。且大道無中。復誰先後。長空絕跡。何用稱量。空既如斯。道復何說。譬如擲劍揮空。莫論及之不及。斯乃空輪絕跡。劍刃無虧。若能如是。心心無知。全心即佛。全佛即人。人佛無異。始為道矣。所以靈源獨耀。道絕無生。大智非名。真空無跡。真如凡聖。皆是夢言。佛及眾生。並為增語。直須自看。無人替代。故知從佛至祖。並不論別事。唯論一心。亦云一乘。所以十方諦求。更無餘乘。此眾無枝葉。唯有諸真實。

然而此意難信。達磨來此土。梁魏二國祇有可大師一人密信自心。言下便會即心是佛。身心俱無。是名大道。大道本來平等。所以深信含生同一真性。心性不異。即性即心。心不異性。名之為祖。所以云。認得心性時。可說不思議。昔僧問法眼。慧超咨和尚。如何是佛。法眼云。汝是慧超。其僧大悟。雪竇頌云。江國春風吹不起。鷓鴣啼在深花裏。三級浪高魚化龍。癡人猶戽夜塘水。各位。此公案法眼禪師。有啐啄同時底機。又具啐啄同時底用。如其僧問。如何是佛。當時只是答個。汝是慧超。所謂於一毫頭上。超聲越色。縱奪臨時。如擊石火似閃電光。直下撥開一條正路。為渠解粘去縛。信手拈來。無有不是。只如超禪客。於此悟去。也是他尋常用心管帶。真疑現前。才能於一言之下。如桶底脫相似。所以古人三十年二十年參究。除二時粥飯是雜用心。工夫方能打成一片。既到者箇田地。則觸處洞然頭頭是道。非離真別有立處。以立處即真。故云從前汗馬無人識。只要重論蓋代功。

昔百丈問黃檗運禪師甚處去來。檗云。大雄山下採菌子來。丈云。還見大蟲麼。檗便作虎聲。丈拈斧作斫勢。檗遂與丈一摑。丈吟吟而笑便歸。陞座謂眾云。大雄山下有一大蟲。汝等諸人也須好看。百丈老漢今日親遭一口。古德拈云。大雄山下斑斑虎。觸著傷人誰敢顧。親遭一口老婆心。何曾用著腰間斧。後溈山問仰山此公案。仰山云。和尚作麼生。溈山云。百丈當時便合一斧斫殺。因甚麼到如此。仰云。不然。溈山云。子又作麼生。仰云。非唯騎虎頭。亦解把虎尾。溈云。子有嶮崖之句。此即說聽同時。能所不立。是以性體周徧法界。靈光耿耿。智體如如。古今洞然。聖凡靡間。所以即心即佛。更無少法曾逃化外玄機。即事即理。無有一物度越環中妙旨。若彼若此咸登般若慈航。是實是權共到菩提覺岸。此即華嚴經云。佛身充滿於法界。普現一切群生前。隨緣赴感靡不周。而恒處此菩提座。所以一切色是佛色。一切聲是佛聲。舉著一理一切理皆然。見一事見一切事。見一心見一切心。見一道見一切道。見一塵。十方世界山河大地皆然。見一滴水。即見十方世界一切性水。又見一切法。即見一切心。一切法本空。心即不無。不無即妙有。有亦不有。不有即有。即真空妙有。既若如是。一切處無不是道。十方世界不出我之一心。一切微塵國土。不出我之一念。若然。說什麼內之與外。如蜜性甜一切蜜皆然。不可者箇蜜甜。餘底苦也。

然金剛般若又云。凡所有相。皆是虛妄。若見諸相非相。即見如來。如來者。

即真如自性也。但於十二時中。不生分別之念。不作妄想之情。盡虛空大地。總是一真法界。既屬一真法界。世間更有何差別境現前為對為敵。所謂法界一相。便是如來平等法身。依此法身。說名本覺。又云。那伽常在定。無有不定時。所以纔見有對待境現前心生。便是出定之所在。昔僧問南泉。和尚百年後。向甚麼處去。師云。作一頭水牯牛去。僧云。某甲隨和尚去得不。師云。汝若來。啣取一枝草來。此即是見境便見心。若啣水草來相見。高臥深雲任白頭。草枝啣得相逢處。擺尾搖頭四野風。各位。必須啣取草來。方才有定動。頭頭物物上。方才顯真靈。故如善財繞妙高峰七日。不得見德雲比丘。忽一日向別峰相見。亦如此例。於對待法中。皆屬出定義。又昔有僧問趙州。至道無難。唯嫌揀擇。如何是不揀擇。州云。天上天下。唯我獨尊。僧云。此猶是揀擇。州云。田庫奴。什麼處是揀擇。僧無語。其實天上天下。唯我獨尊。是真實語。也不在是揀擇或是不揀擇。其僧被烏豆換卻眼睛了也。諸人還知落處麼。若也未知。須向烏豆未萌以前。挨得一線路子透始得。此是即心即佛。

◆相關法語

悟在於心。非關六度萬行。六度萬行盡是化門接物度生邊事。設使菩提真如。實際解脫法身直至十地四果聖位。盡是度門非關佛心。心即是佛。所以一切諸度門中。佛心第一。但無生死煩惱等心。即不用菩提等法。所以道。佛說一切法。度我一切心。我無一切心。何用一切法。

但無生心動念有無長短彼我能所等心。心本是佛。佛本是心。心如虛空。所以云。佛真法身。猶如虛空。不用別求。有求皆苦。設使恆沙劫數行六度萬行。得佛菩提。亦非究竟。何以故。為屬因緣造作故。因緣若盡。還歸無常。所以云。報化非真佛。亦非說法者。但識自心無我無人。本來是佛。

上至諸佛。下至蠢動含靈。皆有佛性。同一心體。所以達磨從西天來。唯傳一心法。直指一切眾生。本來是佛。不假修行。但如今識取自心。見自本性。更莫別求。云何識自心。即如今言語者正是汝心。若不言語。又不作用。心體如虛空相似。無有相貌。亦無方所。亦不是一向無。有而不可見故。祖師云。真性心地藏。無頭亦無尾。應緣而化物。方便呼為智。若應緣之時。不可言其有無。正應之時。亦無蹤跡。既知如此。如今但向無中棲泊。即是行諸佛路。經云。應無所住而生其心。一切眾生。輪迴不息者。意緣走作。心於六道不停。致使受種種苦。

靈源禪師嘗在龍舒。見龍門顯道人發課。莫有能逃其言者。意渠必然有道。然顯道人曰。但有所見即道。微入思惟即不靈矣。有僧嘗登三生藏。取思大平生所持錫立之。疑慮橫生終不能定。忽自念曰。當一切放卻。即舉錫置之。錫卓然不傾。故知非特於錫則然。凡事若有心即成差誤。試觀兒輩剪紙。擬心即失。不擬心逕往無難也。

拄杖子化為龍。吞卻乾坤了也。山河大地甚處得來。雲門老子只解瞻前。不知顧後。把將話頭打作兩橛。殊不知。山河大地即是拄杖子。拄杖子元不異大地山河。一切智智清淨。無二無二分。無別無斷故。所以拄杖子有時把住。山河光爍爍。絕滲絕漏。拄杖子有時放行。大地黑漫漫。倒嶽傾湫。

虛空無中間。法性自爾。故眾生即佛。佛即眾生。眾生與佛元同一體。生死涅槃。有為無為。元同一體。世間出世間。乃至六道四生。山河大地。有性無性。亦同一體。言同者。名相亦空。有亦空無亦空。盡恆沙世界。元是一空。既若如此。何處有佛度眾生。何處有眾生受佛度。何故如此。萬法之性自爾故。若作自然見。即落自然外道。若作無我無我所見。墮在三賢十聖位中。

三乘中分明道。凡聖心是妄。汝今不解。返執為有。將空作實。豈不是妄。妄故迷心。汝但除卻凡情聖境。心外更無別佛。祖師西來。直指一切人即心是佛。汝今不識。執凡執聖。向外馳騁。還自迷心。所以向汝道。即心是佛。一念情生。即墮異趣。無始已來。不異今日。無有異法。故名成等正覺。

自性真實。非因非果。法即是心義。自心是菩提。自心是涅槃。若言心外有佛及菩提可得。無有是處。佛及菩提皆在何處。譬如有人以手捉虛空得否。虛空但有名字亦無相貌。取不得捨不得。如是捉空不得。除此心外覓佛。終不得也。

佛是自心作得。因何離此心外覓佛。前佛後佛只言其心。心即是佛。佛即是心。心外無佛。佛外無心。若言心外有佛。佛在何處。心外既無佛。何起佛見遞相誑惑。不能了本心。被他無情物攝無自由分。若又不信。自誑無益。

佛無過患。眾生顛倒。不覺不知。自心是佛。若知自心是佛。不應心外覓佛。佛不度佛。將心覓佛。而不識佛。但是外覓佛者。盡是不識自心是佛。亦不得將佛禮佛。不得將心念佛。佛不誦經。佛不持戒。佛不犯戒。佛無持犯。亦不造善惡。若欲覓佛。須是見性。性即是佛。若不見性。念佛誦經。持齋持戒。亦無益處。念佛得因果。誦經得聰明。持戒得生天。布施得福報。覓佛終不得也。

心若無事。萬法不生。意絕玄微。纖塵何立。道本無體。因道而立名。道本無名。因名而得號。若言即心即佛。今時未入玄微。若言非心非佛。猶是指蹤極則。向上一路。千聖不傳。學者勞形。如猿捉影。

此土初祖云。心有所是。必有所非。若貴一物。則被一物惑。若重一物。則被一物惑。信被信惑。不信又成謗。莫貴莫不貴。莫信莫不信。佛亦不是無為。雖不是無為。又不是冥寞。猶如虛空。佛是大心眾生。鑑覺多。鑑覺雖多。他鑑覺清淨。貪瞋鬼捉他不著。佛是纏外人。無纖毫愛取。亦無無愛取知解。是名具足六度萬行。若要莊嚴具。種種皆有。如不要。他不用亦不失。他使得因果福智自由是修行。非是執勞負重。喚作修行。

法身實相佛。實相由對虛得名。本無一切名目。如云佛身無為。不墮諸數。是名清淨法身毘盧遮那佛。亦名虛空法身佛。亦名大圓鏡智。亦名第八識。亦名性宗。亦名空宗。亦名佛居不淨不穢土。亦名在窟師子。亦名金剛後得智。亦名無垢檀。亦名第一義空。亦名玄旨。三祖云。不識玄旨。徒勞念靜。

報身佛。菩提樹下佛。亦名幻化佛。亦名相好佛。亦名應身佛。是名圓滿報身盧舍那佛。亦名平等性智。亦名第七識。亦名酬因答果佛。同五十二禪那數。同阿羅漢。辟支佛。同一切菩薩等。同受生滅等苦。不同眾生繫業等苦。

化身佛。祇如今於一切有無諸法。都無貪染。亦無無染。離四句外。所有言說辯才。名化身佛。是名千百億化身釋迦牟尼佛。亦名大神變。亦名遊戲神通。亦名妙觀察智。亦名第六識。供養者淨三業。前際無煩惱可斷。中際無自性可守。後際無佛可成是三際斷。是三業清淨。是三輪空。是三檀空。

諸佛體圓。更無增減。流入六道。處處皆圓。萬類之中。箇箇是佛。譬如一團水銀。分散諸處。顆顆皆圓。若不分時。祇是一塊。此一即一切。一切即一。種種形貌。喻如屋舍。捨驢屋入人屋。捨人身至天身。乃至聲聞緣覺菩薩佛屋。皆是汝取捨處所以有別。本源之性。何得有別。

是心是佛。是心作佛。情計所有。斯皆想成。佛是智人。心是采集主。皆對物時。他便妙用。大德。莫認心認佛。設認得是境。被他喚作所知愚。故江西大師云。不是心。不是佛。不是物。且教你後人恁麼行履。

三界無安。猶如火宅。此不是你久停住處。無常殺鬼一剎那間。不揀貴賤老少。你要與祖佛不別。但莫外求。你一念心上清淨光。是你屋裏法身佛。你一念心上無分別光。是你屋裏報身佛。你一念心上無差別光。是你屋裏化身佛。此三種身。是你即今目前聽法底人。祇為不向外馳求。有此功用。據經論家。取三種身為極則。約山僧見處不然。此三種身是名言。亦是三種依。古人云。身依義立。土據體論。法性身。法性土。明知是光影。

六　無心是道

無心便是道。昔二祖可大師。聞達磨初至少林。遂往彼晨夕參扣。達磨但端然面壁。莫聞誨勵。師志益堅。乃云。古人求道。敲骨取髓。刺血濟飢。布髮掩泥。投崖飼虎。古人如此。我何人哉。其夜天大雪。師到庭際。侍立忘歸。翌日積雪齊腰。磨憫而問云。汝久立雪中。當求何事。師悲泣云。惟願和尚慈悲。開甘露門。廣度群品。磨云。諸佛無上妙道。曠劫精勤。難行能行。非忍而忍。豈可以小德小智。輕心慢心。欲冀真乘。徒勞辛苦。師聞示誨。其志彌專。乃取利刀。自斷左臂。置於磨前。磨云。諸佛最初求道。為法忘形。汝今斷臂吾前。求亦可在。師云。諸佛法印。可得聞乎。磨云。諸佛法印。匪從人得。師云。我心未安。乞師安心。磨云。將心來。為汝安。此乃達磨當頭予以一拶。師當下如暗得燈。如貧得寶。見徹根源。即云。覓心了不可得。磨云。我為汝安心竟。大眾。覓心了不可得。此即是禪門第一要訣。所謂心地法門。必須覓心無得。始能無疑。又南嶽讓禪師。初往曹溪參六祖。祖問甚處來。師云。嵩山來。祖云。甚麼物。恁麼來。師云。說似一物即不中。祖云。還假修證不。師云。修證即不無。染污即不得。祖云。只此不染污。諸佛之所護念。汝既如是。吾亦如是。又青原思禪師初參六祖。問云。當何所務。即不落階級。祖云。汝曾作甚麼來。師云。聖諦亦不為。祖云。落何階級。師云。聖諦尚不為。落何階級。祖云。如是如是。汝善護持。所以古云。起心動念皆是妄。石頭和尚道。門門一切境。回互不回互。回而更相涉。不爾依位住。若向這裏透脫根塵。洞明法界。彼即是此。此即是彼。更無往來相。箇是回互底時節。只如不爾依位住又且如何。長者長。短者短。高者高。下者下。所以道。春色無高下。花枝自短長。無心道者能如此。未得無心也大難。

華嚴經云。有一經卷在微塵中。見三千大千世界事。如來法性之身。清淨圓滿。一切類悉於中現。而法性身。無心起作。如頗梨鏡懸在高堂。一切像悉於中現。鏡亦無心能現種種。經云。如來現世說法者。眾生妄想故。今行者若修心盡淨。則知如來常不說法。是乃為具足多聞。聞者。一無相也。昔天衣懷禪師示眾云。鴈過長空。影沈寒水。鴈無遺蹤之意。水無沈影之心。若能如是。方解向異類中行。不用續鳧截鶴。夷嶽盈壑。放行也百醜千拙。收來也攣攣拳拳。用之則敢與君王鬪富。

不用都來不值半分錢。又古德頌云。三十年來海上遊。水清魚現不吞鈎。釣竿斫盡重栽竹。不計功程得便休。又云。千尺絲綸直下垂。一波纔動萬波隨。夜靜水寒魚不食。滿船空載月明歸。大眾。以上都是無心境界。所言無心者。若不得六塵境界現前。要見吾心。終不可得。故云心由境現。境由心彰。凡是見境。即是見心。金剛經云。應如是生清淨心。不應住色生心。不應住聲香味觸法生心。應無所住。而生其心。但於六塵境上。無取著念。無分別心。則得無方清淨。故云。色清淨故。般若清淨。般若清淨故。法身清淨。

昔有僧問慧忠國師。發心出家本擬求佛。未審如何用心。即得成佛。國師曰。無心可用。即得成佛。又問云。無心可用。阿誰成佛。國師曰。無心自成佛。成佛亦無心。僧曰。佛有大不可思議。為能度眾生。若也無心阿誰度眾生。國師曰。無心是真度生。若見有生可度者。即是有心。宛然生滅。僧曰。今既無心。能仁出世。說許多教跡。豈可虛言。師曰。佛說教亦無心。僧曰。說法無心。應是無說。國師曰。說即無。無即說。僧曰。說法無心。造業有心否。國師曰。無心即無業。今既有業。心即生滅。何得無心。僧曰。無心即成佛。和尚即今成佛未。國師曰。心尚自無。誰言成佛。若有佛可成。還是有心。有心即有漏。何處得無心。僧曰。既無佛可成。和尚還得佛用否。國師曰。心尚自無。用從何有。僧曰。茫然都無。莫落斷見否。國師曰。本來無見。阿誰道斷。僧曰。本來無見。莫落空否。國師曰。無空可落。僧曰。有可墮否。國師曰。空既是無。墮從何立。僧曰。能所俱無。忽有人持刀來取命。為是有是無。國師曰。是無。僧曰。痛否。國師曰。痛亦無。僧曰。痛既無。死後生何道。國師曰。無死無生亦無道。僧曰。既得無物自在。飢寒所逼若為用心。國師曰。飢即喫飯。寒即著衣。僧曰。知飢知寒應是有心。國師曰。我問汝既有心。心作何體段。僧遲疑良久。覓心與飢寒體段了不可得。遂依實供通曰。心無體段。國師曰。汝既知無體段。即是本來無心。何得言有。僧曰。山中逢見虎狼如何用心。國師曰。見如不見。來如不來。彼即無心。惡獸不能加害。僧曰。寂然無事。獨脫無心。名為何物。國師曰。名金剛大士。僧曰。金剛大士。有何體段。國師曰。本無形段。僧曰。既無形段。喚何物作金剛大士。國師曰。喚作無形段金剛大士。僧曰。金剛大士有何功德。國師曰。一念與金剛相應。能滅殑伽沙劫生死重罪。得見殑伽沙諸佛。其金剛大士功德無量。非口所說。非意所陳。假使殑伽沙劫住世。說亦不可得盡。這僧當下大悟。所以云。無法本是道。所謂本來清淨。何假言說問答。但無一切心。即名無漏智。

楞伽經云。諸佛心第一。心不起處是也。此法超度三乘。越過十地。究竟佛果處。只可默心自知。無心養神。無念安身。閑居靜坐。守本歸真。然亦須是福德深厚之人。乃能受行。所以擬作佛者。先學安心。心未安時。善尚非善。何況其惡。心得安靜時。善惡俱無依。故參禪一段事。本是要脫生死。若脫生死不得。喚什麼作禪。且道作麼生生。作麼生死。作麼生脫。若一念迷本隨情。牽在一切處。紛紛紜紜。膠膠擾擾。既從不自由處生。還從不自由處死。若是分曉漢。本無所從來。明白恁麼用。便於一切時一切處。脫徹無依。萬象中出一頭地。恁時不帶四大五蘊來。方有出身路子。臘月三十日。依舊恁麼去。所謂來無所從。去無所至。箇時淨無夤緣。廓無處所。三際斷。六門空。所以道。恢恢焉。晃晃焉。迥出思議之表。思不到。議不及。心念纔萌。便成流注。若是一切心念盡。也無天堂到你。也無地獄到你。十方虛空純淨無垢。廓然明白。惺惺底恁麼來。是諸佛菩薩生處。癡愛投種。是眾生生處。其間善惡兼帶。便成善道惡道。若或善惡如浮雲。起滅俱無處。則這裏生佛具立不得。所以無心是道。如來甚深意。只是默契而已。古云。法本法無法。無法法亦法。今付無法時。法法何曾法。若會此意。方名出家兒。方好修行。昔圓悟禪師曾問五祖演和尚。云何是覓心了不可得。祖曰。汝須自參。始得這些好處。別人為汝著力不得。參來參去忽因聞舉。頻呼小玉元無事。只要檀郎認得聲。忽然桶底子脫。庭前柏樹子也透。麻三斤也是。玄沙蹉過也是。睦州擔板也是。不落因果也是。不昧因果也是。三乘十二分教。二六時中。眼裏耳裏。乃至鍾鳴鼓響。驢鳴犬吠。無非是這箇消息。方省懷禪師頌云。蜀魄連宵叫。鵶鳭長夜啼。圓通門大啟。何事隔雲泥。

所以參禪須是豁然悟去。直下無心。方得安樂。若不悟。只是口頭上道幾箇無無。更引些古人說無處。錯證據了。便道我得休歇。我且問你。還歇得也未。此乃是將心無心。若將心去無心。心卻成為有。如何硬無得。這般底人管取有一肚皮疑在。若自有疑。如何為人除得疑。擬欲除他疑。再與他添得一重疑。所謂我眼本正。因師故邪。若自無疑。始有方便為他人決疑也。古云即心即佛。無心是道。此中不喚作心。不喚作佛。亦不是物。直似紅鑪上著一點雪相似。豈不見。阿難問迦葉云。世尊傳金襴外別傳何法。迦葉召。阿難。阿難應諾。迦葉云。倒卻門前剎竿著。此便是祖師之標牓也。一物也不留。如阿難三十年為侍者。只為多聞智慧。被佛訶云。汝千日學慧。不如一日學道。而所謂的道即是無心。無心即便是行此道。且如瞥起一念便是境。若無一念。便是境忘心自滅。無復可追尋。善惡都莫思量。當處便出三界。如來出世。為破三有。若無一切心。三界亦非有。所以菩提等法。本不是有。亦不是無。如來所說。皆是化人。猶如黃葉為金錢。權止小兒啼。故實無有法名阿耨菩提。祖師傳法偈云。心同虛空界。示等虛空法。證得虛空時。無是無非法。大眾。既是訪尋知識。須時時把生死為念。歇卻心猿意馬。荷擔大機大用。於佛祖不為處安穩坐地。有時向高高峰頂立。有時向深深海底行。任運猶如癡兀人。他家自有通人愛。

◆相關法語

隨緣消舊業。更莫造新殃。所以舊時見解總須捨卻。淨名云。除去所有。法華云。二十年中常令除糞。秖是除去心中作見解處。又云。蠲除戲論之糞。所以如來藏。本自空寂。秖是並不停留一法。故經云。諸佛國土。亦復皆空。

燃燈佛道了也。若心想所思。出生諸法。皆虛假不實。何以故。心尚無有。云何出生諸法。猶如形影。分別虛空。如人取聲。安置篋中。亦如吹網。欲令氣滿。故老宿云。不是心。不是佛。不是物。且教你兄弟行履。據說十地菩薩。住首楞嚴三昧。得諸佛祕密法藏。自然得一切禪定解脫。神通妙用。至一切世界普現色身。或示成菩薩正覺。轉大法輪。入涅槃。使無量入毛孔。演一句。經無量劫其義不盡。教化無量億千眾生。得無生法忍。尚喚作所知愚。極微細所知愚。與道全乖。

石頭大師作參同契。其末曰。謹白參玄人。光陰莫虛度。眾生日用。以妄想顛倒。自蔽光明。故多違時失候。謂之虛度光陰。有道者無他。能善用其心耳。故趙州曰。一切但仍舊。從上諸聖。無不從仍舊中得。大智度論曰。眾生心性。猶如利刀。唯用割泥。泥無所成。刀日就損。理體常妙。眾生自麤。能善用心。即合本妙。華嚴偈曰。若有欲識佛境界。當淨其意如虛空。遠離妄想及諸取。令心所向皆無礙。

維摩經云。菩提者。不可以身得。不可以心得。金剛經云。無有少法可得。諸佛如來。但以不可得而得。當知有心即一切有。無心即一切無。而我無心。不同木石。何以故。譬如天鼓。雖復無心。自然出種種妙法教化眾生。又如如意珠。雖復無心。自然能作種種變現。而我無心。亦復如是。雖復無心。善能覺了諸法實相。寶積經云。以無心意而現行。

夫無心者。即真心也。真心者。即無心也 但於一切事上覺了無心。即是修行。更不別有修行。故知一切寂滅即無心也。諸般若中。以無心般若而為最上。故維摩經云。以無心意。無受行。而悉摧伏外道。又法鼓經。若知無心可得。法即不可得。罪福亦不可得。生死涅槃亦不可得。乃至一切盡不可得。不可得亦不可得。

南泉道。學道者如癡似兀難得。趙州道。我見千百億箇漢子。盡是覓作佛底人。中間求箇無心道人不可得。雲門大師道。和尚子。莫妄想。山是山。水是水。僧是僧。俗是俗。見拄杖子但喚作拄杖子。見燈籠但喚作燈籠。此謂之覿體全真。

但能離卻有無諸法。心如日輪。常在虛空。光明自然不照而照。豈不是省力底事麼。到此之時無棲泊處。即是行諸佛路。便是應無所住而生其心。此是你清淨法身名為阿耨菩提。若不會此意。縱你學得多知。勤苦修行。草衣木食。不識自心盡名邪行。定作天魔眷屬。如此修行當復何益。故誌公云。佛本是自心作。那得向文字中求。假饒你學得三賢四果十地滿心。也只是在凡聖內坐。不見道。諸行無常是生滅法。勢力盡。箭還墜。招得來生不如意。爭似無為實相門。一超直入如來地。

誌公云。不逢出世明師。枉服大乘法藥。

以有心奉持。而無心拘執。有心為物。而無心想身。能如是則先天地生而不為精。後天地死而不為老。終日變化而不為動。畢竟寂默而不為休。悟此則雖娶非妻也。雖饗非取也。雖柄非權也。雖作非故也。雖醉非惛也。若能無心於萬物。則羅欲不為婬。福淫禍善不為盜。濫誤疑混不為殺。先後違天不為妄。惛荒顛倒不為醉。是謂無心也。無心則無戒。無戒則無心佛眾生。無汝乃無我。孰為戒哉。

心有真如心。有生滅心。有清淨心。有分別心。雖有種種不同。究竟總是一心。原無二道。只是所生處不同。故有異耳。且言世間一切萬法。總不出色聲香味觸法上。盡淨無餘矣。果於此色聲香味觸法上。無住著相。無貪染念。則所生乃是清淨心。清淨心即真如心。倘於色相一法上。有所住著。則分別心不得不生。一有分別。便有美醜好惡。若生滅念起。真如心隔絕。清淨心則不現前矣。

古德云。假饒千聖出頭來。猶在渠儂影中現。且道渠是阿誰。此語最為親切。更是阿誰。不可別有。但恁麼信取。所以古人到此多不肯指注。恐他學者誤認昭昭靈靈驢前馬後。為究竟安樂之地。若果是腳跟下歷落。方寸中洞明。亦須絕體絕用。風吹不入。水灑不著。方得十二時中。行時不見行。坐時不見坐。淨裸裸地任運騰騰。亦不作佛法道理。才得以心空及第歸也。

好自閑靜身心。一切無所攀緣。端坐正念。善調氣息。懲其心不在內。不在外。

不在中間。好好如如。穩看看熟。則了見此心識流動。猶如水流陽焰。曄曄不住。既見此識時。唯是不內不外。緩緩如如。穩看看熟。則返覆銷融。虛凝湛住。其此流動之識。颯然自滅。滅此識者。乃是滅十地菩薩眾中障惑。此識滅已。其心即虛。凝寂淡泊。皎潔泰然。吾更不能說其形狀。

能於行住坐臥。及對五欲八風。不失此心者。是人梵行已立。所作已辦。究竟不受生死之身。五欲者。色。聲。香。味。觸。八風者。利。衰。毀。譽。稱。譏。苦。樂。此是行人磨鍊佛性處。甚莫怪今身不得自在。經曰。世間無佛住處。菩薩不得現用。要脫此報身。須於塵中求。眾生過去根有利鈍不可判。上者一念間。下者無量劫。

七　見性成佛

惟一實之淵曠。嗟萬相之繁雜。法華經云。唯此一事實。無二亦無三。故知聖道幽通。言詮之所不逮。法身空寂。見聞之所不及。然帝網法界。一即一切。參而不同。所以然者。相無自實。起必依真。此理既融。相亦無礙。故巨細雖懸。猶鏡像之相入。彼此之異。若殊色之交形。故知大千彌廣。處纖塵而不窄。三世長久。入從略以能容。然一切學道人隨念流浪者。何也。蓋為不識真心。真心者。念生亦不順生。念滅亦不依寂。不來不去。不定不亂。不取不捨。不沈不浮。無為無相。活鱍鱍。平常自在。然而心體畢竟不可得。無可知覺。觸目皆如。無非見性也。昔仰山問中邑恩禪師云。如何得見性去。中邑云。譬如一室有六牕。內有一獮猴。外有獮猴。從東邊喚猩猩。獮猴即應。如是六牕俱喚俱應。仰山禮謝起云。適蒙和尚譬喻。無不了知。更有一事。只如內獼猴瞌睡。外獼猴欲相見時如何。中邑下繩牀。執仰山手作舞云。猩猩與汝相見了。譬如蟭螟蟲。在蚊子眼睫上作窠。向十字街頭叫喚云。土曠人稀。相逢者少。各位。雖然獼猴睡著。其奈肚裏惺惺。直饒杜絕六牕。猩猩何處不見。古德拈云。中邑當時。若不得仰山這一句語。何處有中邑在。還有人定得此道理麼。若定不得。也只是箇弄精魂的腳手。此公案。仰山撥草瞻風。中邑拖泥帶水。獼猴獨住室中。六牕齊喚齊應。仰山狐疑未盡。猶恐獼猴打睡。中邑把定猩猩。即是你我相見。故云起必依真。

然佛性義在甚麼處。且何者為性。即無分別智是。非但智之一字。即見聞覺知。無非總是性體。教中等閒說見性聞性覺性。以見即性。性即見耳。不可以見更見於見。故楞嚴經中佛告阿難云。若見是物。則汝亦可見吾之見。若同見者。名為見吾。吾不見時。何不見吾不見之處。若見不見。自然非彼不見之相。若不見吾不見之處。自然非物。云何非汝。性見聞覺知之義。亦復如是。故知性即是見。見即是性。不可以性更見性。聞即是性。不可以性更聞性。祇你作性見。能聞能見性。便有一異法生。他分明道。所可見者。不可更見。你云何頭上更著頭。他分明道。如盤中散珠。大者大圓。小者小圓。各各不相知。各各不相礙。起時不言我起。滅時不言我滅。所以四生六道。未有不如時。故云見聞覺知是法。法離見聞覺知。若真見自性人。豈會被見聞覺知思量擬議所拘限。昔東寺會禪師道化荊湖。有崔郡相國出鎮湖南。師因目疾次。崔乃問曰。如何是宗乘中事。師云。見性成佛。崔云。爭奈患眼何。師云。見性非眼。赤眼何咎。且道見性既非眼。且將什麼見。聞性亦非耳。且將什麼聞。乃至鼻嗅香舌了味。身覺觸意攀緣一一皆然。若向這裏明得。至於一切處悉皆明得。更有甚麼玄妙見聞覺知。若爾。方能心境一如。也無能也無所。唯一自心。更無他物。

昔華藏民禪師初開講於成都。雅稱楞嚴獨步。因訪友過昭覺。適圓悟小參。舉趙州拈南陽三喚侍者話云。如人暗中書字。字雖未成。文彩已彰。且道那裡是文彩已彰處。民聞疑之。次日擬行。躊躇未決。其友謂民曰。君既匡徒領眾。文彩日彰。倘有從上道理消不去處。直與堂頭和尚坐而商略何不可耶。顧而蘊結胸次無乃病乎。民唯唯。遂告香入室。圓悟徐舉楞嚴。徵其心之所在。民多呈義解。悟笑曰。座主他日入地獄。莫怨老僧不道。民愕然折節。胡跪求說前旨。悟又笑曰。文彩已彰。民俯首出而嘆曰。禪門委有長處。葉公之龍不足貴也。即散講依栖焉。一日白圓悟曰。和尚休舉話。待某說看。尋常拈椎豎拂。豈不是經中道。一切世界諸所有相。皆即菩提妙明真心。下喝敲床時。豈不是反聞聞自性。性成無上道。悟唾之曰。你元來在者裡作活計。民於此信入復請問曰。古帆未挂時如何。悟曰。庭前柏樹子。民積滯頓豁。踴躍趨出曰。古人道一滴投於巨壑。殊不知巨壑投於一滴矣。於是民之美譽溢叢林。佛鑑聞而笑曰。何日吹到蔣山門下。別有商量在。民後謁鑑。鑑問曰。佛果有不曾亂為人說底句。曾向你說麼。對曰。合取狗口。鑑變色震聲曰。不是者箇道理。民曰。無人奪你鹽茶袋。叫作甚麼。鑑曰。佛果若不為你說。我為你說。民又對曰。和尚疑時。退院別參去。鑑呵呵大笑。以殊禮延之。各位。此即是自信自肯處。蓋渠通宗趣教。達不疑之地。故不為他人之所動搖。

又昔稜道者參雪峰。靈雲。玄沙。來往十五年。坐破七箇蒲團。念茲在茲。後因捲簾忽然大悟。有頌云。也大差。也大差。捲起簾來見天下。有人問我意何如。拈取拂子劈口打。及乎住長慶。示眾云。撞著道伴交肩過。一生參學事畢。又有問。如何是合聖之言。對云。大小長慶。被闍黎一問。直得口似匾檐。似此稱提。可謂從自己胸襟流出。蓋天蓋地。又昔趙州問投子曰。大死底人卻活時如何。投子云。不許夜行。投明須到。各位。過去心已滅。未來心未至。現在心空寂。蕩蕩地絕痕垢。雪竇道。劈腹剜心。到者裏更錐劄不得。若箇時識得。便知道。當明中有闇。勿以闇相遇。當闇中有明。勿以明相睹。一切法盡處。箇時了了常存。一切法生時。箇時空空常寂。須知道。死中有活活中死。活中有死死中活。所以是非交結處。聖亦不能知。逆順縱橫時。佛亦不能辨。大死底人。都無佛法道理。玄妙得失。是非長短。然到這裏。若只恁麼休去。古人謂之平地上死人無數。過得荊棘林是好手。也須是透過威音那邊始得。或若有依倚有解會。則沒交涉。古人謂之。見不淨潔。命根不斷。須是大死一番卻活才能相應。古云。言鋒若差。鄉關萬里。直須懸崖撒手。自肯承當。絕後再甦。欺君不得。非常之旨。人焉廋哉。唯絕世超倫之士。向冰凌上行。劍刃上走。直下如麒麟頭角。似火裏蓮花。宛見超方。始知同道。雪竇頌云。活中有眼還同死。藥忌何須鑒作家。古佛尚言曾未到。不知誰解撒塵沙。各位。只這大死底人卻活處。古佛亦不曾到。天下老和尚亦不曾到。任是釋迦老子碧眼胡僧。也須再參始得。所以道。只許老胡知。不許老胡會。至於天下老和尚。據曲彔木床上。行棒行喝。豎拂敲床。現神通作主宰。盡是撒土撒沙。必須見性不留佛。大悟不存師。始有少分相應去。

又昔終南山師祖禪師問南泉云。摩尼珠。人不識。如來藏裏親收得。如何是藏。泉云。王老師與爾往來者是。師云。不往來者如何。泉云。亦是。師云。如何是珠。泉召云。師祖。師應諾。泉云。去。汝不會我語。師從此信入。古德拈云。師祖禪師一顆摩尼珠。可謂稀世之寶。猶賴得南泉老兒手。親為他把得起。否則幾乎落在萬丈坑裏。各位。相喚處即是南泉為他把起處。而往來與不往來者都是藏。也都是珠。而能知往來者。即是心性。然除我自知外。無別有心。除我自心外。無別有知。除我自性外無別有見。除我自見外無別有性。然若要明心見性。但會盡此兩轉語。管保自得矣。更有兩轉戒語。一者。切不得以知為知。知即無知。又不得以無知為無知。無知即知。二者。切不得以無見為無見。無見即見。又不得以見為見。見即無見。所以楞嚴云。知見立知。即無明本。知見無見。斯即涅槃。又昔仰山參東寺會禪師。東寺乃問。汝何處人。仰云。廣南人。東寺云。我聞廣南有鎮海明珠是不。仰云是。寺云。此珠作何形狀。仰云。白月即隱。黑月即現。東寺云。汝將得來不。云。將得來。東寺云。何不呈似老僧。云某甲昨到溈山。蒙索此珠。直得無言可對。無理可伸。東寺云。真獅子兒。善能哮吼。大眾。還知摩尼珠落處麼。偈云。鑑覺未萌全體現。纔分鑑照便成瑕。要知瑩徹圓明處。長短青黃總不差。

◆相關法語

人人有一坐具地。佛出世侵他不得。恁麼體會修行。莫趁快利。欲知此事。饒今成佛成祖去。也只這是。便墮三塗地獄六道去。也只這是。雖然沒用處要且離他不得。須與他作主宰始得。若作得主宰。即是不變易。若作主宰不得。便是變易也。不見永嘉云。莽莽蕩蕩招殃禍。有問云。如何是莽莽蕩蕩招殃禍。答云。只這箇總是。問云。如何免得。答云。知有即得。用免作麼。但是菩提涅槃。煩惱無明等。總是不要免。乃至世間麤重之事。但知有便得。不要免。免即同變易去也。乃至成佛成祖。菩提涅槃。此等殃禍為不小。因甚麼如此。只為變易。若不變易。直須觸處自由始得。

佛性在甚處。未有世界。早有此性。世界壞時。此性不壞。自從一見後。更不是別人。只是箇主人公。這箇更用向外覓作麼。正恁麼時。莫轉頭換腦。若轉頭換腦。即失卻去也。即此身是汝本法身。即此法身是汝本心。此心從無始曠大劫來。與如今不別。未曾有生死。不生不滅。不增不減。不垢不淨。亦無相貌。猶如虛空。取不得。捨不得。山河石壁。不能為礙。出沒往來。自在神通。透五蘊山渡生死河。一切業拘此法身不得。

眾生不見佛。佛不見眾生。四果不見四向。四向不見四果。三賢十聖。不見等妙二覺。等妙二覺。不見三賢十聖。乃至水不見火。火不見水。地不見風。風不見地。眾生不入法界。佛不出法界。所以法性無去來。無能所見。既如此。因什麼道我見我聞。於善知識得契悟。善知識與我說法。諸佛出世。與眾生說法。迦旃延祇為以生滅心。傳實相法。被淨名訶責。分明道。一切法本來無縛。何用解他。本來不染。何用淨他。故云。實相如是。豈可說乎。

清淨性中無有凡聖。亦無了不了人。凡之與聖。二俱是名。若隨名生解。即墮生死。若知假名不實。即無有當名者。此是極究竟處。若云我能了彼不能了。即是大病。見有淨穢凡聖。亦是大病。作無凡聖解。又屬撥無因果。見有清淨性可棲止。亦是大病。作不棲止解。亦是大病。然清淨性中。雖無動搖。具不壞方便應用及興慈運悲。如是興運之處。即全清淨之性。可謂見性成佛矣。

性且非見非不見。法亦非見非不見。若見性人。何處不是我之本性。所以六道四生。山河大地。總是我之性淨明體。故云。見色便見心。色心不異故。祇為取相。作見聞覺知。去卻前物始擬得見者。即墮二乘人中依通見解也。虛空中近則見。遠則不見。此是外道中收。古云。非內亦非外。非近亦非遠。近而不可見者。萬物之性也。

若不見性。縱說得十二部經。亦不免生死輪迴。三界受苦無有出期。昔有善星比丘。誦得十二部經。猶自不免輪迴。為不見性。若不識得自心。誦得閑文書都無用處。若要覓佛。直須見性。性即是佛。佛即是自在人。若不見性。終日茫茫。向外馳求覓佛元來不得。雖無一物可得。若求會。亦須參善知識。切須苦求。令心會解。

若不見性。說得十二部經教盡是魔說。魔家眷屬不是佛家弟子。既不辨皂白。憑何免生死。若見性即是佛。不見性即是眾生。若離眾生性。別有佛性可得者。佛今在何處。眾生性即是佛性也。性外無佛。佛即是性。除此性外。無佛可得。佛外無性可得。

若有少法可得是有為法。是因果是受報。是輪迴法。不能免生死。何時得成佛道去。成佛須是見性。若不見性。因果等語是外道法。若是佛。不習外道法。佛是無業人無因果。但見有少法可得。盡是謗佛。憑何得成。但有住著一心一能一解一見。佛都不許。佛無持犯。心性本空。亦非垢淨。諸法無修無證。無因無果。佛不持戒。佛不修善。佛不造惡。佛不精進。佛不懈怠。佛是無作人。但有住著心見佛。即不許也。佛不是佛。莫作佛解。若不見此義。一切時中。一切處處。皆是不了本心。

若智慧明了此心。方名法性。亦名解脫。生死不拘。一切法拘他不得。是名大自在王如來。亦名不思議。亦名聖體。亦名長生不死。亦名大仙。名雖不同。體即是一。聖人種種分別。皆不離自心。心量廣大。應用無窮。應眼見色。應耳聞聲。應鼻嗅香。應舌知味。乃至施為運動皆是自心。一切時中但有語言即是自心。色無盡是自心。心識善能分別一切。乃至施為運用皆是智慧。心無形相。智慧亦無盡。故云。如來色無盡。智慧亦復然。

一切相貌皆是妄相。昔迦葉只是悟得本性。本性即是心。心即是性。即此同諸佛心。前佛後佛只傳此心。除此心外。無佛可得。顛倒眾生不知自心是佛。向外馳求。終日忙忙念佛禮佛。佛在何處。不應作如是等見。但識自心。心外更無別佛。經云。凡所有相。皆是虛妄。又云。所在之處。即為有佛。自心是佛。不應將佛禮佛。但是有佛及菩薩相貌忽爾現前。亦切不用禮敬。我心空寂。本無如是相貌。若取相即是魔。盡落邪道。若是幻從心起。即不用禮。禮者不知。知者不禮。禮被魔攝。

但有異境界。切不用採括。亦莫生怕怖。不要疑惑。我心本來清淨。何處有如許相貌。乃至天龍夜叉鬼神帝釋梵王等相。亦不用心生敬重。亦莫怕懼。我心本來空寂。一切相貌。皆是妄相。但莫取相。若起佛見法見。及佛菩薩等相貌而生敬重。自墮眾生位中。若欲直會。但莫取一切相即得。更無別語。都無定實。幻無定相是無常法。但不取相。合他聖意。經云。離一切相。即名諸佛。

至道幽深。不可話會。典教憑何所及。但見本性。一字不識亦得。見性即是佛。聖體本來清淨。無有雜穢。所有言說。皆是聖人從心起用。用體本來空名。言尚不及。十二部經憑何得及。道本圓成。不用修證。道非聲色。微妙難見。如人飲水。冷暖自知。

只言見性。不言婬慾。只為不見性。但得見性。婬慾本來空寂。不假斷除。亦不樂著。何以故。性本清淨故。雖處在五蘊色身中。其性本來清淨。染污不得。法身本來無受。無飢無渴。無寒無熱。無病無恩愛。無眷屬無苦樂。無好惡無短長無強弱。本來無有一物可得。只緣執有此色身因。即有飢渴寒熱瘴病等相。若不執。即一任作為。於生死中得大自在。

只言見性不言作業。縱作業不同。一切業拘他不得。西天二十七祖。只是遞傳心印。唯傳一心。不言戒施精進苦行。乃至入水火登劍輪。一食卯齋長坐不臥。盡是外道有為法。若識得施為運動靈覺之性即諸佛心。前佛後佛。只言傳心。更無別法。若識此法。凡夫一字不識亦是佛。若不識自己靈覺之性。假使身破如微塵。覓佛終不得也。

佛者。亦名法身。亦名本心。此心無形相。無因果。無筋骨。猶如虛空取不得。不同質礙不同外道。此心不離四大色身中。若離此心。即無能運動。是身無知如草木瓦礫。身是無情因何運動。若自心動。乃至語言施為運動見聞覺知。皆是心動。心動用動。動即其用。動外無心。心外無動。用體本空。空本無動。故經云。動而無所動。

終日見而未曾見。終日聞而未曾聞。終日覺而未曾覺。終日知而未曾知。終日行坐而未曾行坐。終日嗔喜而未曾嗔喜。故經云。言語道斷。心行處滅。見聞覺知。本自圓寂。乃至嗔喜痛癢何異木人。只緣推尋痛癢不可得故。

因緣性不可得。是故經云。不壞世法而入涅槃。若壞世法。即是凡夫流浪生死。其世間因緣法各各無主。假緣和合。體性皆空畢竟不可得。若見如是理者。即名見性。即於分別中得無分別智。常行分別而不分別。此是不壞世法。是故經云。善能分別諸法相。入第一義而不動。

八　時節因緣

古人說法。自有時處。若時節因緣未到。說法不成。所以釋迦老子。說法三百六十餘會。皆立時處。何謂時處。豈不見圓覺經云。如是我聞。一時。婆伽婆入於神通大光明藏。三昧正受。只這箇便是時節。所以道。欲識佛性義。當觀時節因緣。時節若至。其理自彰。不見天台智者大師。因讀法華經。至藥王菩薩焚身處云。是真精進。是名真法供養如來。於此豁然。前後際斷。便證法華三昧。於三昧中。見靈山會上。釋迦老子與百萬大眾。儼然未散。昔為山祐禪師在百丈時。夜侍立次。丈云。看爐內有火也無。師看了來報云。無。丈躬身至爐。深撥忽得少火。乃挾起云。你道無。這箇聻。師因而契悟。丈云。欲知佛性義。當觀時節因緣。時節若至。其理自彰。便知己物。不從外得。汝善護持。次日百丈同師入山作務。丈云。還將得火來麼。師云。將得來。丈云。在甚麼處。師拾起一枝枯柴。吹三吹度與丈。丈肯之。乃云。如蟲禦木。

又昔俱胝和尚住菴時。因一尼戴箇笠子。直來遶佗繩床一帀。云。道得即放下笠子。俱胝當時道不得。尼拂袖便行。俱胝云。何不且住。尼云。道得即住。俱胝又無語。尼去後。俱胝自歎云。我雖是箇丈夫漢。卻不如箇婦人。便要燒菴下山。忽夜夢神人曰。和尚不須下山。且候。當有肉身大士。來為和尚說法也。過數日。果見天龍和尚到來。俱胝遂舉前話似之。天龍曰。你問我。我與你道。俱胝曰。道得即放下笠子。天龍遂竪起一指。俱胝忽然大悟。自此凡有所問。只豎一指。常自謂。我得天龍一指頭禪。一生受用不盡。俱胝身畔。有一供過童子。每遇人問他事。他也學竪指衹對。俱胝聞之。乃潛一刀在袖中。喚童子近來。問云。聞你也會佛法是否。云是。俱胝遂問。如何是佛。童子便竪起指頭。俱胝即以刀斷其指。童子叫喚走去。俱胝復喚童子。童子回頭。俱胝再問。如何是佛。童子再將手起。不見指頭。忽然大悟。諸禪德。其實此事。即便道得也與他無交涉。溈山於撥動寒灰。得火而獲珠。俱胝因見指頭。而得箇活脫脫的。童子因不見指頭而悟道。看他諸人得處不同。且俱胝得處。也不在指頭上。所以悟道時節。自有因緣。無有一定。

又昔雲巖晟禪師初參藥山。山問。甚麼處來。巖云。百丈來。山云。百丈有何言句。巖云。有時云。一句子百味具足。山云。鹹即鹹味。淡即淡味。不鹹不淡是常味。作麼生是百味具足底句。巖無對。山云。爭奈目前生死何。巖云。目前無生死。山云。二十年在百丈。俗氣也不除。又問。海兄更說甚麼法。巖云。有時道。三句外省去。六句外會取。山云。三千里外。且喜沒交涉。山又問。更說甚麼法。巖云。有時上堂了。大眾下堂次。復召大眾。眾迴首。乃云。是甚麼。山云。何不早恁麼道。雲巖於言下有省。此即如同經所云。佛放瑞光。如優曇花。時一遇耳。又昔世尊入舍衛大城乞食。飯食訖。收衣鉢。洗足已。敷座而坐。須菩提出眾作禮曰。希有世尊。世尊即下座。古德云。釋迦老子。幸自可憐生。被須菩提出來。道箇希有。當下冰銷瓦解。

又昔馬祖與百丈行次。聞野鴨子聲。祖云。是什麼。丈云。野鴨子。祖云。什麼處去也。丈云。飛過去也。祖搊百丈鼻頭。丈作痛聲。祖云。何曾飛去。丈脫然有省。次日祖陞堂。丈卷席。各位。若不當下將鼻頭搊回則流將去也。你看佗相見底時節。在什麼處。百丈後來再參馬祖。被祖一喝。三日耳聾。只如馬祖一喝。還有分外著得的事麼。還有分外做道理處麼。必須於箇時聞而不聞。若於箇時承當不下。草草地。又是業識流注。若是坐得斷。幹得開。一絲一糝立不得。則喚甚麼作再參馬祖。其間毫髮不容。若分外著得些子。不喚作三日耳聾。不見雪竇道。大冶精金。應無變色。若是洗不淨潔。脫不了當。又向這裏添一重去也。喚作泥裏洗土塊。故知此事若一向不出則失人。出而不知去就則失己。失人者減己之德。失己者瞎人之眼。唯過量人。於自己腳跟下步步生活。就如人慣為客商。一出門吉凶利害自知去向。又如將兵討賊。先有定謀。然後奇正相生。著著不入死路。所以學者從此薦得。盡是活底不是死底。祇為善知識具大方便。於諸方便而語不失宗。乃能入水入泥移高就低。不然悉是釘樁漢。為人不得。

大眾。此事如人學射。久久方中。豈不見。裴相國出鎮宛陵。因遊寺見高僧像。遂問僧職云。高僧儀相可觀。未審高僧在什麼處。于時僧職。莫知所措。裴公云。此間有禪僧麼。僧職云。近有一僧。捨身掃地。身披百衲。恐是禪僧。及乎請得來。乃是黃檗斷際禪師也。裴公乃舉前話問之。檗乃召云。相公。公應諾。檗云。在什麼處。裴公於此大悟。諸人且道。問處是。答處是。是又是箇什麼。禪僧家直須有省發始得。莫只認聲認色。故知古人。無不皆由此箇時節得入。豈不見趙州初參南泉。悟平常心是道。後來有問西來意。便對曰。庭前柏樹子。非唯趙州。德山得此時節。入門便打。臨濟得此時節。入門便喝。睦州得此時節便道。現成公案。放你三十棒。俱胝一指頭上。用此時節。鳥窠吹布毛處。見此時節。以要言之。古來宗師。無不皆用此箇時節。只如法眼。曾舉參同契云。竺土大仙心。遂云。無過此語也。向下中間。也只是應時應節說話。至最後。謹白參玄人。光陰莫虛度。乃云。住。住。恩大難酬。設使粉骨碎身。亦報此恩不得。豈不是知此時節。方恁麼說。

如今若未有發明處去。只是虛度光陰。若參得徹底分明去。二六時中。管取無絲毫許落虛。非唯二六時中。下至百千億劫。盡未來際。悉不落虛。

又昔靈雲禪師參溈山。見桃花而悟道。有頌云。三十年來尋劍客。幾回葉落又抽枝。自從一見桃花後。直至如今更不疑。舉似溈山。山云。從緣得入。永不退失。汝善護持。後玄沙聞云。諦當甚諦當。敢保老兄未徹在。後來會見了靈雲。雲問長沙云。老兄徹了未。玄沙即道。你恁麼方始是徹。各位。此公案意旨如何。目前已過去。隨時都是新來的。古云。來年更有新條在。惱亂春風促未休。然徹與未徹。且置之勿論。我們可以這樣反思。靈雲當初。果然見著這桃花也未。若未見這桃花時。又何曾得悟道來。更若謂畢竟眼裏真實見這桃花了。則被色所礙。又爭得悟道去。其實古今物我無間。時節若至。處處碧桃還開花。直下便會去。即今日便是古時。若一總理會不得。即古時依然還是古時。故肇論云。言往不必往。古今常存。以其不動。稱去不必去。謂不從今至古。以其不來。不來故。不馳騁於古今。不動故。各性住於一世。又云。今若至古。古應有今。古若至今。今應有古。今而無古。以知不來。古而無今。以知不去。若古不至今。今亦不至古。則各性住於一世。有何物而可去來乎。既到了這個時節。更說個什麼。可謂啼得血流無用處。不如緘口過殘春。

◆相關法語

秖如生佛未分。空劫以前威音王那邊。還有這個那個也無。雖然到這裏。直饒千聖出頭來。也須目瞪口呿。那邊即且致。只如今燈燭交光坐立儼然。高者是天厚者是地。山是山水是水。有是有無是無。長是長短是短。正當恁麼時。與威音王以前空劫那畔是同是別。若向箇裏倜儻分明。目前無法胸中無心。上不見諸聖。下不見凡夫。外不見一切境界。內不見眼耳鼻舌身意。便能通同一切。說什麼這個那個。一鎚擊碎聖賢窠窟。一刀截斷生死根株。設使臨濟德山。文殊普賢乃至無量無邊。具大解脫有大威神。無數河沙浩浩地來。不消一捏。

有無皆數量對待之法。祖師云。且非有限量。非無限量。非非有限量。非非無限量。以絕待故。如今學者。未能出得三乘教外。爭喚作參禪。分明向汝道。一等學禪。莫取次妄生異見。如人飲水。冷暖自知。一行一住。一剎那間念念不異。若不如是。不免輪迴。

明明只是爾燄識。你作麼生擬斷他。喻如陽燄。你道近。十方世界求不可得。始道遠。看時祇在目前。你擬趁他。他又轉遠去。你始避他。他又來逐你。取又不得。捨又不得。既若如此。故知一切法性自爾。即不用愁他慮他。

一向說事說理。論妙論玄談心談性。墮在葛藤窠裏。一向行棒行喝。立照立用存捲存舒。落在荊棘林中。更或舉古舉今。話偏話正立主立賓。也是撒沙撒土。忽若見山即山。見水即水。僧是僧俗是俗。落在無事界內。設使總不恁麼。大似曳尾靈龜。直饒獨體單明。亦是狐狸戀窟。若有箇出身處去。似地擎山不知山之孤峻。如石含玉不知玉之無瑕。譬如猛火聚。近之則燎卻面門。又如按太阿劍。擬之則喪身失命。便可以不須說事不須說理。不行棒不行喝。不立主不立賓。見山不是山。見水不是水。全體恁麼來。全體恁麼去。總無許多露布葛藤聲色邊事。

直下便是已涉階梯。總不恁麼猶落情識。直得威音以前沒交涉。七佛已後沒交涉。向上向下總沒交涉。然雖如是。通方作者舉著便知。尚滯皮膚難脫蹊徑。所以向第二義門。不恁麼中有時恁麼。恁麼中有時不恁麼。淨法界身。本無出沒。大悲願力。示現受生。雖則落草之談。也須草中有通身之路。敢問諸人。要知本無出沒底道理麼。乃豎起拂子云。只這是。要知示現受生麼。豎拂子云。只這是。到這裏。雙收雙放。全暗全明。

當陽一著。千聖莫覷。面門一機。作家罔措。恁麼恁麼。不恁麼不恁麼。拈向一邊。行棒行喝。擊石火閃電光。放過一著。正當恁麼時。水泄不通。乾坤坐斷。有眼不可見。有耳不可聞。有口不可辨。有心不可思。任是通身是眼。盡乾坤大地。草木叢林纖洪長短。一一交羅。作無量無邊神通妙用。到這裏不消一劄。

真實證者必不相欺。未證者一似說夢。所以道。過去一切劫。安置未來今。未來現在劫。回置過去世。以海印三昧一印印定。更無透漏。無去無來無前無後。如是之法。在天同天在人同人。應以佛身得度者。即現佛身而為說法。應以宰官身乃至婆羅門。婦女身得度者。悉現其身而為說法。此是一味清淨平等法門。若向這裏明得各人本地風光本來面目。方知一大藏教。五千四十八卷句句不說別事。無常迅速。莫作等閑。所以道。努力今生須了卻。莫教永劫受餘殃。

洞塵劫事只在一彈指間。若向一彈指間前後際斷。箇時俱立不得。塵劫以前。只是恁麼事。三世諸佛。望儞頂顊不著。六代祖師。覷儞腳跟不到。直饒若佛若祖。只是旁窺仰讚有分。終不敢向當頭道著一句子。縱儞做盡方便。設盡門庭。要當頭道一句子也不得。本色人自住本位。乃至一切諸佛出世。侵犯我不得。一切眾魔出興。侵犯我不得。

塵劫以前。者一坐具地是儞自所住處。人人到箇時節。彼不侵犯我。我不侵犯彼。洞然法界元無一絲毫隔越。箇時識得破。便喚作諸佛。儞若背覺合塵。便是眾生境界。做得到處。更有甚麼事來。是須穩穩密密平平淡淡去。所以道。正中來。無中有路隔塵埃。但能不觸當今諱。也勝前朝斷舌才。若是其間過來。自然於一切不觸。

鬧浩浩處。要且迢然混不得。彼自是彼。我自是我。惺惺地一條路子。蕩蕩地。無人敢向其間作障礙。是衲僧行履處。直饒如芥子小。裏許一條路子也恁麼大。此是儞真心境界。乃至若大若小。若方若圓。具足如是許多妙處。若自住若自證。自然恁麼相應去。所以道。佛子住此地。即是佛受用。經行及坐臥。常在於其中。大法之興。初未嘗瞞人。唯在乎人宿有靈根種子。觸著便自會得。如迦葉尊者。纔見世尊拈花便微笑。若達磨至魏面壁九年。只待得個可大師。出來乞安心始得瞥地。如臨濟在黃檗會下。三問西來的的意。三喫痛棒。後到大愚處。為伊道個。黃檗恁麼老婆為你。便歇卻求心。此皆有時節因緣。

趙州和尚云。十二時中。許你一時外學。僧便問。許一時外學。未審學什麼。州云。學佛學法。祇如佛法尚為外學。其餘十二時中。作箇什麼始得。大難其人。所以如今與諸人相會。喚作非時言論。既是非時言論。如何得相親去。達道之人。若能鎔缾盤釵釧作一金。攪酥酪醍醐為一味。說什麼時與不時。盡皆中的。

欲知佛性義。當觀時節因緣。時節若至。其理自彰。苟或時節未至。理地未明。便乃業識茫茫。無本可據。諸人各各有一段大事。輝騰今古。迥絕知見。淨裸裸赤灑灑。各不相知。各不相到。透聲透色。超佛越祖。若能退步就己。脫卻情塵意想。記持分別。露布言詮聞見覺知。是非得失直下豁然。瞥地便與古佛同一知見。同一語言。同一手作。同一體用。非唯與諸聖同。亦乃與歷代宗師。天下老和尚同。下至四生六道。醯雞蠛蠓無不皆同。不被前塵所惑知解所撓。不畏生死。不愛涅槃。放曠平常。隨時任運。動靜施為無非解脫。能轉一切境界。能使一切語言。非唯諸人分上如此。至於古人。無不皆由此箇時節得入。

九　各不相知

花開隴上。柳綻堤邊。日不待火而熱。月不待風而涼。佛不待悟而成。道不待修而證。山是山。水是水。人是人。物是物。是法住法位。世間相常住。然若形名未立。朕兆未彰。喚甚麼作山。喚甚麼作水。喚甚麼作迷。喚甚麼作悟。喚甚麼作眾生。喚甚麼作佛。古人云。古佛未生前。凝然一圓相。釋迦猶未會。迦葉豈能傳。所以必須影現。方能知有。而廓大千於方寸。抉了義於微芒。形若不現。爭能知有。故云。世尊三昧。迦葉不知。迦葉三昧。阿難不知。阿難三昧。商那和修不知。商那和修三昧。優波菊多不知。既是各各不知。何故卻有法能遞相傳受。既各各不相知。各各不相借。且道。釋迦老子。還有出頭分也無。昔外道問世尊。昨日說何法。云。說定法。外道云。今日說何法。云。說不定法。外道云。昨日說定法。今日何故。說不定法。世尊云。昨日定。今日不定。又有比丘問世尊云。我於佛法中。見處即有。證處未是。世尊當何所示。佛召比丘云。比丘某甲。當何所示。是汝所問。又昔世尊因五通僊人問。世尊有六通。我有五通。如何是那一通。佛召云。五通僊人。五通應諾。佛云。那一通。你問我。大眾。其實老胡元也不知有那一通。卻因邪打正。古德頌云。無量劫來曾未遇。如何不動到其中。莫言佛法無多子。最苦瞿曇那一通。然古人又道。所謂不知者。乃無所不知。無所不到。才喚作不知。要你今時人。到那不知底田地。此是諸聖境界。豈比如今拍盲不會喚作不知。若總如此。盡道我不知不管。忽然有人問著。如何流通。曹溪一路恐無人相續去也。故知須是懃懃決擇始得。古德道。此大寶華王座。每日與諸人同起同坐。自是諸人當面諱卻。教中道。深固幽遠。無人能到。又云。諸法寂滅相。不可以言宣。所以善財到妙峯頂上。七日不見德雲比丘。普眼菩薩到這裏。遍觀微塵剎土不見普賢。德山到這裏便道。潭又不見。龍又不現。夾山到這裏便道。目前無闍梨。此間無老僧。

故知祖師西來。唯直指單提令人返本還源而已。欲究其旨。但向不睹不聞之先直下覷透。便見分曉。如黑漆桶處於黑夜。初無二色。即無二見。既無二見。則不見有男不見有女。不見有纏縛有解脫。不見有凡聖有淨穢。亦不見有玄有妙有覺不覺。亦不見有苦樂昏慧火宅清涼。所謂直截根源佛所印耳。昔世尊一日以隨色摩尼珠。問五方天王云。此珠作何色。天王互說異色。世尊藏其珠。卻舉手問。此珠作何色。天王云。佛手中無珠。色從何有。世尊嘆云。汝何迷倒之甚。吾將世珠示之。便強說有青黃赤白。吾將真珠示之。便總不知。時五方天王。聞語悉皆悟道。到這裏。不妨誵訛處直是誵訛。綿密處直是綿密。然諸人往往習慣向知不知處作活計。其實正當恁麼時。早已經是蹉過了也。昔六祖大師一日謂門人云。吾欲歸新州。汝等速整舟楫。門人云。師從此去。早晚卻回。師云。葉落歸根。來時無口。古德頌云。雲開空自闊。葉落即歸根。回首煙波裏。漁歌過遠村。又昔僧問曹山本寂禪師。世間甚麼物最貴。師云。死猫兒最貴。云。為甚麼死猫兒卻貴。師云。無人著價。云。為何無人著價。師云。為伊非是世間之珍。各位。為何非是世間之珍。因為是已經流過去的東西。所謂無法無非法故是心心法。忽然瞥起一念。了知如幻如化。即流入過去佛。過去佛且不有。未來佛且不無。又且不喚作未來佛。現在念念不住。不喚作現在佛。佛若起時。即不擬他是覺是迷。是善是惡。輒不得執滯他。斷絕他。如一念瞥起。千重關鎖鎖不得。萬丈繩索索他不住。各位。此是無限量法門。

又昔有僧問鹽官安國師。如何是本身盧舍那。師云。與老僧過淨缾來。僧將淨缾送至。師云。卻安舊處著。僧安了。復來問。如何是本身盧舍那。師云。古佛過去久矣。古德云。問來答去。暗裏投機。識者荊棘俱為梁棟。不識者醍醐翻成毒藥。兩手分明過淨缾。不知身已在隍城。又昔玄沙備禪師。令僧馳書上雪峯。峯上堂開緘。見三幅白紙。乃呈示大眾云。會麼。良久云。不見道。君子千里同風。便下座。

其僧回。舉似玄沙。沙云。山頭老漢。蹉過也不知。敢問大眾。如何是雪峰蹉過處。大眾若向情塵裏會。又爭會得。古德頌云。玄沙封白紙。雪老卻同風。蹉過人難會。古曲調不同。所以靈山提密旨。獨有迦葉親聞。少林演妙訣。唯許神光擔荷。只為機機相副箭箭相投。用處聲色純真。舉時乾坤獨露。密密意絕誵訛。深深機沒回互。若是箇本色自由自在承當擔荷得底。更不落聲前句後。亦不用擬議尋思。直下當陽分明領取。所以道。若論此事。眨上眉毛早已蹉過。既若蹉過。還知未蹉過事麼。若知未蹉過事。雖終日說。而不曾動著舌頭。終日行。而不曾移著一步。終日喫飯。不曾嚼一粒米。終日著衣不曾掛一縷絲。雖然如是。此猶是建化門庭向下為人處。豈不見德山和尚云。但有問答語言向上向下。盡是依草附木竹木精靈。所以山僧從頭棒將去。待有箇獨脫底。與他商量。後來浮山圓鑑道。只這獨脫底也是草木之精。且道還有為人處也無。還委悉麼。但能萬法不干懷。一超直入如來地。

又昔趙州示眾云。至道無難。唯嫌揀擇。纔有語言。是揀擇。是明白。老僧不在明白裏。是汝還護惜也無。時有僧問。既不在明白裏。護惜箇什麼。州云。我亦不知。僧云。和尚既不知。為什麼卻道不在明白裏。州云。問事即得。禮拜了退。雪竇頌云。至道無難。言端語端。一有多種。二無兩般。天際日上月下。檻前山深水寒。髑髏識盡喜何立。枯木龍吟銷未乾。難。難。揀擇明白君自看。各位。此事如電光石火一閃即過。剎那之間。人已不在那裡了。又如何去揀擇去護惜。又昔石頭在六祖會裏作沙彌時。一日問祖云。和尚遷化後。某甲如何。祖云。尋思去。及至六祖遷化後。他只一味坐禪。只管尋思箇無生底道理。向鬼窟裏作活計。其時有同參遂問。你作什麼。云。和尚教我尋思去。所以坐禪。同參云。錯了也。有青原師兄名思。指汝去見他。石頭方省。遂往青原。原問。甚處來。云。曹溪來。思拈起拂子。問云。曹溪還有這箇麼。石頭答道。非但曹溪。西天亦無。思云。子莫到西天麼。頭云。若到。即有也。思云。未在。更道。石頭云。和尚也須道取一半。莫全靠某甲。思云。不辭向汝道。恐已後無人承當。一日。又問青原。和尚在曹溪時。還識六祖麼。思云。你只今還識老僧麼。頭云。識又爭能識得。思云。衆角雖多。一麟足矣。大衆。識又爭能識得。蹉過而不蹉過。昔人已乘白雲去。此地空餘綠水流。綠水一去不復返。白雲千載空悠悠。到這裏無汝用心處。所謂從前汗馬無人識。只要重論蓋代功。必須凡聖情盡。生死關透。得失是非。了然不生。則如鳥之行空。如魚之在水。江湖相忘。雲天得志。全體如如。初無二緣。亦無二相。若擬心一絲。即對面千里。不是心。不是佛。全心即佛。全佛即人。人佛不二。古云。大千沙界海中漚。一切聖賢如電拂。

◆相關法語

大般若經曰。諸天子竊作是念。諸藥叉等言辭咒句。雖復隱密而當可知。尊者善現於此般若波羅蜜多。雖以種種言辭顯示。而我等輩竟不能解。善現知彼心之所念。便告之言。汝等天子於我所說不能解耶。諸天子言如是。如是。善現復告言。我曾於此不說一字。汝亦不聞。當何所解。何以故。甚深般若波羅蜜多。文字言說皆遠離故。由於此中。說者聽者及能解者。皆不可得。一切如來應正等覺所證無上正等菩提。其相甚深。亦復如是。

三世諸佛出世之所為。不為別事。歷代祖師之所說。不說別事。只為爾我沉淪三界。流轉四生。所以教爾我出三界輪迴脫四生苦趣。所謂佛佛授手。祖祖相承。唯為一大事因緣故出現於世也。是故宋世大慧杲和尚。見人不知大事之所以。遂註解向人道。唯人生不知來處。謂之生大。死不知去處。謂之死大。故謂生死大事也。又慮人不以為事。復云。你們生前曾做驢做馬來也不知。而今死後做驢做馬去也不知。上天堂也不知。入地獄也不知。既都不知。一息不來。前路茫茫。豈不是要緊底大事耶。然只這生不知來處。死不知去處。便是當人出生死底消息。唯人作計攀緣。遂成流轉。

南泉道。道不屬知。不屬不知。圭峰謂之靈知。荷澤謂之。知之一字。眾妙之門。黃龍死心云。知之一字。眾禍之門。要見圭峰。荷澤則易。要見死心則難。到這裏。

須是具超方眼。說似人不得。傳與人不得。

五十三人善知識摸索不著處。即是諸人日用消息。諸人摸索不著處。即是五十三人善知識日用消息。諸人日用消息。五十三人善知識。決定摸索不著。五十三人善知識日用消息。諸人決定摸索不著。所以道。諸法無作用。亦無有體性。是故彼一切。各各不相知。亦如大火聚。猛燄同時發。各各不相知。諸法亦如是。便恁麼去。擲大千於方外。納須彌於芥中。豈是分外。

達磨未來此土時。須信事元真實。二祖禮三拜而立。不得謾有商量。大眾。何故人到於今疑情不息。各位。早知燈是火。飯熟已多時。直饒恁麼信得及。猶是錯承當。自餘一切何足論之。

祖師西來。不立文字直指而已。惟至德山臨濟。以棒喝直指最為明白切要。所謂棒打石人頭。嚗嚗論實事。今人不薦棒頭指處。而以知痛癢者是為心。殊不知乃識神耳。古人云。學道之人不識真。只為從前認識神。無量劫來生死本。癡人認作本來人。昔臨濟大師道。我被黃檗先師打六十棒。如蒿枝拂著相似。彼豈以知痛癢者為然哉。

昔有一老宿訪臨濟。纔相見提起坐具云。禮拜即是。不禮拜即是。臨濟喝。宿便禮拜。濟云。這賊。宿云。賊。賊。便出。濟云。莫道無事好。首座侍立次。濟云。還有過也無。座云。有。濟云。賓家有過。主家有過。座云。二俱有過。濟云。

過在甚麼處。座便出。濟云。莫道無事好。

天何言哉。四時行焉。地何言哉。萬物生焉。君何言哉。萬方安寧。風調雨若。海晏河清。正恁麼時如何。野老不知堯舜力。勾芒祭罷餉春耕。

金烏玉兔。交互爭輝。坐卻日頭。天下黯黑。上唇與下唇從來不相識。明明向君道。莫令眼顧著。何也。日月未足為明。天地未足為大。空中不運斤。巧匠不遺蹤。見性不留佛。悟道不存師。目覩瞿曇猶如黃葉。一大藏教祖師玄旨是破草鞋。寧可赤腳。不著最好。

古人云。諸佛未出世。人人鼻孔遼天。出世後杳無消息。雖無消息。要且謾諸人一點不得。何也。天不能蓋。地不能載。日月不能照臨。虛空不能包裹。萬象不能覆藏。通上徹下是箇大解脫人。何處更有許多名字。所以道。處處真。處處真。塵塵盡是本來人。真實說時人不識。正體堂堂沒卻身。與麼說話。還得相應也無。兄弟。白日青天更有甚麼事。從上佛祖。立機立境。千差萬別。隱顯殊途。只要你實證實悟。於實證實悟處。靠者一著子直是乾曝曝地。所謂上無攀仰。下絕己躬。常光現前。壁立萬仞。

一年三百六十日。看看逗到今宵畢。十箇有五雙。參禪禪又不知。學道道亦不識。只者不知不識四字。正是三世諸佛骨髓。一大藏教根源。伶俐漢纔聞舉著。如龍得水。似虎靠山。天上人間。縱橫無礙。然雖如是。點檢將來。猶是者邊底消息。若謂那邊更那邊一著子。直饒西天四七唐土二三以至天下老古錘。敢保未徹在。

十 真正見解

大乘妙道。至理空曠。若是有為眾生。則不能契入經教旨。必須是無為始得入。何也。乃因眾生本性。見性即成佛道。著相即沈淪。心生即種種法生。心滅即種種法滅。起心即是生死。不起心即是見佛。攝己從他。萬事皆如。攝他從己。萬事競起。曹山四禁偈云。莫行心處路。不挂本來衣。何須正恁麼。切忌未生時。昔有良禪客問欽山。一鏃破三關時如何。山云。放出關中主看。良云。恁麼。則知過必改。山云。更待何時。良云。好箭放不著所在。便出。山云。且來。闍黎。良回首。山把住云。一鏃破三關即且止。試與欽山發箭看。良擬議。山打七棒云。且聽這漢疑三十年。後來同安聞之云。良公善能發箭。要且不解中的。有僧便問。如何得中的。

安云。關中主是什麼人。各位。關中主是什麼人。這句就如同雪峰每見僧來即問。是什麼。要知這關中主。開眼也著。合眼也著。是個未來無面目的漢。後有僧舉似欽山。山云。良公若恁麼。也未免得欽山口。雖然如是。同安不是好心。各位。一鏃破三關者。須是胸襟裏不懷些子道理計較。超出語言之外。方能有一句下破三關及有放箭處。良禪客也不妨是一員戰將。向欽山手裏左盤右轉。墜鞭閃鐙。末後可惜許。弓折箭盡。這箇公案。有始有終。頭正尾正。一出一入。一擒一縱。當機覿面提。覿面當機疾。都不落有無得失。謂之玄機。稍虧些子力量。便有顛蹶。雪竇頌云。與君放出關中主。放箭之徒莫莽鹵。取箇眼兮耳必聾。捨箇耳兮目雙瞽。可憐一鏃破三關。的的分明箭後路。君不見。長沙有言兮。大丈夫。先天為心祖。大眾。大丈夫。先天為心祖。如今參學者。若以此心為祖宗。參到彌勒佛下生。也未會在。蓋若是大丈夫漢。心猶是兒孫。天地未分。已是第二頭。要須當堂正坐。不赴兩頭機。故雪竇云。放箭之徒莫莽鹵。取箇眼兮耳必聾。捨箇耳兮目雙瞽。既是堆山積嶽來。則須要瓦解冰消去。一拳拳倒黃鶴樓。一趯趯翻大海水。有形無形。要盡斬為三段。

又昔松山禪師。因與龐居士喫茶次。士舉起槖子云。人人盡有分。因甚麼道不得。師云。祇為人人盡有。所以道不得。士云。阿兄為甚卻道得。師云。不可無言也。士云。灼然灼然。師便喫茶。士云。阿兄喫茶。何不揖客。師云。誰。士云。

龐公。師云。何須更揖。後丹霞聞舉乃云。若不是松山。洎被這箇老翁作亂一上。士聞。乃令人傳語云。何不會取未舉起槖時。各位。松山解吹無孔笛。龐老解弄勿絃琴。丹霞隨聲能應拍。然雖拍拍是令。但在未提槖子以前。諸佛也難為下觜。蓋起心動念即是妄也。昔僧問芭蕉徹禪師。有一人不捨生死。不證涅槃。師還提攜也無。師云。不提攜。云為甚麼不提攜。師云。老僧粗識好惡。天童覺云。芭蕉雖然識好惡。且不能牽耕夫之牛。奪飢人之食。如今若有人問天童。便和聲打。為甚麼如此。我從來不識好惡。所以云。一句絕誵訛。千里萬里無消息。一塵含法界。千重百匝太周遮。若是明眼人。終不向目前覓。何故。若向目前覓。此人未具眼。更於句中求。落在第八機。既不向句中求。又不向目前覓。且道如何湊泊。只如隔山隔嶽。隔浮幢王隔香水海。那邊還有恁麼事也無。若道有。隔許多作麼生知道有。若道無。佛法即有邊際。若道不有不無。正是半前落後。直饒離卻有無。未免喫手中棒。忽有衲僧出來道。不恁麼。如龍得水。似虎靠山。通身是眼也看他不見。通身是舌也說他不及。且道畢竟落在什麼處。若不藍田射石虎。幾乎誤殺李將軍。曹山頌云。覺性圓明無相身。莫於知見強疎親。念異便於玄體昧。心差不與道相隣。情分萬法沈前境。識鑑多端喪本真。如是句中全曉會。了然無事舊時人。

又昔睦州問僧。近離甚麼處。僧便喝。州云。老僧被汝一喝。僧又喝。州云。三喝四喝後作麼生。僧無語。州便打云。這掠虛頭漢。各位。大凡扶豎宗教。須是有本分宗師眼目。有本分宗師作用。這僧也是作家禪客。有逆水之波。也解恁麼去。睦州才問。僧便喝。古云。恁麼恁麼。不恁麼不恁麼。若論戰也。箇箇立在轉處。睦州機鋒。如閃電相以。只緩緩地向他道。老僧被汝一喝。似領他話在一邊。又似驗他相似。斜身看他如何。然這僧又喝。似則似。是則未是。被這老漢。穿卻鼻孔來也。遂問云。三喝四喝後。作麼生。這僧果然無語。州便打云。這掠虛頭漢。這僧也善雕琢。爭奈龍頭蛇尾。當時若不是睦州。也被他惑亂一場。各位。這僧錯在強作主宰也。雪竇頌云。兩喝與三喝。作者知機變。若謂騎虎頭。二俱成瞎漢。誰瞎漢。拈來天下與人看。臨濟道。我聞汝等。總學我喝。我且問你。東堂有僧出。西堂有僧出。兩箇齊下喝。那箇是賓。那箇是主。你若分賓主不得。已後不得學老僧。興化道。我見你諸人。東廊下也喝。西廊下也喝。且莫胡喝亂喝。直饒喝得興化上三十三天。卻撲下來。氣息一點也無。待我甦醒起來向汝道。未在。何故。興化未曾向紫羅帳裏撒真珠與你諸人在。只管胡喝亂喝作什麼。所以。若不是作者。只是胡喝亂喝。也無用處。古人道。有時一喝不作一喝用。有時一喝卻作一喝用。有時一喝。如踞地獅子。有時一喝。如金剛王寶劍。這僧雖被睦州收。他卻有識機變處。所謂識法者懼。雪竇云。若謂騎虎頭。二俱成瞎漢。有般漢云。管他道三喝四喝作什麼。只管喝將去。說什麼三十二十喝。喝到彌勒佛下生。謂之騎虎頭。若恁麼知見。不識睦州則故是。要見這僧也太遠在。各位。如人騎虎頭。須是手中有刀。兼有轉變始得。

又昔丹霞然禪師問僧。甚處來。云。山下來。師云。喫飯了未。云。喫飯了也。師云。將飯與汝喫底人。還具眼麼。僧無對。長慶問保福云。將飯與人喫。報恩有分。為甚不具眼。福云。施者受者。二俱瞎漢。慶云。盡其機來。還成瞎不。福云。道我瞎得麼。雪竇頌云。盡機不成瞎。按牛頭喫草。四七二三諸祖師。寶器持來成過咎。過咎深。無處尋。天上人問同陸沈。各位。盡其機來。一似按牛頭喫草。須是等他。自喫始得。所以云。莫將來。將來不相似。又昔鹽官安國禪師。一日喚侍者云。將犀牛扇子來。者云。扇子破也。師云。扇子既破。還我犀牛兒來。侍者無對。古德代云。不辭將出。恐頭角不全。又有拈云。我要不全底頭角。有云。若還和尚即無也。有云。和尚年尊。別請人好。雪竇頌云。犀牛扇子用多時。問著元來總不知。無限清風與頭角。盡隨雲雨去難追。各位。古德盡其機用。總是無法將得出。故云。迷時人逐法。解時法逐人。解則識攝色。迷則色攝識。但有心分別計較。自身現量者。悉皆是夢。若識心寂滅。無一動念處。是名正覺。夫真見者。非直見於見。亦乃見於不見。真解者。非直解於解。亦乃解於不解。凡有所解。皆名不解。無所解者。始名真解。解與不解。俱非解也。經云。不捨智慧名愚癡。以心為空。解與不解俱是真。以心為有。解與不解俱是妄。若解時。法逐人。若不解時。人逐法。若法逐於人。則非法成法。若人逐於法。則法成非法。若人逐於法。則法皆妄。

若法逐於人。則法皆真。是以聖人。亦不將心求法。亦不將法求心。亦不將心求心。亦不將法求法。所以心不生法。法不生心。心法兩寂。故常為在定。

◆相關法語

從緣薦得相應疾。就體消停得力遲。瞥起本來無處所。吾師暫說不思議。要正其知見為急。知見若正。要了生死脫輪迴。誠喻如反掌無難。坐立可待矣。大抵不落斷常有無聲聞二乘偏執見了。更有什麼商量處。纔有僧問。如何是佛之知見。但向渠道。老僧在汝腳下。見彼纔擬議。便與三十拄杖。可謂性快。不然總是草裏輥。有甚麼了期。

世尊一日敕阿難。食時將至。汝當入城持鉢。阿難應諾。佛云。汝既持鉢。須依過去七佛儀式。阿難便問。如何是過去七佛之儀式。佛召。阿難。阿難應。諾。佛云。持鉢去。古德云。阿難只解與麼去。不解與麼來。然雖如是。且道作麼生是七佛儀式。要會麼。丈夫自有衝天志。不向如來行處行。

風不鳴條。雨不破塊。也知春水如藍。贏得春山若黛。物芸芸兮誰生誰榮。道綿綿兮自買自賣。一真圓妙。而法法含容。萬像齊觀。而心心絕待。衲僧家放大光明。得大自在。劫成也由我相隨而成。劫壞也由我相隨而壞。坐斷乾坤而稱尊。斡旋陰陽而不宰。諸禪德。且道修何功德。住何三昧。你纔踏步向前。敢道非公境界。

諸人十二時中。但不起心動念了。一時會得通達一切名迦葉門下人。方入得大寂定。且何法為緣為礙。雖許人參究許人學。祇是不許人起心動念會。若逢緣遇境或一言半句。纔念動心起作解。俱在散位也。故轉經禮拜皆是起心。佛言。不此岸。不彼岸。不中流。南泉云。不是佛。不是物。正是你今人管帶處。但恁麼學。如秀才及第一回。從此是官人。心要一回了。是佛方無疑。

衲僧做得到。放得穩。自然步步踏著無虛棄底工夫。句句道著無虛棄底音韻。所以趙州道。至道無難。唯嫌揀擇。纔有語言。是揀擇。是明白。老僧不在明白裏。是汝還護惜也無。若是至道無難。唯嫌揀擇。直是沒有一絲毫特地底時節。莫落明白一切放得落。更有甚麼如許多事。所以衲僧家。纔有佛法禪道。便好喫痛棒。

僧家發言吐氣須有來由。莫將等閒。者裏是甚麼所在。爭受容易。凡問箇事也須識些子好惡。若不識尊卑良賤不知觸犯。信口亂道也無利益。傍家行脚。到處覓相似語。所以尋常向兄弟道。莫怪不相似。恐同學太多去。第一。莫將來。將來不相似。言語也須看前頭。八十老人入場屋。不是小兒嬉。不是因循事。一言參差。即千里萬里難為收攝。蓋為學處不著力。敲骨打髓須有來由。言語如鉗如夾如鉤如鎖。須教相續不斷。始得頭頭上具。物物上明。豈不是得妙底事。

參禪人須具正見。不可作外道見解。何故。即如不修行底日用隨聲逐色。業識茫茫固不必論。出來參學。聞知識開示個本來人。即便執四大五蘊中有個本來人。此便是外道見了。且未嘗見得本來人如何面目。即便計四大是有壞底。本來人是無壞底。四大是假底。本來人是真底。四大不能動用。本來人能動轉四大。此病莫道新學菩薩。即久在叢林十箇有五雙如是。殊不知。執真底不壞底即是常見。執假底壞底即是斷見。斷常二見。蘊於胸次。即是生死根本。此見不消。要出生死又何能得。所以永嘉云。修行恐落斷常坑。

莊子老子盡說無為無相。說一說淨說自然。佛即不如此認知。而說因緣自然俱為戲論。一切賢聖。皆以無為法而有差別。故佛不住無為。不住無相。以住於無相。即不見於大乘。二乘人三昧酒醉。凡夫人無明酒醉。聲聞人住盡智。緣覺人住寂淨智。如來之智惠。生起無窮盡。莊子老子之說與聲聞人等共。佛訶聲聞人如盲如聾。預流一來果阿羅漢。是等諸聖人其心悉皆迷惑。佛即不墮眾數。超過一切。法無垢淨。法無動亂。法無處所。法無取捨。是以超過孔丘老莊。佛常在世間而不染世法。不分別世間。故敬禮無所觀。

歸源性無二者。無明實性。即諸佛性。方便有多門者。聲聞人見無明生。見無明滅。緣覺人但見無明滅。不見無明生。念念證寂滅。諸佛見眾生。終日生而無生。終日滅而無滅。無生無滅。即大乘果。所以道。果滿菩提圓。華開世界起。

佛法無用功處。祇是平常無事。屙屎送尿著衣喫飯困來即臥。愚人笑我。智乃知焉。古人云。向外作工夫。總是癡頑漢。你且隨處作主。立處皆真。境來回換不得。縱有從來習氣五無間業。自為解脫大海。你若愛聖憎凡。生死海裏浮沈。

你一念心疑處是佛魔。你若達得萬法無生。心如幻化。更無一塵一法。處處清淨是佛。然佛與魔是染淨二境。實無佛無眾生。無古無今。得者便得。不歷時節。無修無證。無得無失。一切時中更無別法。設有一法過此者。我說如夢如化。

即今目前孤明歷歷者。此人處處不滯。通貫十方三界。自在入一切境。差別不能回換。一剎那間透入法界。逢佛說佛。逢祖說祖。逢羅漢說羅漢。逢餓鬼說餓鬼。向一切處遊履國土教化眾生。未曾離一念。隨處清淨。光透十方。萬法一如。

本來無事。祇為你信不及。念念馳求。捨頭覓頭。自不能歇。如圓頓菩薩入法界。現身向淨土中。厭凡欣聖。如此之流。取捨未忘。染淨心在。如禪宗見解。又且不然。直是現今。更無時節。所有的法皆是一期藥病相治。總無實法。若如是見得。是真出家。日消萬兩黃金。道流。莫取次。若是真正學道人。不求世間過。切急要求真正見解。若達真正見解圓明。方始了畢。

你但於入凡入聖。入染入淨。入諸佛國土。入彌勒樓閣。入毘盧遮那法界。處處皆現國土成住壞空。佛出於世。轉大法輪。卻入涅槃。不見有去來相貌。求其生死了不可得。便入無生法界。處處遊履國土。入華嚴世界。盡見諸法空相。皆無寔法。唯有聽法無依道人是諸佛之母。所以佛從無依生。若悟無依。佛亦無得。若如是見得者。是真正見解。

道流。你莫認著箇夢幻伴子。遲晚中間便歸無常。你向此世界中。覓箇什麼物作解脫。覓取一口飯喫。補毳過時。且要訪尋知識。莫因循逐樂。光陰可惜。念念無常。麤則被地水火風。細則被生住異滅四相所逼。今時且要識取四種無相境。免被境擺撲。你一念心疑被地來礙。你一念心愛被水來溺。你一念心嗔被火來燒。你一念心喜被風來飄。若能如是辨得。不被境轉。處處用境。東涌西沒。南涌北沒。中涌邊沒。邊涌中沒。履水如地。履地如水。緣何如此。為達四大如夢如幻故。

你祇今聽法者。不是你四大。能用你四大。若能如是見得。便乃去住自由。有一般學人向五臺山裏求文殊。早錯了也。五臺山無文殊。你欲識文殊麼。祇你目前用處。始終不異處處不疑。此箇是活文殊。你一念心無差別光。處處總是真普賢。你一念心自能解縛。隨處解脫。此是觀音三昧法。互為主伴。出則一時出。一即三。三即一。

道無方所。明之在人。法離見聞。斷之在智。若能頓捨從來妄想執著。於一念頃頓悟自心頓明自性。不染諸塵不落有無。自然法法成見。然而此事不可造次領會。須是發大丈夫慷慨特達之志。不顧危亡不拘得失。存箇長久鐵石身心。逢境遇緣不變不異。時時著眼體究。不論歲月以悟為期。祖師門下。不比教家。只要直截根源。

於一言下領取。與諸聖同體同用大解脫。任運施為。無不見性。至於雜亂狂慧。思量分別。有一絲毫斬不斷。則無趣入之期。教中尚道。是法非思量分別之所能解。又云。以有思惟心。測度如來圓覺境界。如取螢火燒須彌山。終不能著。祖師道。但盡凡情。別無聖量。凡情盡處。聖量見前。直須頓歇妄緣。無念無為。放教虛靜。千聖萬聖未有不從此門而得入者。只在存誠堅固努力向前。但辦肯心。必不相賺。

你等不明。祇為十二時中被雜念奪將去也。蓋為你要學事業。見物便愛見文字便愛。尋逐時便緣將去也。道業何由得辦。凡學事業人各有時。三十已上便不可學也。學亦難成。學得又何用。若已事辦去。學亦得在。蓋已點化了也。若已事辦。又豈肯學也。若二十上下猶可學。若是靈利念生死之人。亦不肯學也。

切要求取真正見解。向天下橫行。無事是貴人。但莫造作。祇是平常。你擬向外傍家求過覓腳手。錯了也。祇擬求佛。佛是名句。你還識馳求底麼。三世十方佛祖出來。也祇為求法。如今參學道流。也祇為求法。得法始了。未得依前輪回五道。云何是法。法者是心法。心法無形。通貫十方。目前現用。人信不及便乃認名認句。向文字中求。意度佛法。天地懸殊。

佛者。心清淨是。法者。心光明是。道者。處處無礙淨光是。三即一。皆是空名而無寔有。如真正學道人。念念心不間斷。自達磨大師從西土來。祇是覓箇不受人惑底人。後遇二祖一言便了。始知從前虛用功夫。

大海不停死屍。日上無雲。麗天普照。眼中無翳。空裏無花。你欲得如法。但莫生疑。展則彌綸法界。收則絲髮不立。歷歷孤明。未曾欠少。眼不見。耳不聞。喚作什麼物。古人云。說似一物則不中。你但自家看。更有什麼。說亦無盡。各自著力。

動與不動是二種境。還是無依道人用動用不動。擬心即差。動念即乖。有人解者。不離目前。如山僧今日用處。真正成壞翫弄神變。入一切境隨處無事。境不能換。但有來求者。我即便出看渠。渠不識我。我便著數般衣。學人生解。一向入我言句。苦哉。瞎禿子無眼人。把我著底衣認青黃赤白。我脫卻入清淨境中。學人一見便生欣欲。我又脫卻。學人失心茫然狂走言我無衣。我即向渠道。你識我著衣底人否。忽爾回頭認我了也。

大德。你莫認衣。衣不能動人能著衣。有箇清淨衣有箇無生衣。菩提衣涅槃衣。有祖衣有佛衣。大德。但有聲名文句。皆悉是衣變。從臍輪氣海中鼓激。牙齒敲磕。成其句義。明知是幻化。大德。外發聲語業。內表心所法。以思有念皆悉是衣。你祇麼認他著底衣為寔解。縱經塵劫祇是衣通。三界循還。輪回生死。不如無事。相逢不相識。共語不知名。

十一 金剛正眼

昔佛三轉法輪於大千。三寶於是興於世間。三寶既興。乾坤夷廓。天人得道。萬類昭甦。是故照燭昏衢。津梁險道。高登彼岸。法利無窮。然如威音那畔。空劫以前。未有三寶名字之時。是佛在法先耶。還是法在佛先。若法在佛先。誰為宣說之人。若佛在法先。尚昧進修之路。者裏得迸開隻眼。親見佛法根源。則法自本來法。非從佛而流布。佛自本來佛。非因法而褫成。非因法而褫成。則未離兜率。已降王宮。未出母胎。度人已畢。非從佛而流布。則始從光耀土終至跋提河。如是二時間。未曾說一字。然佛法無人說。雖慧不能了。西天四七唐土二三。天下老和尚無不具金剛正眼。流通正法眼藏。顯示涅槃妙心。昔保寧勇禪師上堂云。山僧二十餘年。挑囊負鉢。向寰海之內。參善知識十數餘人。自家並無箇見處。有若頑石相似。參底尊宿。亦無長處可相利益。自此一生。作箇百無所解底人。幸自可憐生。忽然被業風。吹到江寧府。無端被人上當推向十字路頭。住箇破院。作粥飯主人。接待南北。事不獲已。隨分有鹽有醋。粥足飯足。且恁麼過時。若是佛法。不曾夢見。各位。長者長法身。短者短法身。大小青黃一切法悉皆如如。渾是箇大解脫門。更無別異。但得情亡意遣。一念真正。隨處遇緣皆為妙用。所以古人道。處處真。處處真。塵塵盡是本來人。真實說時聲不見。正體堂堂沒卻身。至於天堂地獄草芥人畜。六類四生纖洪近遠無不皆真。但為未徹根源底。居常生心動念。皆在塵勞業識中流轉。未曾迴光返照。所以枉受輪迴。不得受用。

釋迦老子道。若有一法。過於涅槃。我即說為如幻如化。昔雪竇宗禪師云。人人有箇鼻孔。唯有善權無鼻孔。為甚麼無。二十年前被人掣落了也。人人有兩箇眼睛。唯有善權無眼睛。為甚麼無。被人木槵子換了也。人人有箇髑髏。唯有善權無髑髏。為甚麼無。借人作屎杓了也。遂召大眾曰。鼻孔又無。眼睛又無。髑髏又無。諸人還識善權麼。若也不識。是諸人埋沒善權。各位。這是向上人行履處。到這裏。年窮歲盡。歲盡年窮。無一絲毫屬凡。無一絲毫屬聖。偏界不曾藏。一一蓋覆不得。所謂無心境界。寒不聞寒。熱不聞熱。都盧是箇大解脫門。故云身是佛身。須信六根清淨。行名佛行。故知三業圓明。身淨則垢無所生。行明則暗無所起。垢生由乎迷淨。淨作垢而莫覺莫知。暗去必由得明。明即暗而難信難解。所以諸聖常加被。群生自棄遺。苟易慮於可作之初。革情向無為之後。親開智鑰。仰扣慈關。他心慧眼以洞知。重罪宿冤皆可懺。菩薩悲願。遍滿娑婆。眾生哀投。無不冥感。是知明暗共體。垢淨同源。凡夫有成佛之期。大士有度生之分。苟不如此。萬善徒興。昔五祖演禪師云。任運不知名。輕輕著眼聽。水上青青綠。元來是浮萍。此是頂門悠遊句。乃是於心性大海中。動而不動。徹頂透底。任性浮沈。所以必須是無絲毫依倚。悟得徹頭徹底者。才能在頂顐上悠遊性海。也必須觸破娘生面。才能獲得金剛正眼。否則見色則著色。聞聲則滯聲。有什麼自由分。所以此一著子。亘古亘今凝然不變。火不能燒水不能溺刀斧不能斫。喚作根本。一切有漏無漏。佛界魔界淨土穢土。無不真實。若悟得可以丹霄獨步。不受別人處分。若未到恁麼田地。管取被人羅籠。

昔紫湖蹤禪師。門下立一牌。牌上書云。紫湖有狗。上取人頭。中取人腰。下取人腳。擬議則喪身失命。或新到纔相看。便喝云。看狗。僧纔回首。師便歸方丈。或有僧問。如何是紫湖狗。師云。嘷嘷。大眾反思看。若紫湖狗著者便死。因甚麼這僧猶在。若無知方眼救得這僧。設使紫湖出世。皶煞百千萬箇。有甚利益。要且善知識不可只是教人喪身失命去也。必須別有出身處。昔浮山遠和尚云。欲得英俊麼。必須四事俱備。方顯宗師蹊徑。何謂也。一者祖師巴鼻。二具金剛眼睛。三有獅子爪牙。四得衲僧殺活拄杖。得此四事。方可縱橫變態。任運卷舒。高聳人天。壁立千仞。儻不如是。而守死善道者。敗軍之兆。何故。棒打石人頭。爆爆論實事。又昔有僧問首山念禪師。學人親到寶山。空手回時如何。師云。家家門前火把子。僧於言下大悟。古德拈云。空手歸時誰肯信。驢馱馬載入門來。家家舉起火把子。半夜天如白日開。所以道。十二時中隨時都有事。不可能無事。必須善用智光。勿令六塵自傷觸也。譬如目明之士。入寶聚中。而不知方便。為無火燭光明照之。入矣即被觸擊自損身首。謂是毒穴。非寶聚也。有智人入其中。持燈燭照之。見種種寶任意採擇。得寶而出。故須具有金剛正眼。昔僧問南嶽讓和尚。如鏡鑄像。像成後光向什麼處去。讓云如大德為童子時相貌何在。僧曰。為甚不鑑照。讓曰。雖然不鑑照。謾他一點不得。此僧疑像既成。何以無昔日之光。如人開眼見明。合眼見暗。常情便謂。合眼並無所見。殊不知。明暗雖二。均是見境。讓祖隨分乘其來機。著一句子不妨明白平實。然又不可一向作明白平實解將去。方徹見謾他一點不得處非升合語也。

昔仰山問僧。近離甚處。僧云。廬山。山云。曾遊五老峰麼。僧云。不曾到。山云。闍黎不曾遊山。雲門云。此語皆為慈悲之故。有落草之談。看他一問一答。歷歷分明。雲門為什麼卻道。此語皆為慈悲之故。有落草之談。雲門又拈云。這僧親從廬山來。因什麼卻云闍黎不曾遊山。各位。這裡有訛謠處。這僧既然是從山頂上來。卻不知有。當時待他道。曾到五老峰麼。若是箇漢。但云。禍事。然這僧卻說不曾到。這僧既不是作家。仰山何不據令而行。免見後面許多葛藤。卻云。闍黎不曾遊山。此所以雲門道。此語皆為慈悲之故有落草之談。若是出草之談。則不恁麼。若是頂門具眼者。舉著便知落處。古人道。沒量大人。向語脈裏轉卻。這裏如癡似兀。方見此公案。若不到這田地。只在語言中走作。有甚了日。所以永嘉云。心是根。法是塵。兩種猶如鏡上痕。痕垢盡時光始現。心法雙忘性即真。法眼圓成實性頌云。理極忘情謂。如何有喻齊。到頭霜夜月。任運落前溪。菓熟兼猿重。山長似路迷。舉頭殘照在。元是住居西。所以修行之要。但盡凡情。別無聖解。又昔世尊坐次。見二人舁豬子過。乃問。這箇是甚麼。其人云。世尊具一切智。豬子也不識。世尊云。也要問過。古德拈云。不因世尊問。洎乎忘卻。所以參學之人。必須時時注意呼吸。否則經常會忘記有覺。古云。一燈在望。更無言說。大地平沈。虛空迸裂。又昔仰山答溈山問云。涅槃經四十卷。總是魔說。此仰山之正眼也。仰山又問行履處。溈山答曰。只貴子眼正。不貴汝行履。此所以云先開正眼。而後說行履也。由此即知。若欲修行。首重見地。悟若未徹。則修行豈能是真修哉。

◆相關法語

衲僧以山河大地為家。以四生六道為家。以喜怒哀樂為家。以是非得失為家。以甘苦平險為家。雖論刼在途中。而不離家舍。雲門大師云。會則途中受用。既在途中且作麼生受用。故知在在處處。俱有到家消息。

此事現前不過。汝若鉤索將來便見玄遠。祇如即今大眾在者裏會茶。某果子好食某果子不好食。者一杯冷那一杯暖。何等天真靈妙。及乎問著如何是佛。如何是祖師西來意。便有許多承當許多指示。且道過在什麼處。古人道。佛法在日用處。迎賓送客處痾屎撒溺處。纔恁麼卻又不是也。雖然如是。須要開者箇眼始得。汝若未開者箇眼。雖全體是佛卻全體是眾生境界。汝若開者箇眼。雖日在眾生中。總是佛之妙用。

當人若是明去。何不一切臨時。又不見臨濟云。我者裏是活祖師西來意。把來便用。立處皆真。他不說古又如何。今又如何。者語得。那語不得。那裏是虛。者裏是實。你與我拈出絲毫許實底道理來看。此蓋當人眼不開。自無見處一向承虛接響。百般忌諱自纏自縛。直饒與麼說。當下忽然見得。倜儻分明去。也是棺木裏瞪眼。

昔有僧見老宿看經次乃問。如何是看經眼。老宿豎起拳頭。看佗用處不妨嶮峻。且如何領會。若喚作看經眼。又是拳頭。若喚作拳頭。又失卻看經眼。到這裏。不假三寸舌辨明得出。方信道終日著衣未嘗挂一縷絲。終日喫飯未嘗咬破一粒米。終日看經。不曾道著箇元字腳。如是則不唯看經眼目分明。至於所獲利益。不可思議。

據實而論。虛空未足為廣。日月未足為明。乾坤未足為大。萬象未足為眾。秉拂上座有口也無說處。諸人有耳也無側聆分。千聖只言自知。誰敢正眼覷著。直饒通身是眼不墮情塵。坐斷千差孤危不立。臨機妙轉大用現前。亦能殺人亦能活人。步步有出身之路。頭頭具生機一著。擒縱自由收放在我。破的衝關不借他力。向我衲僧門下也只是家常茶飯。所以道。向上一路。千聖不傳。未曾親近。早隔大千。除是英俊。方能這裏著得一隻眼。便見皇風蕩蕩。海晏河清。君子道長。小人道消。無一法不是真乘。無一物不是妙用。塵塵爾。剎剎爾。念念爾。如盤走珠。有什麼留礙。

者箇話頭。乃從靈山會上黃面老子處來。佛佛祖祖以心契心至於今日。未嘗有一絲毫許錯誤。謂之正法眼藏。涅槃妙心。未有天地。未有日月。未有人倫以前。此心亦逼塞虛空。逮乎天地既分。有日月人倫。此心亦逼塞虛空。所以道。生也恁麼。死也恁麼。要且生死籠罩它不得。何故。為它著著有出身之路。不見教中道。若在長者。長者中尊為說勝法。若在居士。居士中尊斷其貪著。此蓋從清淨微妙根本智中。廣發如是勝妙方便大解脫門。又謂之金剛正體。又謂之頂王三昧。又謂之浮幢王剎海。又謂之第一義。

華嚴經云。譬如虛空。遍至一切色非色處。非至非不至。何以故。虛空無身故。如來身亦復如是。遍一切處。遍一切眾生。遍一切法。遍一切國土。何以故。如來身無身故。為眾生故示現其身。只如無見頂露。合作麼生摸索。若也迷雲靄靄。昏霧蒙蒙。急著眼處。轉沒交涉。況空劫前時。不藉意根靈枝自秀。那待陽和而品第者邪。是他本來沒面目漢。離得失情量。出升沉窠臼。聖凡莫測。次序難拘。

此事以明見自心為極則。古人道。心不自知。心不自見。諸人作麼生明見去。自心也難見。從上諸聖。皆是明見自心底人。如今能有幾人明見自心。極是少也。心不見心。須是不見是心始得。此乃離念境界。

只恁麼。早多事也。如今直饒舉一則語。盡古今言教一時明得。正是和泥合水。拈一件物。盡大地一時見透。亦是好肉上剜瘡。看他從上得底人。口如臘月扇直得醭生。心如枯木。縱逢春夏未曾變動。不是強為。任運如此。豈要你舉古明今。拋沙撒土。還知此事麼。盡十方界。窮虛空際。無絲毫透漏。是箇金剛眼睛更無外物。若也翻覆參詳。實是得箇入處。始知二六時中行住坐臥。動轉施為。一一超古越今無間無斷。與他從上祖佛把手共行。尋常只守閑閑地。不起毫髮凡聖情量。更有什麼得失可疑生死可出。

明眼漢沒窠臼。你尋常搆不及者。祇是眼不明。眼若明卻搆得也。所以說道。明眼人難得。你纔道是恁麼。便是窠臼也。若是明眼人即不恁麼。不見德山示眾道。

今夜不答話。問話者三十棒。若不是明眼漢。怎生搆得。纔搆不得便落意思。即成眹兆。

若明得者親得受用。便有履踐處。若涉道理涉計較涉言說。則不會也。亦不親得受用也。到者裏便要得人。也須是見得非粥飯氣底事始得。禪須是恁麼參。如此方名決擇。既喫粥飯了須扶持你。者事把來參取。恁麼一件事你卻總不知。卻去閑處用了也。說是非管閑事。或思量或擘劃。可惜許盡把來胡亂用了。你不知纔擬心。早是後世也。剎那流入意地。便為生死根栽也。又五蘊身存尚不知。百骸散後何處覓。

嵒頭道。夫沙門者。一一從自己胸襟流出蓋天蓋地始得。那裏是靜坐思量來。古人道。你睡時睡時參取。喫飯時喫飯時參取。坐時有坐時道理。立時有立時道理。豈不見投子問翠微。西來密旨可得聞乎。翠微佇立顧視。投子云。未曉玄言。乞師再指。翠微云。更要第二杓惡水潑在。投子便悟。

諸人不得受用。在十二時中蹉過多少好事。須是當人自作活計。古人道。我十八上便解作活計。你諸人須是解自作活計始得。你道作箇什麼活計。但莫別求。如今人多愛動腳動手。者箇不解作活計了也。喚作拋家散宅漂流去。分明不會祇管尋討。學些子知解記些子言句。此喚作運糞入。到者裏須是行李正當。日久月深淹浸得熟便會去。

古人道。一切處是你。東去也是你。西去也是你。你是阿誰。若云某甲。者箇是情識。須是透得過始得。昔日天親問無著。兄往內院見彌勒說什麼法。著云。說者箇法。且道者箇是什麼法。須是揀得出始得。不要認著者箇。多是被者箇一句子瞞住了也。所以說病為法。是故名為可憐愍者。

莫謂如今說底是。未是在。若有箇是。便有箇不是。所以道。一切言句皆不與此事相應。直須相應去。此事不在別人。還得相契也未。且契契阿誰。若道契於古人。古人已往。若道契他善知識。善知識與你無交涉。所以諸聖慈悲告報。教契自心源。且道那箇是自契底心源。若有心可契決然契不得。須是以無心之心則契矣。

十二時中。須有箇契合處始得。你豈不見靈雲一見桃花便契合此事。香嚴擊竹便乃息心。古人道。若不契合此事。則山河大地瞞你也。燈籠露柱欺你也。如今四生六道浩浩地。祇為此事不明。奉勸諸兄弟。且先去卻麤緣。你十二時中。思衣念食種種雜慮。如燈焰相似未有一時停歇。但除麤緣。所有微細自然淨盡。日久歲深自然會去也。不著參。喚作息意忘緣不與諸塵作對。所以西來妙旨意在自明。譬如有目。日光明照見種種色。多少分明。

言悟者。如失一件物。多年廢置而一旦得之。又如傷寒病忽然得汗直是慶快也。將知悟心見性非思量分別。所以證入金剛正體。自然亘古亘今廓周沙界。水不能溺。火不能燒。世界壞時。此箇常住為山河大地之本。六凡四聖之家。而蘊在各各當人方寸之下。

摩醯首羅三隻眼。八面通透。釋迦老子百億身。十方分形。如印印空。如印印水。如印印泥。初不分前後際。亦不分縱橫並別。到這裏。若深入骨髓底直下透脫。不疑天下人舌頭。聊聞舉著踢起便行。可以坐斷十方。可以乾坤獨步。其或尚留觀聽猶滯皮膚。直須脚跟下一一洞明。各各見本來面目。踏著本地風光。不隨聲色不居凡聖。不落見聞不涉語默。淨裸裸赤灑灑。所以道。十方無壁落。四面亦無門。全體與麼來。全體與麼去。畢竟天人群生類。皆承此恩力。若識此恩力。終不落虛。步步脚踏實地。句句透見根源。全體如如不變不動。推此以及群靈。攝此普濟品彙。正當恁麼時。超聲越色。不須更費纖毫力。吞跳金圈栗棘蓬。

眼裏著沙不得。耳裏著水不得。恁麼來者不向一人。眼裏著得須彌山。耳裏著得大海水。恁麼去者不背一人。無言處演言。無事處成事。無佛處作佛。無生處度生。卷舒立方外乾坤。縱橫挂域中日月。得失俱喪。是非杳忘。撥轉向上關。戳瞎頂門眼。拋卻空王殿。卸下本來衣。猶未是衲僧受用處。還委悉麼。家無小使不成君子。

千鈞之弩。不為鼷鼠發機。萬里烏錐。豈為盲龜驅馭。尺水能興一丈波。是人知有。騎賊馬捉賊。快便難逢。打開寶藏。紫羅帳裏撒珍珠。汝諸人欠少箇什麼。更說甚麼迷。說甚麼悟。說甚麼諸佛。說甚麼眾生。古今日月。古今山河。同一心知。同一聞見。既然如是。釋迦老子。二千五百年前向夜半明星現時。忽然打失眼睛鼻孔。且道。是悟不悟。者裏若沾他滴水。便見墮坑落塹。何故。大丈夫。須是向他頂顴上行。方堪為他提瓶挈水。方知。者老子未出母胎時也在裏許。出母胎後也在裏許。汝諸人也在裏許。山河大地都在裏許。

舉唱宗乘。闡揚大教。須得法眼精明。方能鑑辨緇素。切緣真妄一源水乳同器。到此難分。洞山尋常以心中眼觀身外相。觀之又觀。乃辨真偽。若不如是。何名善知識。夫善知識者。驅耕夫之牛。奪飢人之食。方名善知識。即今天下。那箇是真善知識。諸人參得幾箇善知識來。也不是等閑。直須是參教徹覷教透。千聖莫能證明。方顯丈夫兒。不見釋迦老子明星現時豁然大悟。與大地眾生同時成佛無前後際。豈不暢哉。雖然如是。若遇明眼衲僧。也好劈脊棒。

十二 言語文字

夫言跡之興。異途之所由生也。而言有所不言。跡有所不跡。是以善言言者。求言所不能言。善跡者。尋跡所不能跡。至理虛玄。擬心已差。況乃有言。古云。言無展事。語不投機。承言者喪。滯句者迷。昔有異學問世尊。諸法是常耶。世尊不對。又問。諸法是無常耶。世尊亦不對。異學云。世尊具一切智。何不對我。世尊云。汝之所問。皆為戲論。又昔有一老宿。一夏不與師僧說話。有僧自歎云。我只恁麼空過一夏。不敢望和尚說佛法。得聞正因兩字也得。老宿聞乃云。闍黎。莫速怨怪。若論正因。一字也無。道了扣齒云。適來無端不合與麼道。隣壁有一老宿聞得云。好一釜羹。被一顆鼠糞污卻。有古德拈云。且道是讚嘆語。是不肯語。若是讚歎。為甚麼道鼠糞污卻。若不肯他。又有甚麼過。雪竇云。誰家釜裏無一兩顆。

南堂靜云。雪竇雖古德。只解以己方人。若是大隨即不然。這裏一顆也著他不得。又昔翠巖禪師夏末示眾云。一夏已來。為兄弟東語西話。看取翠巖眉毛。還在也無。保福云。作賊人心虛。長慶云。生也。雲門云。關。雪竇頌云。翠巖示徒。千古無對。關字相酬。失錢遭罪。老倒保福。抑揚難得。嘮嘮翠巖。分明是賊。白珪無玷。誰辨真假。長慶相諳。眉毛生也。各位。以上兩則公案。有和泥合水者。也有壁立千仞者。或是各顯神通者。此事決定不在言語上。所以從上諸聖次第出世。各各以善巧方便。忉忉怛怛。唯恐人泥在言語上。若在言語上。一大藏教五千四十八卷。說權說實。說有說無。說頓說漸。豈是無言說。因甚麼達磨西來。卻言單傳心印。不立文字語言。直指人心。見性成佛。因何不說傳玄傳妙。傳言傳語。只要當人各各直下明自本心。見自本性。事不獲已。說箇心。說箇性。已大段狼藉了也。縱饒念得一大藏教如缾瀉水。喚作運糞入。不名運糞出。卻被這些子障卻。自己正知見不得現前。自己神通不能發現。只管弄目前光影。理會禪理會道。理會心理會性。理會奇特理會玄妙。大似掉棒打月。枉費心神。如來說為可憐愍者。

昔南泉參百丈涅槃和尚。丈問。從上諸聖還有。不為人說底法麼。泉云。有。丈云。作麼生是不為人說底法。泉云。不是心。不是佛。不是物。丈云。說了也。泉云。某甲只恁麼。和尚作麼生。丈云。我又不是大善知識。爭知有說不說。泉云。某甲不會。丈云。我太煞為你說了也。各位。據南泉云。不是心。不是佛。不是物。

又不曾說著什麼。因什麼百丈卻道。說了也。他語下又無蹤迹。若道他不說。百丈為什麼卻恁麼道。你且道。什麼處是說處。雪竇頌云。祖佛從來不為人。衲僧今古競頭走。明鏡當臺列像殊。一一面南看北斗。斗柄垂。無處討。拈得鼻孔失卻口。各位。南泉道箇。不會。此是祖佛之機要。故雪竇云。祖佛從來不為人。百丈又云。我太煞為你說了也。百丈又說了什麼。古人道。諸佛不出世。四十九年說。達磨不西來。少林有妙訣。又道。萬象及森羅。一法之所印。若是具眼漢。則知二人。如明鏡當臺。俱立在轉處。前頭二俱作家。後頭二俱放過。所以古人道。諸佛不曾出世。亦無一法與人。但能觀眾生心。隨機應病與藥施方。遂有三乘十二分教。其實祖佛自古至今不曾為人。只這不為人。正好仔細參詳。祇如未說向你。諸人未曾聽時。還有往來底分麼。正當恁麼時。切忌強作道理。上至諸佛。下至一切總皆如是。所以聖與凡等。邪與正等。生死與涅槃等。且問諸人。過去毘婆尸佛。迦葉佛。古今三世。是什麼人分上事。十方有漏剎土。是什麼人分上事。不可說時便有。不說時便無。思量時便有。不思量時便無。只如不思量時。又是箇甚麼。

所以云。不是如來涅槃心。亦非祖師正法眼。萬緣窮之不到。千聖究之莫及。直饒威音王那畔空劫以前。正好揮金剛王寶劍。何況威音王以來。以至窮未來際只是打葛藤。終非本分草料。所以道。我若一向舉揚宗教。法堂前草深一丈。如今事不獲已。向諸人道。盡大地是般若光。光未發時無佛無眾生。消息從甚處得來。若向這裏便絕消息去。此人命根未斷。命根若斷。摸著磕著。言語說著。機境投著。雖然如是。此猶是第二機。若到第一機。說甚威音以前空劫那畔。設使德山臨濟喝下承當。棒頭取證。未免拖泥涉水。不受人瞞。牙如劍樹口似血盆。直下承當。可以籠罩古今。乾坤坐斷。何故。佛佛道同。祖祖共證。一一於此承當。向什麼處著紅爐上還著得一點雪麼。昔有僧問馬大師。離四句。絕百非。請師直指某甲西來意。馬師云。我今日勞倦。不能為汝說。問取智藏去。僧問智藏。藏云。何不問和尚。僧云。和尚教來問。藏云。我今日頭痛。不能為汝說。問取海兄去。僧問海兄。海云。我到這裏卻不會。僧舉似馬大師。馬師云。藏頭白。海頭黑。各位。當時馬祖見這僧來問。離四句。絕百非。請師直指某甲西來意。為什麼不直答他。只管與他打葛藤。更令去問智藏。以至這漢當面蹉過。殊不知。馬大師來風深辨。這僧懞懂。不識話頭只管作道理。既然是離四句絕百非。請問還有開口的份麼。在當時若劈脊便棒趕出。也免得這僧將一檐懞懂。換得箇不安樂。又馬師云。藏頭白。海頭黑。且道意作麼生。這些子天下衲僧跳不出。不見古人道。這漆桶。或云野狐精。或云瞎漢。這就如同棒喝一般。饒是明眼衲僧也會不得。這箇些子消息。謂之神仙秘訣。父子不傳。釋迦老子所說一代時教。末後單傳心印。喚作金剛王寶劍。喚作正位。古人略露些子鋒鋩。若是透得底人。便乃七穿八穴得大自在。若透不得而無悟入處。則轉說轉遠也。

又昔道圓禪師。南雄州人。性至純。少游方。雖飽參而未大通透。聞南禪師居黃檗積翠庵。往依之。一日燕坐下版。聞兩僧舉百丈野狐因緣。一僧曰。只如不昧因果。也未脫得野狐身。一僧應聲曰。便是不落因果。亦何曾墮野狐身耶。圓悚然異其語。不自覺起身。行上庵頭。過澗忽大悟。見南公敘其事未終。涕交頤。南公令就侍者榻熟寐。忽起作偈曰。不落不昧。僧俗本無忌諱。丈夫氣宇如王。爭受囊藏被蓋。一條楖栗任縱橫。野狐跳入金毛隊。南公大笑。又古德偈云。來無所來。去無所去。瞥轉玄關。佛祖罔措。又有云。明明向你道。開口不在舌頭上。又有云。二十八代祖師皆說傳心。且不說傳語。且道心作麼生傳。若也無言啟蒙。何名達者。藥山云。更須自看。不得絕卻言語。我今為汝說者箇語。顯無語底。蓋謂此事非言句所到。六祖大師云。但信佛無言。蓮華從口發。古德亦云。言多去道轉遠。二六時中。但須向言句不到處。意想不行處。看自己本命元辰著落。看來看去。忽然撞著露柱。搕撲一覺。始知平日言語時平日思想時。錯過多少。乃至鴉飛鵲噪風動雲起。錯過多少。甚而街頭市尾貴賤童叟。是非人我。若成若毀若好若惡。錯過多少。然到此處。切忌作現成公案。若作現成公案。卻似不曾向言語不到處意想不行處。一回汗出也。故古云。夫說法者。無說無示。其聽法者。無聞無得。說既無說無示。爭如不說。聽既無聞無得。爭如不聽。古云。言無言言。不費脣舌。未說之法。林中之葉。

◆相關法語

經是佛言。禪是佛心。初無違背。但世人尋言逐句。沒溺教網。不知有自己一段光明大事。故達磨西來。不立文字。直指人心。見性成佛。謂之教外別傳。非是教外別是一箇道理。只要明了此心不著教相。今若只誦佛語而不會歸自己。如人數他珍寶。自無半錢分。又如破布裹珍珠。出門還漏卻。縱使於中得少滋味。猶是法愛之見。本分上事。所謂金屑雖貴。落眼成翳。直須打併一切淨盡。方有少分相應也。

昔迦葉菩薩白佛言。世尊。如佛所說。諸佛世尊有秘密藏。是義不然。何以故。諸佛世尊唯有密語。無秘密藏。譬如幻主。機關木人。人雖睹見屈伸俯仰。莫知其內而使之然。佛法不爾。咸令眾生悉得知見。云何當言佛世尊有秘密藏。佛讚迦葉。善哉。善哉。善男子。如汝所言。如來實無秘密之藏。何以故。如秋滿月處空。顯露清淨無翳。人皆觀見。如來之言。亦復如是。開發顯露。清淨無翳。愚人不解。謂之秘藏。智者了達。則不名藏。又曰。又無語者。猶如嬰孩言語未了。雖復有語。實亦無語。如來亦爾。語未了者。即秘密之言。雖有所說。眾生不解。故名無語。

一切言教。只明如今自己覺性。俱不被一切有無諸法境轉是導師。能照破一切有無境法是金剛。即有自由獨立分。若不能恁麼得。縱令誦得十二韋陀經。只成增上慢。卻是謗佛不是修行。讀經看教。若准世間是好善事。若向明理人邊數。此是壅塞人。十地之人脫不去流入生死河。

石頭大師曰。竺土大仙心。東西密相付。所謂密付者。直使其自悟明為密耳。故長慶巘禪師曰。二十八代祖師皆說傳心。且不說傳語。但破疑情。終不於佛心體上答出話頭。如道明上座見六祖於大庾嶺上。既發悟則曰。此外更有密意也無。六祖曰。我適所說者。非密意也。一切密意。盡在汝邊。非特然也。如釋迦於然燈佛所。但得授記而已。如有法可傳。則即付與之矣。阿難亦嘗猛省曰。將謂如來惠我三昧。

事不獲已。向你諸人道直下無事。早是相埋沒也。更欲踏步向前。尋言逐句求覓解會。千差萬別廣設問難。贏得一場口滑。去道轉遠有什麼歇時。秖如十地聖人說法如雲如雨。猶被訶責見性如隔羅穀。以此故知。一切有心天地懸殊。雖然如是。若是得底人。道火何曾燒口。終日說事未嘗挂著脣齒。未曾道著一字。終日著衣喫飯。未曾觸著一粒米挂著一縷絲。雖然如此。猶是門庭之說。須是實得與麼始得。若約衲僧門下。句裏呈機徒勞佇思。直饒一句下承當得。猶是瞌睡漢。

眾生性識是黐膠性。多時黏著有無諸法。乍喫玄旨藥不得。乍聞格外語。他信不及。所以菩提樹下四十九日默然思惟。智慧冥朦難說。無可比喻。說眾生有佛性。亦謗佛法僧。說眾生無佛性。亦謗佛法僧。若言有佛性名執著謗。若言無佛性名虛妄謗。如云說佛性有。則增益謗。說佛性無。則損減謗。說佛性亦有亦無。則相違謗。說佛性非有非無。則戲論謗。始欲不說。眾生無解脫之期。始欲說之。眾生又隨語生解。益少損多。故云。我寧不說法。疾入於涅槃。向後返尋。過去諸佛皆說三乘之法。向後假說假立名字。本不是佛向渠說是佛。本不是菩提向渠說是菩提涅槃解脫等。知渠擔百石擔不起。且與渠一升一合擔。知渠難信了義教。且與渠說不了義教。且得善法流行。亦勝於惡法。

若見有法可說。即是以音聲求我。若見有我。即是處所。法亦無法。法即是心。所以祖師云。付此心法時。法法何曾法。無法無本心。始解心心法。實無一法可得。名坐道場。道場者。祇是不起諸見。悟法本空。喚作空如來藏。本來無一物。何處有塵埃。若得此中意。逍遙何所論。

語即默。默即語。語默不二。故云。聲之實性。亦無斷滅。文殊本聞。亦不斷滅。所以如來常說。未曾有不說時。如來說即是法。法即是說。法說不二故。乃至報化二身菩薩聲聞。山河大地。水鳥樹林。一時說法。所以語亦說默亦說。終日說而未嘗說。

論云。離言說相。離名字相。離名緣相。離念相者。等虛空遍法界無所不遍。離言說即著言說。離名字即著名字。楞枷經云。乃至有心轉是即為戲論。若不起分別者。是人見自心。以無心意無受行而悉摧伏諸外道。達諸法相無罣礙。稽首如空無所依。

一切諸文字。無實無所依。俱同一寂滅。本來無所動。法離一切觀行。經云。我法無實無虛。若言有所說法即為謗佛。法即如是。非言說所及。祖師傳此法要嫡嫡相受。是諸佛之祕門。是般若波羅蜜。亦名第一義。亦名不二門。亦名見性。亦名真如。亦名涅槃。亦名禪門。如是之名。是過去諸佛如來之假說。真實之義無有名字。

一切言語。無非佛法。若能無其所言。即盡日言而是道。若能有其所言。即終日默而非道。是故。如來言不乘默。默不乘言。言不離默。悟此言默者皆在三昧。若知時而言。言亦解脫。若不知時而默。默亦繫縛。是故言若離相。言亦名解脫。默若著相。默即是繫縛。夫文字者本性解脫。文字不能就繫縛。繫縛自來就文字。

西來祖意。教外別傳。非大根器不能證入。其證入者。不被文字語言所轉。聲色是非所迷。亦無雲門臨濟之殊。趙州德山之異。所以唱道須明有語中無語。無語中有語。若向者裏薦得。可謂終日著衣。未嘗挂一縷絲。終日喫飯。未嘗咬一粒米。直是訶佛罵祖。有甚麼過。雖然如是。欲得不招無間業。莫謗如來正法輪。

近代佛法可傷。多棄本逐末。背正投邪。但認古人一切言句為禪為道。有甚干涉。直是達磨西來亦無禪可傳。惟只要大眾自悟自成佛。自建立一切禪道。況神通變化。眾生本自具足。不假外求。如今人多是外求。蓋根本自無所悟。一向客作數他人珍寶。都是虛妄。終不免生死流轉。

十字街頭紅塵浩浩。孤峰頂上白雲依依。不是目前法。非耳目之所到。不是靈山拈花之旨。不是少室面壁之機。不可以智知。不可以識識。不可以語言造。不可以寂默通。直得十方無影像。三界絕行蹤。正是黑山下活計。設使掀翻宇宙打破虛空。坐斷古今高超物表。也知未出常情。若是通方作者。別有出格神機。焉肯循途守轍。現前大眾。自合知時。

佛祖正令。凡聖俱忘。機智難明。心境雙絕。所以佛祖到者裏。盡皆亡鋒結舌。設有一言半句。皆是為蛇畫足之談。實際理地中本無是事。何謂。只要諸人瞥地去。不逐語言去。返本還源去。不涉岐路去。踏破化城去。截斷兩頭去。歸家端坐去。諸人何不向佛未出世時薦取。祖師未來時薦取。父母未生時薦取。祇如父母未生時。且自家作何面目。試請回頭一照看。

十三　無情說法

叢林號令。佛祖紀綱。懸起也。有眼皆見。擊著也。有耳咸聞。既見既聞。直下便是觀音入理之門。當處即是善財功圓之際。增一阿含經云。眼以色為食。耳以聲為食。鼻以香為食。舌以味為食。身以觸為食。意以法為食。涅槃以無放逸為食。然雖如是。聲色卻不得作聲色會。棒喝卻不得作棒喝會。昔德山見僧。入門便棒。臨濟見僧。入門便喝。已是兩手分付。擬欲覷捕。則眼睛落地了也。教中道。若以色見我。以音聲求我。是人行邪道。不能見如來。諸人還聞外面雜音麼。要且不是聲。諸人還見面前物體麼。要且不是色。既不可向聲色上辨。且向什麼處見如來。若道二六時中。一動一靜。一語一默。折旋俯仰處見如來。此是認賊為子。若道不向二六時中。動靜語默。折旋俯仰處辨。正是癡狂外邊走。到者裏若是明眼漢。瞞他一點不得。豈不見。本仁和尚道。尋常不欲向聲前句後。鼓弄人家男女。要且聲不是聲。色不是色。時有僧出問。如何是聲不是聲。仁云。喚作色得麼。曰。如何是色不是色。仁云。喚作聲得麼。且道為你說。答你話。若辨得出。於佛法中。不妨有箇入處。雪竇拈云。本仁也甚奇怪。要且貪觀天上。既非聲前句後。從什麼處入。各位。雪竇到者裏。盡其神通也無插手處。只如渠道。既非聲前句後。從什麼處入。大眾往往十箇有五雙蹉過。所以昔日達磨謂二祖云。將心來。與汝安。二祖云。覓心了不可得。所謂以無所得是真般若。若有所得。則是相似般若。到這般田地。聲色一點也著不得。所以二祖於不可得處始安心。

又古德云。記持得底是名字。揀辨得底是聲色。若不是聲色名字。汝又作麼生記持揀辨。風吹松樹也是聲。蝦蟇老鵶叫也是聲。何不向那裏聽取揀擇去。若那裏有箇意度模樣。祇如老師口裏。又有多少意度與上座。莫錯。即今聲色摐摐地。為當相及。不相及。若相及。即汝靈性金剛祕密體。應有壞滅去也。何以如此。為聲貫破汝耳。色穿破汝眼。因緣即塞卻汝。幻妄即走殺汝。聲色體爾不可容也。若不相及。又甚麼處得聲色來。昔僧問玄沙備禪師云。學人乍入叢林。乞師指箇入處。沙云。還聞偃溪水聲麼。僧云。聞。沙云。從這裏入。僧於言下大悟。古德拈云。果是得入。一任四方八面。若也未然。輙不得離卻這裏。又有云。若要真箇得入。直須離卻這裡。還知落虛麼。雙劍倚空飛。一滴偃溪水。四海少人聞。直饒玄會得。

也是弄精魂。古德云。此間粥飯因緣。為兄弟舉唱終是不常。欲得省要。卻是山河大地與汝發明。其道既常亦能究竟。若從文殊門入者。一切無為土木瓦礫助汝發機。若從觀音門入者。一切音響蝦蟇蚯蚓助汝發機。若從普賢門入者。不動步而到。以此三門方便示汝。如將一隻折箸攪大海水。令彼魚龍知水為命。會麼。若無智眼而審諦之。任汝百般巧妙。不為究竟。昔鏡清怤禪師問僧。門外甚麼聲。云。簷頭雨滴聲。師云。眾生顛倒。迷己逐物。云。某甲只恁麼。和尚作麼生。師云。忌不迷己。云。忌不迷己。意旨如何。師云。出身猶可易。脫體道應難。雪竇頌云。虛空雨滴聲。作者難酬對。若謂曾入流。依前還不會。會不會。南山北山轉霶霈。大眾。說難說易。轉見迷己。要不迷己。目前即今喚作甚麼聲。

又昔黃龍慧南禪師。久依泐潭澄禪師。澄已稱其悟解。使分座說法。南書記之名。一時籍甚。雲峰悅禪師。再游泐潭。重會南禪師。敘別講舊。相得甚歡。久之。更使一見石霜慈明老人。南既至石霜。憩於山前莊。聞其坦率之風悔來。因不復過門。逕造南嶽福嚴。未期月掌記室。俄長老賢公化去。郡守以慈明來居之。初聞夜參。貶剝諸方異解。皆其平生艱難而得者。於是歎服。即入室投誠問道。慈明呼左右使進榻。且使坐。南公曰。某實有疑。願投誠求決。惟大慈悲故。不惜法施。慈明笑曰。公已領眾行腳。名傳諸方。有未透處可以商略。爾何必復入室耶。師哀懇愈切。明云。公學雲門禪必善其旨。如云。放洞山三頓棒。是有喫棒分是無喫棒分。

師云。有喫棒分。明色莊曰。從朝至暮。鵲噪鴉鳴。皆應喫棒。明即端坐。受師炷香作禮。明復問。趙州道。臺山婆子。我為汝勘破了也。且阿那裏是他勘破婆子處。師汗下不能加答。三往三被罵而退。不勝忿業已歸之。明日又詣。明詬罵不已。師云。罵豈慈悲法施耶。明云。儞作罵會那。黃龍聞其語。如桶底脫。拜起汗下。從容論趙州因緣。呈偈曰。傑出叢林是趙州。老婆勘破沒來由。如今四海清如鏡。行人莫與路為讎。慈明閱之笑曰。偈甚佳。但易一字曰。老婆勘破有來由。後黃龍悟而辭去白曰。大事畢竟如何。慈明訶曰。著衣喫飯不是畢竟。屙屎送尿不是畢竟。

各位。慈明謂黃龍曰。儞作罵會那。祇這是逆順一著子境界。古人不作罵會。作什麼會。而慈明云。若說放三頓棒。即是喫棒。則從朝至暮。鵲噪鴉鳴。皆應喫棒。此時還有悟處也無。不知這箇便是無限量底法。你若以有限量心。擬窮他落處。且莫錯。各位。雞啼曉月。狗吠枯椿。只可默會。難入思量。看不見處。動地放光。說不到處。天地玄黃。撫州尺六狀紙原來出在清江。分明話出人難見。昨夜三更月到窗。此一件事。直饒三世諸佛出興。以無量知見方便接引。亦只有限。歷代祖師天下老和尚。設百千問答提持。亦只有限。不如向自己脚跟下究取威音王以前。空劫那畔自己家珍。隨處受用。也須是大丈夫漢意氣。方有如是作略。亦不依他言語指示。不受他欺謾。從朝至夜。入息不居陰界。出息不涉萬緣。極是省要。故云。如來於一切處。成等正覺。於刀山劍樹上。成等正覺。於鑊湯鑪炭裏。成等正覺。

於棒下成等正覺。於喝下成等正覺。然雖如是。如人飲水。冷煖自知。華嚴經云。如來宮殿無有邊。自然覺者處其中。此是從上諸聖。大解脫法門。無邊無量。無得無失。無默無語。無去無來。塵塵爾。剎剎爾。念念爾。法法爾。只為眾生根性狹劣。不到三教聖人境界。所以分彼分此。殊不知。境界如此廣大。卻向黑山下鬼窟裏默然坐地。故先聖訶為解脫深坑。是可怖畏之處。以神通道眼觀之。則是如在刀山劍樹。鑊湯鑪炭裏坐地一般。座主家尚不滯在語默處。況祖師門下客。

又昔有僧問忠國師。如何是古佛心。國師云。墻壁瓦礫是。僧云。墻壁瓦礫。豈不是無情。國師云。是。僧云。無情還解說法否。國師云。常說。熾然說。無間歇。僧云。某甲為甚麼不聞。國師云。汝自不聞。不可妨他聞者也。僧云。未審甚麼人得聞。國師云。諸聖得聞。僧云。和尚還聞否。國師云。我不聞。僧云。和尚既不聞。爭知無情解說法。國師云。賴我不聞。我若聞。即齊於諸聖。汝即不聞我說法也。僧云。恁麼則眾生無分去也。國師云。我為眾生說。不為諸聖說。僧云。眾生聞後如何。國師云。即非眾生。僧云。無情說法。據何典教。國師云。灼然言不該典。非君子之所談。汝豈不見華嚴經云。剎說。眾生說。三世一切說。故古云。應以佛身得度者。即現佛身而為說法。應以宰官身。乃至長者。居士。婆羅門。比丘。比丘尼身得度者。悉現其身而為說法。應眼時。若千日。萬象不能逃影質。應耳時。若幽谷。大小音聲無不足。法門既如此殊勝。奈何學者。多不向此時節領覽。乃爾自生退屈。正是不信自殊勝。甘為下劣人。若是靈利漢。便向這裏提得去。方知道彌陀經云。水鳥樹林。悉皆念佛念法。一塵纔起。大地全收。一毛頭師子。百億毛頭現。古德云。如今之天下叢林。求一人會無情說法則無。莫道會得。討一人舉此話亦難得。何也。須是曾親聞說法來方可舉示。如未曾親聞。縱有舉示祇益塵勞。於其慧命。無所滋益。昔僧問雲門偃禪師。如何是塵塵三昧。師云。鉢裏飯。桶裏水。古德頌云。朝打三千未為多。暮打八百未為少。鉢裏飯兮桶裡水。人前切忌無分曉。又有云。塵塵三昧。彼彼不外。千峯向嶽。百川赴海。更無一法不如來。只箇堂堂觀自在。古德云。鴉鳴鴉。鵲鳴鵲。深談實相。善說法要。天然自會。不從人學。此即是無情說法。

◆相關法語

一切眾生是正報。山河國土是依報。一切眾生有情有血氣。山河國土無情無知覺。佛言。有情無佛性。無情有佛性。有情不解說法。無情常說法。你諸人。還聞無情說法麼。莫道剎說眾生說。常說熾然說無間歇。是無情說法。若恁麼說。內為色身所惑。外為山河所眩。終不聞說法。諸人。要會無情說法麼。靜聽靜聽。句下不知言外旨。目前迷悟隔千山。

諸佛時常說法。不須擬議猜詳是何法。天地玄黃。宇宙洪荒。不論通宗透教。只貴直下承當。承當箇甚麼。雲騰致雨。露結為霜。蛟龍不宿死水。猛虎豈行路傍。透得者些關棙。何須願化西方。不問先佛後祖。鼻孔一樣放光。化被草木。賴及萬方。釋迦不肯洩破。達磨九年覆藏。罔談彼短。靡恃己長。

外道問佛。不問有言。不問無言。世尊良久。外道禮拜贊嘆曰。世尊大慈大悲。開我迷雲。令我得入。及外道去後。阿難問佛。外道有何所證而言得入。世尊云。如世良馬。見鞭影而行。人多向良久處會。有什麼巴鼻。五祖演拈云。前面是珍珠瑪瑙。後面是瑪瑙珍珠。東邊是觀音勢至。西邊是文殊普賢。中間有箇旛子。被風吹著。道胡盧胡盧。雪竇頌云。機輪曾未轉。轉必兩頭走。明鏡忽臨臺。當下分妍醜。妍醜分兮迷雲開。慈門何處生塵埃。因思良馬窺鞭影。千里追風喚得回。

經云。衆生根有無量故。所以說法無量。說法無量故。義亦名無量義。無量義者。從一法生。其一法者則無相也。無相不相。名為實相。則泯然清淨是也。懷禪師頌云。蜀魄連宵叫。鵾鳩長夜啼。圓通門大啟。何事隔雲泥。

一法不成一法。異法不成異法。還會麼。若不會。也是不會。若會。也是不會。有什麼省發處。若省發。也只如然。若不省發。也只如然。上座。是何道理。便得與麼難會。見聞覺知恆然。如此語話。是何言句。明明地。諸人須是一如始得。

從古至今。實無一法不是。你諸人還知得麼。如今問你。還見溪水麼。還見佛殿麼。還見僧堂麼。若道見。又將何見。若道不見。如今現是溪水鳴瀝瀝地。佛殿僧堂現在。作麼生說道不見。各位。溪水是溪水。佛殿是佛殿。僧堂是僧堂。且作麼生會。

六祖大師答韋刺史道。東方人造罪。念佛求生西方。西方人造罪。念佛求生何國。凡愚不了自性。不識身中淨土。願東願西。悟人在處一般。所以佛言。隨所住處常安樂。使君心地但無不善。西方去此不遙。若懷不善之心。念佛往生難到。今勸善知識先除十惡。即行十萬。後除八邪。乃過八千。念念見性。常行平直。到如彈指。便睹彌陀。使君但行十善。何須更願往生。不斷十惡之心。何佛即來迎請。若悟無生頓法。見西方祇在剎那。不悟念佛求生路遙。如何得達。

菩提無所得。你今但發無所得心。決定不得一法。即菩提心。菩提無住處。是故無有得者。故云。我於然燈佛所。無有少法可得。佛即與我授記。明知一切眾生本是菩提。不應更得菩提。你今聞發菩提心。謂將一箇心學取佛去。唯擬作佛道。任汝三祇劫修。亦祇得箇報化佛。與你本源真性佛有何交涉。故云。外求有相佛。與汝不相似。

法法不相到。法自寂故。當處自住。當處自真。以身空故名法空。以心空故名性空。身心總空。故名法性空。乃至千途異說。皆不離你之本心。如今說菩提涅槃。真如佛性。二乘菩薩者。皆指葉為黃金拳掌之說。若也展手之時。一切大眾若天若人。

皆見掌中都無一物。所以道。本來無一物。何處有塵埃。本既無物。三際本無所有。故學道人單刀直入。須見者箇意始得。

大丈夫漢。一等是踏破草鞋。放下情塵計校得失是非。識得根本。一物不留絲毫不著。百骸俱潰散。一物鎮長靈。和一靈也不要。然後依時及節著衣喫飯。而今見恁麼說。便道只是虛空裏打筋斗。兄弟。只這虛空也難得。豈不見祖師傳法偈云。心同虛空界。示等虛空法。證得虛空時。無是無非法。

先聖曰。有為無為有異耶。答曰。無異也。天地河海。風雲草木。鳥獸人物。生死變化目前。皆名有為之相。無為之道。寂然不動。無狀無名。謂之無為。如何得無異去。永嘉大師道。無明實性即佛性。幻化空身即法身。此兩者各別。且如何明得即底道理。須是證得無求心也。便和融得無事。十地中第五難勝地。謂真智俗智極難得等。入地時二皆平等。故名難勝地。學道兄弟。二六時中了取教等好。

夫說法者。當如法說。其說法者無說無示。其聽法者無聽無聞。諸人既無聽而聽我者裏無說而說。若得恁麼。目前無一法可得。何故。且聽外無一絲毫說底。說外無一絲毫聽底。便能透過雙關。俱無異相。不必說與不說。聽與不聽。自然大地山河。色空明暗。更非別法。可謂透出塵勞。頓居實地。雖現在三界中。熾然出三界。現在聲色裏。熾然出聲色。

且如今與諸人。說聽同時。作麼生說箇不說不聽底道理。須知端的明悟始得。

不見古人道。非色聲香味觸法。者箇去處。也大殺不易。參學之士。若非到此田地。管取目前有法。外既有法。內必有心。內外緣生。汩沒三界。諸聖由茲而出現。達磨特地而西來。還知諸聖用心處麼。祇是諸人心是。更無別心。亦無別法。所以道。十方薄伽梵。一路涅槃門。誠實無差。方知道無迷無悟。非聖非凡。若實得恁麼。便好韜光晦跡。履踐諸聖玄塗。其或未然。直須管帶始得。

雨從何來。不須尋討。徧滿虛空。拔濟枯槁。泥多佛大。水長船高。大眾。此是汝諸人本分上原自具足底。不是彊為。祇是暫時歧路。你若肯收拾世間底心。一按按在三寶上。全身放下。一肩挑起。你便是禪。你便是道。更求箇什麼。學箇什麼。你若還起一箇求禪學道底心。卻似出得醬缸又入虀甕。從上佛祖雖有言句。卻是教你向無言句處。不是叫你在言句上作境致。你若向言句上作境致。與那沾滯麤重境緣有何分別。總是解脫不得。於今說心說性。說玄說妙盡是惡口。而你又在他惡口上左思右量。豈不東行西向。古人道。學到佛邊。猶是雜用心。何況其餘。

若以世俗言之。即有男女貴賤。以道言之。即無男女貴賤。是以天女悟道不變女形。車匿解真寧移賤稱。此蓋非男女貴賤。皆由一相也。天女於十二年中。求女相了不可得。即知於十二年中。求男相亦不可得。十二年者。即十二入是也。

若是真正用工修行者。凡於善惡境上少形念慮。已是自覺白雲萬里。何況於中論是別非說好說惡。然這等說話。猶是初心分上事。若是大乘人見處又且不然。煩惱現前則菩提成。觀逆常順猶如蓮花。故云。高原陸地不生此花。淤濕汙泥乃生此花。所以菩薩自敘。我五百劫修此忍辱。未知忍辱。為王割截心無嗔恨。乃知忍辱。我成佛時。當先度汝。此豈非因逆而成順也。提婆達多是佛積世惡友。經云。我因提婆達多善知識故。疾得阿耨多羅三藐三菩提。此豈非因逆疾證也。實猶亂世取封如反掌。非太平之可比耳。這個猶是佛對眾生說。不對佛說。若對佛說。有所忍的境。有能忍的心。烏得名為佛也。看看。未透關的人。又有甚麼閑工夫因他閑事長無明也。

十四　夢幻空華

菩提之道。不可圖度。高而無上。廣不可極。淵而無下。深不可測。大包天地。細入無間。故謂之道也。所以法身清淨。猶若虛空。空亦無空。有何得有。有本不有。人自著有。空本不空。人自著空。離有離空。清淨解脫。無為無事。無住無著。寂滅之中。一物不作。斯乃菩提之道。昔藥山儼禪師。一日與道吾。雲巖。高沙彌遊山。見兩株樹。一榮一枯。師乃問。榮者是。枯者是。吾云。枯者是。師云。焯然一切處。令教枯淡去。師又問雲巖。巖云。榮者是。師云。焯然一切處。令光明燦爛去。復問沙彌。彌云。枯者從他枯。榮者從他榮。師回顧道吾。雲巖云。不是不是。各位。此公案的意旨如何。若猶只向榮枯上生解會。純以情識卜度。則不見藥山之意。古人一切時一切事。莫不以本分事在意。豈不見渠回顧道吾。雲巖云。

不是不是。故此須如潘閬倒騎驢。回頭方見本來人。古德頌云。抹粉塗坯復裹頭。盡由行主線牽抽。鼓聲打破曲吹徹。收拾大家歸去休。又昔玄沙大師伐木次。遇虎跳出。侍者曰。虎。和尚。沙叱曰。是你虎。昔法眼大師指面前狗子曰。畫鏤出。若諸人看時。莫就狗子身上明。應須將來向自己分上看始得。各位。還知是你無分別心所畫出麼。如畫師畫出種種好醜。畫出五陰。畫出人天。正畫時不借他力。能畫所畫俱無分別。學人不了故而起諸見。見我見人自生好醜。所以道。畫師畫地獄。醜狀百千般。放筆從頭看。特地骨毛寒。若知是自己畫出。則何所怖畏也。

昔南泉問一座主。今日講什麼經。云。講彌勒下生經。泉曰。彌勒幾時下生。云。現在天宮。當來下生。泉曰。天上無彌勒。地下無彌勒。雲居膺持此語問洞山。即如天上無彌勒。地下無彌勒。未審誰與安名。洞山被問。直得禪床震動。乃云。膺闍黎。我在雲岩曾問老人。直得火爐震動。今日被子一問。直得通身汗流。乃知古人開口。竟不是草草道得也。古云。若人欲了知。三世一切佛。應觀法界性。一切惟心造。蓋此清淨本元。離去離來。離聲離色。若以真實正見。契寂如如。則動靜語默夢覺之間。無不皆是本地風光。皆是從無邊劫海。薰習種智。從清淨微妙根本智中。如是應現。各位。既是天上無彌勒。地下無彌勒。則不屬目前法。既然不是目前法。又有誰能予以安名。故知涅槃之道。不在於有無之內。亦不出於有無之外。若如此者。即入道之人。不壞於有。亦不損於無。像法住持。但假施設耳。是故體空無相。不可為有。用之不廢。不可為無。則空而常用。用而常空。空有雖殊。而無心可異。即真如性淨。常住不滅也。

經云。處世若大夢。卻來觀世間。猶如夢中事。究極而言。則真夢也。非喻也。人生自少而壯而老而死。俄而入一胞胎。俄而出一胞胎。乃無窮已也。而生不知來。死不知去。蒙蒙然冥冥然。千生萬劫而不自知。故詩云。枕上片時春夢中。行盡江南數千里。故知莊生夢蝴蝶。其未夢蝴蝶時亦夢也。夫子夢周公。其未夢周公時亦是夢也。而曠大劫來。無一時一刻不在夢中也。昔陸亘大夫久參南泉。尋常留心於教理。且游泳於肇論之中。一日坐次。遂拈肇論中兩句語問南泉云。肇法師道。天地與我同根。萬物與我一體。也甚奇怪。南泉指庭前花。召大夫云。時人見此一株花。如夢相似。各位。肇論中道。夫至人空洞無象。而萬物無非我造。會萬物為自己者。其唯聖人乎。雖有神有人。有賢有聖各別。而皆同一性體。古人又云。盡乾坤大地只是一箇自己。寒則普天普地寒。熱則普天普地熱。有則普天普地有。無則普天普地無。是則普天普地是。非則普天普地非。大眾。天地物我本就同根一體。非同非異。陸亘大夫恁麼問。奇則甚奇。只是不出教意。若道教意是極則。世尊何故更拈花。祖師何更西來作麼。南泉答處。乃是用衲僧巴鼻。與他拈出痛處。破他拘執窠窟。遂指庭前花召大夫云。時人見此一株花。如夢相似。如引人向萬丈懸崖上打一推。令他命斷。你若在平地上推倒。即使彌勒下生。也不解斷命根。亦如人在夢。欲覺不覺被人喚醒相似。古人道。若於事上見。墮在常情。若向意根下卜度。卒摸索不著。南泉有擒虎兕。定龍蛇底手腳。故直接在渠七寸上下刀子。到這裏。也須是自會南泉喚處始得。蓋未曾有一法。不從因緣生。故總須是在動用中會取。而一切法。無不是空者。故云凡所有相皆是虛妄。是故空中無色。無眼耳鼻舌身意。無智亦無得。生死涅槃。平等如幻。但以不住一切無執無著。而為道行。

又古有十六開士。於浴僧時。隨例入浴。忽悟水因道云。妙觸宣明。成佛子住。然若論水因。既不洗塵。亦不洗體。且道洗箇什麼。各位。如今人亦入浴亦水洗。也恁麼觸。因甚麼卻不悟。原因是皆被當下塵境惑障。粘皮著骨。所以不能便惺惺去。昔玄沙過嶺。磕著腳指頭。流血痛楚。忽然猛省云。是身非有。痛自何來。遂即返回雪峯。此豈不是妙觸。然與觸者合則為觸。若離則非也。然而亦須合而不合。故這裏洗亦無所得。觸亦無所得。水因亦無所得。千箇萬箇更近傍不得。若於此直下見得。便是妙觸宣明成佛子住。然雖恁麼。也須是個人始得。若只向自身上摸索。有什麼交涉。你若七穿八穴去。又何須入浴。便於一毫端上現寶王剎。向微塵裏轉大法輪。一處透得。千處萬處一時透。各位。莫只守一窠一窟。一切處都是觀音入理之門。古人云。聞聲悟道。見色明心。雪竇頌云。了事衲僧消一箇。長連床上展腳臥。夢中曾說悟圓通。香水洗來驀面唾。古人道。明明無悟法。悟了卻迷人。長舒兩腳睡。無偽亦無真。所以胸中無一事。飢來喫飯困來眠。若說入浴而悟得妙觸宣明。在了事衲僧分上。也只似夢中說夢。土上加泥。何故。鴛鴦綉了從君看。莫把金針度與人。法眼云。渠渠渠。我我我。南北東西皆可可。不可可。但唯我無不可。所以道。天上天下。唯我獨尊。

又昔溈山祐禪師一日臥次。見仰山來。師乃轉面向壁臥。仰山云。某甲是和尚弟子。不用形迹。師作起勢。仰便出去。師乃召云。寂子。仰回。師云。聽老僧說箇夢。仰低頭作聽勢。師云。為我原看。仰取一盤水。一條手巾來。師遂洗面了。纔坐。香嚴入來。師云。我適來與寂子。作一上神通不同小小。嚴云。某甲在下面了了得知。師云。子試道看。嚴乃點一椀茶來。師歎云。二子神通智慧。過於鶖子。各位。溈山老人幸自日午高眠。何用起來夢中說夢。又道二子神通。過於鶖子。恁麼說話。檢點將來。也祇是誇兩箇了事底漢。看看溈山才起個頭。而仰山及香嚴便知道擺尾。其實我們每個人。或許也都希望能如在母胎中。饑來有食。冷來有母胎盤保護。這就如同在大涅槃中。能不受人間諸苦。然大眾還知麼。各人自己身中。自有索僊陀婆。猶如智臣善會王義。王若欲灑洗。索僊陀婆即便奉水。食時索僊陀婆即便奉鹽。食訖奉器飲漿。欲出奉馬。隨意應用無差一切具足。就算是孤峯獨宿而臨機不費纖毫之力。任運分身千百億。又豈是鶖子神通所能及。

又昔雪峯在洞山作飯頭。淘米次。洞山問。淘砂去米。淘米去砂。師云。砂米一時去。山云。大眾喫箇甚麼。師遂覆却米盆。山云。據子因緣。合在德山。各位。

洞山恁麼道是甚道理。雖然是一色乾坤。爭奈山高水闊。所以空不是空。也須有回互目前包裹妙有才得。古德拈云。雪峯祇管步步登高。不覺草鞋跟斷。若也正偏宛轉。敲唱俱行。自是言氣相合。父子相投。且道洞山不肯雪峯。意在甚麼處。各位。萬里無雲天有過。碧潭似鏡月難來。所以洞山問云。大眾喫箇甚麼。又昔茱萸禪師。因趙州將拄杖上法堂東覷西覷。師乃問。作甚麼。州云。探水。師云。我這裡一滴也無。探箇甚麼。州遂將拄杖。靠壁而去。古德拈云。茱萸一滴也無。滔天白浪。趙州以杖靠壁。不犯波瀾。雖然二老同死同生。爭奈旁觀者。未肯放過在。有云。世亂奴欺主。年衰鬼弄人。有云。趙老雲收山嶽露。茱萸雨過竹風清。誰家別館池塘裏。一對鴛鴦畫不成。各位。木雞啼子夜。芻狗吠天明。此公案有兩意。一者。傾湫倒嶽驚天地。到海方知徹底乾。二者。雖然滄海碧沈沈。自有歸家杖子斜倚壁。古德頌云。客舍并州已十霜。歸心日夜憶咸陽。無端更渡桑乾水。卻望并州是故鄉。

◆相關法語

是身如浮雲。須臾變滅。又常觀自身。空淨如影。可見不得。智從影中生。畢竟無處所。不動而應物。變化無窮。空中生六根。六根亦空寂。所對六塵境。了知是夢幻。如眼見物時。眼中無有物。如鏡照面像。了極分明。空中現形影。鏡中無一物。當知人面不來入鏡中。鏡亦不往入人面。如此委曲。知鏡之與面。從本已來不出不入。不來不去。即是如來之義。如此細分判。眼中與鏡中。本常空寂。鏡照眼照同。是故將為比。鼻舌諸根等。其義亦復然。知眼本來空。凡所見色者。須知是他色。耳聞聲時。知是他聲。鼻聞香時。知是他香。舌別味時。知是他味。意對法時。知是他法。身受觸時。知是他觸。如此觀察知。是為觀空寂。見色知是不受色。不受色即是空。空即無相。無相即無作。此見解脫門。學者得解脫。諸根例如此。

玄沙初謁雪峯。峯問云。那箇是備頭陀。師云。終不敢誑於人。雪峰忽一日召云。備頭陀。何不徧參去。師云。達磨不來東土。二祖不往西天。峯然之。

所初地菩薩初證一切空。後證得一切不空。即是無分別智。亦是色即是空。非色滅空。色性是空。所菩薩修學空為證。新學之人。直見空者。此是見空。非真空也。修道得真空者。不見空與不空。無有諸見也。

應觀欲界色界無色界空。善現。是菩薩摩訶薩作此觀時。不令心亂。若心不亂則不見法。若不見法則不作證。又曰。如金翅鳥飛騰虛空。自在翱翔久不墮落。雖依於空戲而不據空。亦不為空之所拘礙。

經曰。一切智智清淨。無二無二分。無別無斷故。古之宗師如臨濟德山。趙州雲門之徒。皆洞達此意。故於一切時。心同太虛。至於為物作則。則要用便用。聊觀其一戲。則將搏取大千如陶家手。無今昔之時。無間隔之處。

不應於無際空中立分限。若立無分限。是無際空。乃自負墮。所以解空者無空想。若人以語言名狀心。終不得心。不以語言名狀心。亦不得心。語言本是心。名狀之。故不得也。無語言本是心。不名狀之。故不得也。種種會當皆不與自心契。上祖曰默契而已。為若此。道若為達。但無妄念爾。若人知是妄念。作意止之者。見有妄念故也。知有妄念作意觀察令見正理。亦見有妄念也。知妄元是道。乃無妄焉。

達道者。無所得也。發意求道。道即得之。但不別求。知無迷妄謂之見道。近世皆曰無不是道。譬如飯籮邊坐。說食終不能飽。為不親下口也。證者。絕能所也。非別有玄理在。尋常日用處。如見色時是證時。聞聲時是證時。飲水食粥是證時。一一絕能所。此非久習。不假熏煉。蓋現成之事。世人不識。名曰流浪。故云。唯證乃知難可測。

世出世諸法。皆無自性。亦無生性。但有空名。名字亦空。你祇麼認他閑名為實。大錯了也。設有皆是依變之境。有箇菩提依涅槃依解脫依。三身依境智依。菩薩依佛依。你向依變國土。覓什麼物。乃至三乘十二分教。皆是拭不淨故紙。佛是幻化身。祖是老比丘。你若求佛即被佛魔攝。你若求祖即被祖魔縛。有求皆苦。不如無事。

如來舉身相。為順世間情。恐人生斷見。權且立虛名。假言三十二。八十也空聲。有身非覺體。無相乃真形。古人云。學者恆沙無一悟。過在尋他舌頭路。欲得忘形泯蹤跡。努力殷勤空裏步。

當知如來說法。以空寂為本。常念六根空寂。恆如中夜時。晝日所見聞。皆是身外事。身中常空淨。守一不移者。以此淨眼。眼住意看一物。無問晝夜時。專精常不動。其心欲馳散。急手還攝來。以繩繫鳥足。欲飛還掣取。終日看不已。泯然心自定。故攝心是道場。此是攝心法。從無數劫來。除睡常攝心。以此功德能生諸禪定。

真實到處。廓落無依。一塵不受。法法同體。人人同心。只箇自受用身。十方無不周徧。既知周徧盡。法法頭上。佛佛心中。具足本體。更有甚麼事來。只者一塵。也是你本體。也是你本心。也是你本相。也是你本智。所以道。若色清淨。若一切智智清淨。若般若波羅蜜多清淨。無二無二分。無別無斷故。

各位。你還曾空得心緣來麼。還曾空得身相來麼。你若空得盡。不只是空那時。靈靈歷歷地。虛中明白。若恁麼時。不是空了底。時節底也如是。在表亦如是。在塵也如是。在法也如是。無有諸佛不如是。無有眾生不如是。眾生也具足如是。諸佛也具足如是。眾生放得落。諸佛提得起。是以諸佛與眾生同身共命。只箇一念元同法界。所以道。上無攀仰。下絕己躬。直是磊磊落落。浩浩蕩蕩。正恁麼時。言語道斷。非去來今。卷簾目對千峰秀。掩室時聞百鳥聲。正恁麼時。還有佛法也無。

據真實了義。妄執本空。更無可破。無漏諸法。本是真性。隨緣妙用。永不斷絕。又不應破。但為一類眾生。執虛妄相。障真實性。難得玄悟。故佛且不揀善惡垢淨性相。一切呵破。以真性及妙用不無。而且云無。故云密意。又意在顯性。語乃破相。意不形於言中。故云密也。說前教中所變之境。既皆虛妄。能變之識。豈獨真實。心境互依。空而似有故也。且心不孤起。託境方生。境不自生。由心故現。心空即境謝。境滅即心空。未有無境之心。曾無無心之境。如夢見物。似能見所見之殊。其實同一虛妄。都無所有。諸識諸境。亦復如是。

佛告比丘。一切諸法。本性清淨。然諸凡夫愚小無智。於無有法不知如故。妄生分別。以分別故。墮三惡道。法華經曰。如來明見三界之相。無有生死。若退若出。亦無在世及滅度者。非實非虛。非如非異。不如三界。見於三界。如斯之事。如來明見。無有錯謬。

深證之士。於一切內外有無性相。如以五色彩畫耀嬰兒目。正恁麼時。色與空等。見與盲等。而亦不入於斷滅。如水中樹影。如虛空燄。如石裏火。如夢中人。如幻師所作幻事。設或有人欲一一指陳其名義性相。則愚甚矣。夫以五色彩畫耀嬰兒目。其理為若此也。而終不能窮知嬰兒自證之處。故楞伽經云。隨入自心。現量種種。

經云。妄認四大為自身相。六塵緣影為自心相。身心既是妄認。何處更有生死涅槃耶。又云。如夢中人。夢時非無。及至於醒。了無所得。真得恁麼地也無。且如夢中所見。山河大地。草芥人畜。喜怒哀樂。乃至身心。與覺何異。譬如夢中殺人。事露被捉。拷逼萬端。求脫無計。苟得一醒。了不可得。非遣之不可得。非用功不可得。是畢竟不可得。非惟苦樂之境。不可得。乃至夢中身心。亦不可得。

一念普觀無量劫。非去非來亦非住。如是了知三世事。超諸方便成十力。大眾。此是華嚴經三天偈文。蓋此經頓彰法界。圓演妙性。直下無生死可出。無涅槃可證。無聖凡可分。無輪迴可免。性真如是。非為強言。若能契旨。生不足欣。何以故。生如寄故。死不足畏。何以故。死如歸故。今人不了。欣生畏死是不知生死也。有一等強作主宰。便云死不足畏。此又不然。是他聖賢。了達無生無死的道理。乃可如是。今人於一毫利害。便覺觸心。可不畏乎。

首楞嚴經曰。一切世間。生死相續。生從順習。死從流變。臨命終時。未捨煖觸。一生善惡。俱時頓現。古釋至此多略之。寶積經釋此曰。善惡之業。所自作時。一生之中。何不自見。至捨受時。方始頓現者。人生如夢。方作夢時。豈能自知。是夢非夢。要須覺時。夢中之事。了然自現。不待尋繹。亦復如是。

金佛不度爐。木佛不度火。泥佛不度水。真佛內裏坐。菩提涅槃。真如佛性。盡是貼體衣服。亦名煩惱。實際理地。甚麼處著。一心不生。萬法無咎。夢幻空華。徒勞把捉。心若不異。萬法一如。既不從外得。更拘執作麼。

十五　有無不論

禪宗貴大機大用。不貴知解。古德常云。汝輩皆知有。只是用不得。止觀云。羅漢如炭。辟支如灰。菩薩如餘少灰。佛如劫火。無炭無灰。昔世尊因七賢女。游屍陀林。一女指屍云。屍在這裏。人在甚麼處。一女云。作麼。作麼。諸姊諦觀各各契悟。感帝釋散花云。惟願聖姊有何所須。我當終身供給。女云。我家四事七珍。悉皆具足。唯要三般物。一要無根樹子一株。二要無陰陽地一片。三要叫不響底山谷一所。帝釋云。一切所須。我悉有之。若此三般物。我實無得。女云。汝若無此。爭能濟人。帝釋罔措。同往白佛。佛言。憍尸迦。我諸弟子。諸大阿羅漢悉皆不解此義。唯有諸大菩薩乃解此義。各位。人人都有個無陰陽地。只是陽多陰少或陰多陽少而已。所以。此事若論有無者。妄情所計。蓋有是妙有。無是暫時。教中道。

凡夫實謂之有。二乘析謂之無。緣覺謂之幻有。菩薩當體即空。故菩薩見水如甘露。天人見水如瑠璃。凡夫見水是水。餓鬼見水如膿血是也。昔有僧問趙州諗禪師。狗子還有佛性也無。師云無。云。蠢動含靈皆有佛性。狗子因甚麼無。師云。為他有業識在。又一僧問師。狗子還有佛性也無。師云。有。云。既有為甚麼入這皮袋裏來。師云。知而故犯。古德頌云。有無今古兩重關。正眼禪人過者難。欲通大道長安路。莫聽崑崙說往還。有云。言有業識在。誰云意不深。海枯終見底。人死不知心。五祖演拈云。大眾。你諸人作麼生會。老僧尋常只舉無字便休。你若透得這一箇字。天下人不奈你何。你諸人作麼生透。還有透得徹底麼。有則便出來道看。我也不要你道有。也不要你道無。也不要你道不有不無。你作麼生道。各位。論有論無。兩彩一賽。有無就猶如雙放及雙收。都在自己份上。然古佛說法純金。又豈在於有無。如果能從海門高處向下望。千江萬派盡是往東流。

　昔武后則天見三藏歸依詵禪師。則天諮問諸大德。和尚等有慾否。神秀。玄約。老安。玄賾等皆言無慾。則天又問詵禪師。和尚有慾否。詵禪師答有慾。則天乃問云。何得有慾。詵答曰。生則有慾。不生則無慾。則天言下大悟。各位。生則有慾。不生則無慾。一切都只是在自己份上。如人飲水。冷暖自知。楞伽經云。有為及無為。若諸修行者。不應起分別。諸經說妄相。終不出於名。若離於言說。亦無有所說。昔有一外道。手握雀兒來問世尊云。且道某甲手中雀兒是死耶。是活耶。世尊遂騎門闔云。你道我是出耶。是入耶。外道無語。遂禮拜。各位。凡世出世間法。立處皆是相參。舉天便有地。舉北便知南。舉僧便見俗。舉聖便明凡。以新當見舊。以經方顯凾。宜哉一一法。所立皆雙兼。雙兼不涉二。所立無不堪。此大解脫門。智者乃深諳。故石頭云。當明中有暗。勿以暗相覩。當暗中有明。勿以明相遇。明暗各相對。比如前後步。又昔芭蕉清禪師示眾云。你有拄杖子。我與你拄杖子。你無拄杖子。我奪卻你拄杖子。有古德拈云。大溈即不然。你有拄杖子。我奪卻你拄杖子。你無拄杖子。我與你拄杖子。有云。你有面前拈取去。如無背後奪將來。可憐黑漆光生底。擊著千門萬戶開。大眾。古人縱奪臨機得自在。轉身必須是合乎時節。相逢切忌更擡眸擬議。指東話西山藤便到頭。所以。你有則一切有。你無則一切無。有無自是當人與奪。干別人甚麼事。正恁麼時。作麼生是你的拄杖子。

又昔有僧問忠國師。青青翠竹盡是法身。鬱鬱黃華無非般若。有人不許。云是邪說。亦有信者云不思議。不知若為。國師曰。此蓋普賢文殊境界。非諸凡小而能信受。皆與大乘了義經意合。故華嚴經云。佛身充滿於法界。普現一切群生前。隨緣赴感靡不周。而恆處此菩提座。翠竹既不出於法界。豈非法身乎。又般若經云。色無邊故。般若亦無邊。黃華既不越於色。豈非般若乎。深遠之言。不省者難為措意。又華嚴座主問大珠和尚曰。禪師何故不許。青青翠竹盡是法身。鬱鬱黃華無非般若。珠曰。法身無像。應翠竹以成形。般若無知。對黃華而顯相。非彼黃華翠竹而有般若法身。故經云。佛真法身。猶若虛空。應物現形。如水中月。黃華若是般若。般若即同無情。翠竹若是法身。翠竹還能應用。座主會麼。主曰。不了此意。珠曰。若見性人。道是亦得。道不是亦得。隨用而說。不滯是非。若不見性人。說翠竹著翠竹。說黃華著黃華。說法身滯法身。說般若不識般若。所以皆成諍論。古云。聖智無知。而無所不知。無為而無所不為。此無言無相。寂滅之道。豈曰有而為有。無而為無。動而乖靜。靜而廢用耶。而今談者。多即言以定旨。是以聞聖有知。謂之有心。聞聖無知。謂等太虛。有無之境。邊見所存。豈是處中莫二之道乎。何者。萬物雖殊。然性本常一。不可而物。然非不物。可物於物。則名相異陳。不物於物。則物而即真。是以聖人不物於物。不非物於物。不物於物。物非有也。不非物於物。物非無也。非有。所以不取。非無。所以不捨。不捨故。妙存即真。不取故。名相靡因。名相靡因。非有知也。妙存即真。非無知也。故經云。般若於諸法。無取無捨。無知無不知。此攀緣之外。絕心之域。而欲以有無詰者。不亦遠乎。

又昔有一人因行失路。宿一空屋中。夜有一鬼負一死屍至。續有一鬼來云。是我屍。前鬼云。我在彼處將來。後鬼強力奪之。前鬼曰。此中有一客子可證。二鬼近前云。此屍是誰將來。客子思惟道。二鬼皆惡。必有一損我。我聞臨死不妄語者。必生天上。遂指前鬼曰。是者鬼將來。後鬼大怒。拔去客子四肢。前鬼愧謝曰。你為我一言之證。令爾肢體不全。遂將死屍一一補卻。頭首心腹。又被後鬼所取。前鬼復一一以屍補之。二鬼遂於地爭食其肉淨盡而去。於是客子眼見父母身體已為二鬼所食。卻觀所易之身。復是何物。是我耶。非我耶。有耶無耶。於是心大狂亂。奔走至一精舍。見一比丘具述前事。比丘曰。此人易可化度。已知此身非有也。乃為略說法要。遂得道果。各位。此即是禪髓。會得麼。你身不是有不是無。有是心有。身則未嘗有。無是心無。身則未嘗無。知麼。更說箇心亦不有亦不無。畢竟不是你。本有今無。本無今有。斷常見解。

又昔文殊大士。與無著喫茶次。乃拈起玻璃盞。問無著云。南方還有這箇不。著云。無。文殊云。尋常將甚麼喫茶。著無對。洞山代展手云。有無且置。借取這箇看得不。曹山代云。久承大士按劍。為甚麼處在一塵。有云。自別南方涉路岐。喫茶處處用玻璃。如何恰到清涼手。問著元來總不知。各位。甚麼處是文殊按劍。又那裡是處在一塵處。蓋語言都無實義。一切都只是臨時。不可死在兩頭。所以洞山代展手云。有無且置。借取這箇看得不。又昔巖頭奯禪師初參德山。上堂便問。是凡是聖。山便喝。巖頭便禮拜。洞山聞得。乃云。若不是奯公。也大難承當。師云。洞山老漢。不識好惡。錯下名言。我當時一手擡。一手搦。古德頌云。巖頭無人問著。不妨奇特。纔被洞山腦後一錐。直得瓦解冰消。有云。一喝驚天動地雷。海翻太華洞然開。巖頭膽喪魂飛也。謾道當時手搦擡。且道是褒是貶。有云。德山門下草偃風行。要且不能塞斷天下人口。當時纔禮拜。劈脊便棒。非唯勦絕洞山。

亦乃把斷龕老。各位。巖頭這禮拜有毒。其實也只是在爭轉身處。但若不得洞山點出巖頭的通方眼。爭顯得汗馬功高。且作麼生是一手擡。一手搦處。大眾。平川走兔放蒼鷹。一搦便啗雙眼睛。毒手奪來人買去。奈何斤兩未分明。此乃殺人刀。活人劍。還會麼。將軍自有嘉聲在。不得封侯也是閑。

◆相關法語

若有人計身空無。心性亦滅。此是斷見人。與外道同。非佛弟子。若有人計心是有不滅。此是常見人。亦與外道同。今明佛弟子。亦不計心性是常是滅。常度眾生不起愛見。常學智慧愚智平等。常作禪定靜亂不二。常見眾生未曾是有。究竟不生不滅。處處現形。無有見聞。了知一切。未曾取捨。未曾分身。而身通於法界。

天下有不解修道者。被有無繫縛也。有不自有。緣未生時無有。無不自無。緣散之後故無。有若本有。有自常有。不待緣而後有。無若本無。無自常無。豈待緣盡後始無也。緣有非是有。真如之中無是有。緣無非是無。清淨心中無彼無也。有無之法。妄想之域。豈足以標聖道。放光經云。菩提從有得耶。答曰。不也。從無得耶。答曰。不也。從有無得耶。答曰。不也。離有無得耶。答曰。不也。是義云何。答曰。無所得。得無所得者。謂之得菩提也。

法無凡聖。亦無沉寂。法本不有。莫作佛見。法本不無。莫作有見。有之與無。盡是情見。猶如幻翳。所以云。見聞如幻翳。知覺乃眾生。祖宗門中。只論息機忘見。所以忘機則佛道隆。分別則魔軍熾。

一切法且本不有。今亦不無。緣起不有。緣滅不無。本亦不有。本非本故。心亦不心。心非心故。相亦非相。相非相故。所以道。無法無本心。始解心心法。法即非法。非法即法。你若道有。二祖即合覓得心。覓心不可得故。所以道。與你安心竟。若有所得。全歸生滅。

佛言。須菩提。彼非眾生。非不眾生。何以故。須菩提。眾生眾生者。如來說非眾生。是名眾生。古德釋云。以慧命觀眾生。如第五大。如第六陰。如第七情。孰為眾生。以眾生觀眾生。然後妄見其為有。則眾生非慧命者之眾生。是眾生之眾生而已。眾生眾生者。即非眾生。然是乃所謂眾生也。以慧命觀眾生。不見其為有。則云何度眾生耶。若曰眾生有眾生。而眾生非有。慧命無眾生。而眾生非無。以是義故度眾生。

有阿誰。須修道。若無阿誰。即不須修道。阿誰者即我也。若無我者。逢物不生是非。是者我自是。而物非是也。非者我自非。而物非非也。即心無心。是為通達佛道。即物不起見。名為達道。逢物直達。知其本源。此人慧眼開。

智者任物不任己。即無取捨違順。愚者任己不任物。即有取捨違順。不見一物。

名為見道。不行一物。名為行道。即一切處無處。即作處無作法。即是見佛。若見相時。即一切處見鬼。取相故墮地獄。觀法故得解脫。若見憶相分別。即受鑊湯爐炭等事。現見生死相。若見法界性即涅槃性。無憶想分別。即是法界性。心是非色故非有。用而不廢故非無。用而常空故非有。空而常用故非無。

空閑處者即是無貪嗔癡也。貪為欲界。嗔為色界。癡為無色界。若一念心生。即入三界。一念心滅。即出三界。是知三界生滅。萬法有無皆由一心。凡言一心者。似破瓦石竹木無情之物。若知心是假名無有實體。即知自寂之心亦是非有亦是非無。何以故。凡夫一向生心名為有。小乘一向滅心名為無。菩薩與佛。未曾生心未曾滅心。名為非有非無心。非有非無心此名為中道。是知將心學法。則心法俱迷。不將心學法。則心法俱悟。凡迷者迷於悟。悟者悟於迷。

昔大迦葉在靈山會上禮佛。見彼大眾儼然。便有箇見處。道。今此諸大眾。如本未曾有。你道此意如何。諸人適來在下頭不見有許多人。及乎上來分明見有許多人。怎生說箇如本未曾有。古有老宿問僧。近離什麼處。云。城中。宿云。如今在什麼處。云。山中。宿云。我有一問問你。若道得即住。若道不得即去。上座離城中。城中少上座。上座到山中。山中剩上座。城中若無上座。則心法不周。山中剩上座。則心外有法。僧無語。諸人苟能於此參詳得。所謂不落斷常二見。六根怡然。行住寂默。一心不生。萬緣俱息。如或不然。隨有隨無。落斷落常。譬如捨父逃走也。

不捨道法而現凡夫事豈是植種於空。現前日用是大總持門。一一親得其力。如斯之旨事可量哉。此豈可以有心知。豈可以無心會。有語尚不是。況無語耶。莫作夢。從朝至夜。佛法作一邊祖師語作一邊。有語作一邊無語作一邊。妄想作一邊無妄想作一邊。若恁麼。真可謂看時不見暗昏昏也。

諸佛本不曾出世。亦無有般涅槃。以本自在大願力。示現無邊希有法。是法不可以思惟究竟。非心所行處。既非心所行。即非希有法。既非希有法。此法無實亦無虛。既無虛實。喚作有亦不得。喚作無亦不得。喚作亦有亦無亦不得。喚作非有非無亦不得。喚作非非有非非無亦不得。

十六　見與不見

聲前一句。千聖不傳。面前一思。長時無間。昔保壽二世禪師。因先保壽問云。父母未生前。還我本來面目來。師立至深夜。下語不契。翌日辭去。壽云。汝何往。師云。昨日蒙和尚設問。某甲不契。往南方參知識去。壽云。南方禁夏不禁冬。我此間禁冬不禁夏。汝且作街坊過夏。若是佛法。闤闠之中。浩浩紅塵常說正法。師不敢違。一日在街頭見兩人交爭。其中一人揮一拳云。你得恁麼無面目。師當下大悟。走見先保壽。未及出語。壽便云。你會也。不用說。大眾。你得恁麼無面目。乃是祖佛之命脈。祖師云。來時無口。若人於此知落處。則塵劫無明當下消。故云粉骨碎身未足酬。一句了然超百億。又昔龍潭信禪師。因德山初來參便問。久響龍潭。及乎到來。潭又不見。龍又不現。師云。子親到龍潭。德山作禮而退。古德拈云。親到龍潭不見龍。龍潭龍不在潭中。青天白日興雲雨。千古人同笑葉翁。有云。親到龍潭不見龍。妙符先覺證玄宗。茅庵盤結孤峯上。靜對寒蟾掛碧空。有云。潭不見。龍不現。親到龍潭遭一玷。瞥然歸去牙如劍。棒頭撒出光燄燄。各位。大小德山。向齏甕裏淹殺。龍潭老人。可謂騎賊馬趕賊。且道德山肯龍潭不肯龍潭。若肯。德山眼在甚麼處。若不肯。為甚麼承嗣他。還相委悉麼。縱饒栽種得。不是棟梁材。大眾。死水何曾有獰龍。若是活底龍。須向洪波浩渺。白浪滔天處去。所以後來德山於龍潭吹滅火燭處悟道。而不是死於句下。

又昔有僧問仰山云。和尚見人問禪問道。便作一圓相。於中書牛字。意在於何。仰山云。這箇也是閑事。忽若會得。不從外來。忽若不會。決定不識。我且問你。諸方老宿於你身上。指出那箇是你佛性。為復語底是默底是。莫是不語不默底是。為復總是為復總不是。你若認語底是。如盲人摸著象尾。若認默底是。如盲人摸著象耳。若認不語不默底是。如盲人摸著象鼻。若道物物都是。如盲人摸著象四足。若道總不是。則拋本象。落在空見。如是眾盲所見。只於象上名邈差別。你要好。切莫摸象。莫道見覺是。亦莫道不是。故云。道本無形相。智慧即是道。作此見解者。是名真般若。所以明眼人見象。得其全體。如佛見性亦然。楞嚴經云。見見之時。見非是見。見猶離見。見不能及。又云。吾不見時。何不見吾不見之處。若見不見。自然非彼不見之相。若不見吾不見之地。自然非物。云何非汝。又云。若見是物。則汝亦可見吾之見。若同見者。名為見吾。吾不見時。何不見吾不見之處。若見不見。自然非彼不見之相。若不見吾不見之地。自然非物。云何非汝。各位。此即是說。見明之時。見非是明。見暗之時。見非是暗。見空之時。見非是空。見塞之時。見非是塞。四義成就。大眾。若認見本身為有物。則未能拂迹。當見本身不見時。如羚羊掛角。聲響蹤跡氣息都絕。你又向什麼處摸索。昔阿難與佛言。世界燈籠露柱皆可有名。要世尊指出此妙精元明。喚作什麼物。教渠能見佛意。世尊云。我見香臺。阿難云。我亦見香臺。即是佛見。世尊云。我見香臺則可知。我若不見香臺時。你作麼生見。阿難云。我不見香臺時。即是見佛。佛云。我云不見。自是我知。汝云不見。自是汝知。他人不見處。你如何得知。故到這裏。只可自知。與人說不得也。

所以說。若論此事。要見即便見。更要尋覓方見。則腳跟下蹉過了也。千里萬里了也。雪竇頌云。全象全牛翳不殊。從來作者共名模。如今要見黃頭老。剎剎塵塵在半途。古云。一塵一塵剎。一葉一釋迦。盡三千大千世界。所有微塵。只向一塵中見。當恁麼時。且道佛在什麼處。所以釋迦老子尚自不知。到此直是作家。也去裏頭摸索不著。又昔有僧問雲門。如何是法身。門云。六不收。大眾。雲門道個六不收。直是難搆。若向朕兆未分時搆得。已是第二頭。若向朕兆已生後薦得。又落第三首。若向言句上辨明。卒摸索不著。且畢竟以何為法身。古云。天何言哉。

四時行焉。地何言哉。萬物生焉。向四時行處。可以見體。於萬物生處。可以見用。且道向什麼處。見得個人行處。若離卻言語動用。行住坐臥。併卻咽喉唇吻。還辨得麼。昔太原孚上座本為講師。一日登座講次。說法身云。豎窮三際。橫亙十方。有一禪客在座下。聞之失笑。孚下座云。某甲適來有甚短處。願禪者為說看。禪者云。座主只講得法身量邊事。不見法身。孚云。畢竟如何即是。禪者云。可暫罷講。於靜室中坐。必得自見。孚如其言。一夜靜坐。突聞打五更鐘。忽然大悟。遂敲禪者門云。我會也。禪者云。你試道看。孚云。我從今日去。更不將父母所生鼻孔扭捏也。所以此事必須是自證自悟。至於得與不得。總是八角磨盤空裏走。教中道。佛真法身。猶若虛空。應物現形。如水中月。若是作家底。聊聞舉著。剔起便行。苟或佇思停機。則伏聽處分。

然人於如今世間衹有兩種障。每日下得床來門外門內。若大若細一切境緣。悲喜得失。你若透他不過時。隨順了他。便是被他流轉。若不隨順。便有許多礙塞處。謂之事障。一回瞥地。轉向自己。又在自己正位上住著。不得自在。謂之理障。豁然醒覺。回向日用。在日用上一切時一切處。頭頭上明物物上了。如此纔喚做事理無礙。且更須知有牛頭出馬面回。指東為西喚黃作白。然到得者個田地。若不知轉變。古人喚作貼體汗衫。最難脫卻。昔南泉願禪師。有書與茱萸云。理隨事變。寬廓非外。事得理融。寂寥非內。僧乃問茱萸。如何是寬廓非外。萸云。問一答百也無妨。云。如何是寂寥非內。萸云。覩對聲色。不是好手。僧又問長沙。沙瞪目視之。良久。又進後語。沙乃閉目示之。僧又問趙州。州作喫飯勢。又進後語。州以手拭口。後僧舉似南泉。泉云。此三人不謬為吾弟子。古德頌云。淡泊洋洋膝上琴。包藏古意亦何深。霜天有月西風急。落岸斷崖秋水音。此是說無限量法門。須急著眼看。有云。此三人一人得皮。一人得肉。一人秦不收。魏不管。大眾。太湖三萬六千頃。月在波心說向誰。理隨事變。事得理融。南泉父子。事理分明。然且不要動著。動著便三十棒。

◆相關法語

學道人且要自信。莫向外覓。祇如有祖有佛。皆是教跡中事。大丈夫兒。莫祇麼論主論賊。論是論非。論色論財。論說閑話過日。但有聲名文句。皆是夢幻。卻見乘境底人是諸佛之玄旨。佛境不能自稱我是佛境。還是這箇無依道人乘境出來。若有人出來問我求佛。我即應清淨境出。有人問我菩薩。我即應慈悲境出。有人問我菩提。我即應淨妙境出。有人問我涅槃。我即應寂靜境出。境即萬般差別人即不別。所以應物現形。如水中月。

道流。你若欲得如法。直須是大丈夫兒始得。若萎萎隨隨地則不得也。夫如㽦嗄之器。不堪貯醍醐。如大器者直要不受人惑。隨處作主。立處皆真。但有來者皆不得受。你一念疑即魔入心。如菩薩疑時生死魔得便。但能息念。更莫外求。物來即照。你但信現今用底一箇事也無。你一念心生三界。隨緣被境分為六塵。你如今應用處欠少什麼。一剎那間便入淨入穢。入彌勒樓閣。入三眼國土。處處遊履。唯見空名。

我共你入淨妙國土中。著清淨衣說法身佛。又入無差別國土中。著無差別衣說報身佛。又入解脫國土中。著光明衣說化身佛。此三眼國土皆是依變。約經論家取法身為根本。報化二身為用。古人云。身依義立。土據體論。法性身法性土。明知是建立之法。依通國土。空拳黃葉用誑小兒。蒺藜芰刺枯骨上覓什麼汁。

一切有無凡聖等法。喻如金鑛。自己如理。喻如於金。金與鑛各相去離。真金露現。忽有人覓錢覓寶。變金為錢與他。亦如麵體真正無諸沙鹵。有人乞餡變麵為餡與他。亦如智臣善解王意。王若行時。索僊陀婆即便奉馬。食時索僊陀婆即便奉鹽。誌公云。隨人造作百變。

大品經云。諸佛五眼。觀眾生心及一切法畢竟不見。華嚴經云。無見乃能見。思益經云。非眼所見。非耳鼻舌身意識所知。但應隨如相見。如眼如乃至意如。法位亦如是。若能如是見者。是名正見。凡夫見他為明為闇皆是妄想。以顛倒故以業障故。不見真法。若然者。明不定明闇不定闇。如是解者。不為顛倒惑亂。即入如來常樂我淨中也。

認物為見。如持瓦礫。用將何為。若言不見。木石何殊。是故見與不見。二俱有失。但無一切有無等見。一一箇箇透過三句外。是名如意寶。是名寶華承足。若作佛見法見。但是一切有無等見名眼翳。見所見故。祇如今念念及一切見聞覺知。及一切塵垢祛得盡。但是一塵一色總是一佛。但起一念總是一佛。三世五陰。念念誰知其數。是名佛遍塞虛空。是名分身佛。是名寶塔。祇如今但莫作佛見涅槃等見。都無一切有無等見亦無無見。名正見。無一切聞亦無無聞。名正聞。是名摧伏外道。

法身不可以見聞覺知求。非肉眼所見。以無色故。非天眼所見。以無妄故。非慧眼所見。以離相故。非法眼所見。以離諸行故。非佛眼所見。以離諸識故。若不作如是見。是名佛見。

見無二。既云見無二。不以見見於見。若見更見。為前見是為後見是。如云。見見之時。見非是見。見猶離見。見不能及。所以不行見法。不行聞法。不行覺法。諸佛疾與授記。

不作佛見不落佛邊。不作眾生見不落眾生邊。不作有見不落有邊。不作無見不落無邊。不作凡見不落凡邊。不作聖見不落聖邊。但無諸見即是無邊身。若有見處即名外道。外道者樂於諸見。菩薩於諸見而不動。如來者即是諸法如義。所以云。彌勒亦如也。眾聖賢亦如也。如即無生。如即無滅。如即無見。如即無聞。所以佛身無為。不墮諸數。權以虛空為喻。圓同太虛。無欠無餘。等閑無事莫強辯他境。辯著便成識。所以云。圓成沈識海。流轉若飄蓬。

祖師直指一切眾生。本心本體本來是佛。不假修成。不屬漸次。不是明暗。不是明故無明。不是暗故無暗。所以無無明。亦無無明盡。入我此宗門切須在意。如此見得名之為法。見法故名之為佛。佛法俱無。名之為僧。喚作無為僧。亦名一體三寶。

維摩曰。善來文殊師利。不來相而來。不見相而見。文殊師利言。如是居士。若來已。更不來。若去已。更不去。所以者何。來者無所從來。去者無所至所。可見者更不可見。

起信論曰。若心有見。則有不見之相。心性離見。即是徧照法界義故。乃知心外無法。徧照義成。苟有去來相見。則遺正義也。如人言風性本動。是大不然。風本不動。能動諸物。若先有動。則失自體。不復更動。則知動者。乃所以明其未嘗動也。去來相見。亦復如是。

正見之人。知心空無。即超迷悟。無有迷悟。始名正解正見。色不自色。由心故色。心不自心。由色故心。是知心色兩相俱有生滅。有者有於無。無者無於有。是名真見。夫真見者。無所不見。亦無所見。見滿十方。未曾有見。何以故。無所見故。見無見故。見非見故。凡夫所見。皆名妄想。若寂滅無見。始名真見。起心即是塵勞。動念即是魔網。只沒不流不轉。活潑潑。一切時中總是禪。

心境相對。見生於中。若內不起心。則外不生境。故心境俱淨。乃名為真見。作此解時。乃名正見。不見一切法。乃名得道。不解一切法。乃名解法。何以故。見與不見。俱不見故。解與不解。俱不解故。無見之見。乃名真見。無解之解。乃名真解。

諸人有箇眼。能照見一切長短方圓等象。為什麼卻不自見。但識取長短方圓等象。若要見眼則不可。你心亦如是。其光照矚。通徹十方包容萬有。為什麼卻不自知。要會麼。但識取照矚等事。若見心則不可也。古人道。刀不自割。指不自觸。心不自知。眼不自見。

作麼生是相見底事。不可是你見我我見你是相見。若恁麼。全無佛法得力處。何故。世間諸趣彼此見存。常在生死之中。未有脫離之地。所以雪峰和尚向人道。望州亭與你相見了也。烏石嶺與你相見了也。僧堂前與你相見了也。若據如斯指示。豈待音容相接言氣相交。始為相見。

心是根。法是塵。兩種猶如鏡上痕。痕垢盡時光始現。心法雙亡性即真。譬如自面豈辨鬚眉。又如眼根不自見眼面。若有見即非本頭。若見眼根。眼即同境。所以石鞏自射。無下手處。乃證全身。龐公問心。一口吸盡。遂得真實。此所謂大丈夫之事業也。

且莫將心凑泊。但向自己性海如實而修。不要三明六通。何以故。此是聖末邊事。如今且要識心達本。但得其本。不愁其末。他時後日自具足去在。若未得本。縱饒將情解學他亦不得。汝豈不見溈山和尚云。凡聖情盡。體露真常。事理不二。即如如佛。

夜夜抱佛眠。朝朝還共起。起坐鎮相隨。語嘿同居止。欲識佛去處。祇這語聲是。諸禪德。大小傅大士。祇會抱橋柱澡洗。把纜放船。印板上打將來。模子裏脫將去。豈知道本色衲僧。塞除佛祖窟。打破玄妙門。跳出斷常坑。不依清淨界。都無一物。獨奮雙拳。海上横行建家立國。有一般漢。也要向百尺竿頭凝然端坐。洎乎翻身之際。捨命不得。豈不見雲門大師道。知是般事拈放一邊。直須擺動精神。著些筋骨。向混沌未剖以前薦得。猶是鈍漢。那堪更於他人舌頭上咂澹滋味。終無了日。諸禪客。要會麼。剔起眉毛有甚難。分明不見一毫端。風吹碧落浮雲盡。月上青山玉一團。

喚作一句。已是埋沒宗風。曲為今時。通途消耗。所以借功明位。用在體處。借位明功。體在用處。若也體用雙明。如門扇兩開。不得向兩扇上著意。不見新豐老子道。峯巒秀異。鶴不停機。靈木迢然。鳳無依倚。直得功成不處。電火難追。擬議之間。長途萬里。

看風使帆。正是隨波逐浪。截斷衆流。未免依前滲漏。量才補職。寧越短長。

買帽相頭。難得恰好。直饒上不見天。下不見地。東西不辯。南北不分。有甚麼用處。任是純鋼打就。生鐵鑄成。也須額頭汗出。總不恁麼。如何商量。赤心片片誰知得。笑殺黃梅石女兒。

諸上座。適來從僧堂裏出來。腳未跨門限便回去。已是重說偈言了也。更來者裏。不可重重下切腳也。古人云。參他不如自參。所以道。森羅萬象是善財之宗師。業惑塵勞乃普賢之境界。若恁麼參得。與善財同參。若不肯與麼參。卻歸堂向火。參取勝熱婆羅門。

若見般若不名般若。不見般若亦不名般若。且作麼生說見不見。所以古人道。若欠一法不成法身。若剩一法不成法身。若有一法不成法身。若無一法不成法身。此是般若之真宗也。

十七 取一捨一

禪非意想。以意想求之則乖。道絕功勳。以功勳擬之則錯。安箇是立箇非。捨箇迷就箇悟。則轉急轉緩。轉親轉疎。昔外道問佛。今日當說何法。佛云。說定法。次日復問佛說何法。佛云。說不定法。外道云。昨日為什定。今日為什不定。佛云。昨日定。今日不定。既然如是。則知佛法無有定相。無不定相。隨機施設。一切臨時。說定亦得。不定亦得。說有亦得。說無亦得。猶如太空。蕩蕩無礙。一任穿鑿。縱橫自在。始信佛祖之道。本自平夷。大解脫門。元無關鑰。彌綸宇宙。逼塞虛空。量不可窮。智不能測。若也未明此旨。則不達其源。任是百劫薰功。千生煉行。徒自疲苦。了無交涉。若深明此旨。能洞達其源。乃知動靜施為。經行坐臥。頭頭合道。念念朝宗。祖云。迷生寂亂。悟無好惡。得失是非。一時放卻。如是則誰迷誰悟。誰是誰非。一切都是諸人自生異見。觀大觀小。執有執無。己靈獨耀不肯承當。心月孤圓自生違背。何異家中捨父。衣內忘珠。致使菩提路上。荊棘成林。解脫空中。迷雲蔽日。不能透過那邊。多只住在者裏。進則銀山萬疊。退則鐵壁千尋。若拶得一路開。挨得一線入。元來都是自作障礙。自己便是銀山鐵壁。昔調達謗佛。生身陷地獄。佛敕阿難傳問云。汝在地獄中安否。達云。我雖在地獄。如三禪天樂。佛又敕問。汝還求出否。達云。我待世尊來即出。阿難云。佛是三界大師。豈有入地獄分。達云。佛既無入地獄分。我豈有出地獄分。各位。此公案意旨如何。所謂親言出親口。調達與佛只作一人二角看。古德拈云。一念蕭蕭不記年。皮膚脫落自完全。長天夜夜清如鏡。萬里無雲孤月圓。古云。隱顯即本法。明暗元不二。今付了悟法。非取亦非離。

又昔有僧問大隋真禪師。劫火洞然。大千俱壞。未審這箇壞也無。師云壞。云。與麼則隨他去。師云。隨他去。其僧不會。持此語到投子舉似。投子遂焚香遙望大隋禮拜云。西川有古佛出現。汝速回。彼僧返西川。師已遷化。復回投子。子亦遷化。後有僧舉問脩山主。主云。不壞。云。為甚麼不壞。主云。為同大千。古德拈云。此二老宿。一人道壞。一人道不壞。且道壞底是。不壞底是。會麼。壞與不壞。俱非內外。不隔纖毫。尋常面對。有云。切忌隨他不會他。大隋此語播天涯。真淨性中纔一念。早是千差與萬差。有云。壞與不壞兩相猜。劍閣龍舒謾往來。何人更有樊公腳。一踏鴻門雙扇開。雪竇頌云。劫火光中立問端。衲僧猶滯兩重關。可憐一句隨他語。萬里區區獨往還。各位。這僧只據教意來問。教中云。成住壞空。三災劫起。壞至三禪天。而這僧元來不知話頭落處。故問云劫火洞然。大千俱壞。未審這箇壞不壞。且道這箇是什麼。人多作情解云。這箇是眾生本性。若如此。只是說禪。且與本分事有何交涉。若據這箇是什麼一句。古佛亦摸索不著。到這裏。須還第一機來始得。所謂魚行水濁。鳥飛毛落。後有唐僧景遵題大隋云。了然無別法。誰道印南能。一句隨他語。千山走衲僧。蛩寒鳴砌葉。鬼夜禮龕燈。吟罷孤窗外。徘徊恨不勝。大眾。若道隨他去。在什麼處。若道不隨他去。又在什麼處。其實每個剎那。都是劫火洞然。說壞也礙塞殺人。說不壞也礙塞殺人。如今也不得作壞會。也不得作不壞會。畢竟作麼生會。各位。泥多佛大。水長船高。鑿開頂門眼。急急著眼看。

又昔百丈海禪師。侍馬祖遊山歸忽然哭。同事問云。憶父母邪。師云。無。云。被人罵耶。師云。無。云。哭作甚麼。師云。汝問取和尚。同事往問馬祖。祖云。你去問取他。同事回至寮中。見師呵呵大笑。同事云。適來為甚麼哭。如今為甚麼笑。師云。適來哭。如今笑。同事罔然。古德拈云。有時笑兮有時哭。悲喜交并暗催促。此理如何舉向人。斷絃須得鸞膠續。有云。哭不徹。笑不徹。倒腹傾腸向君說。父子非親知不知。擡頭腦後三斤鐵。有云。世間名利閑榮辱。雲雨紛紛手翻覆。

悲歡相繼不堪論。棒頭無眼黃粱熟。各位。還知真實相為處麼。要哭便哭。要笑便笑。一回思想一傷神。不覺翻然笑轉新。所以道。木伎機。石女兒。三冬陽氣盛。六月降霜時。有語非干舌。無言切要詞。會我最後句。出世少人知。

各位。一切萬法。皆由心生。心若無生。法無能住。若達心地法門。一切無礙。然作麼生說箇無礙底道理。天下無嫌底法。總是你不了便成繫縛。不是隨事隨物而了。了而後隨。此須隨而不隨。大慧云。汝但八識一刀。此一刀斷。則千刀萬刀應時而斷。所以古人云。行腳高士。大須向聲色裏坐臥。聲色裏困眠始得。你若不了。在者裏便隨境生心。生出許多趨避。許多取舍。且作麼生坐臥困眠。平日胸次間未免疑滯。何況臘月三十。你若了。便時時了念念了。豈待臘月三十。凡觸事遇物總有箇打發處。且又不是離他。人生世間。一切是非善惡種種生滅。你作麼生離。而今儘有人。掉得箇不生滅底道理。便擬向生滅邊淘汰以為踐履。不知生滅又是箇甚麼。你纔擬淘汰。早是生滅。若作如此見解。正眼觀來。總成外道。你若了。豈有恁麼事。昔麻谷徹禪師。持錫到章敬處作禮。遶禪牀三帀。振錫而立。敬云。是是。師又持錫至南泉處。遶禪牀三帀。振錫而立。泉云。不是不是。師云。章敬道是。和尚為甚麼道不是。泉云。章敬即是。是汝不是。此乃風力所轉。終成敗壞。古德拈云。昨日出都門。忽逢二商旅。一指我南行。一指我北去。南行有官船過渡。北去有車馬大路。雖然南北不同途。都在中華一國土。有云。麻谷依俙似曲纔堪聽。

又被風吹別調中。有云。顏色規模恰似真。人前拈弄越光新。及乎入火重烹試。到了終歸是假銀。各位。是非有無總是心在取捨。都已蹉過當下。章敬南泉。雖謂一是一非。然章敬未必道是。南泉未必道不是。這僧當時但持錫出去則恰好。

故知古聖方便猶如河沙。是與不是都只是心相。祖師道非風幡動。仁者心動。斯乃無上心印法門。我輩是祖師門下客。合作麼生會祖師意。莫道風幡不動。汝心妄動。莫道不撥風幡。就風幡道取。莫道風幡動處是甚麼。有云附物明心。不須認物。有云色即是空。有云非風幡動。應須妙會。如是解會與祖師意旨有何交涉。既不許如是會。諸上座便合知悉。若於者裏徹底悟去。何法門而不明。百千諸佛方便一時洞了。更有甚麼疑情。所以古人道。一了千明。一迷萬惑。上座。豈是今日會得一則。明日又不會也。莫是有一分向上事難會。有一分下劣凡夫不會。如此見解。設經塵劫。祇自勞神乏思。無有是處。昔有僧問靈雲云。佛未出世時如何。雲豎起拂子。僧云。出世後如何。雲亦豎起拂子。雲門拈云。前頭打著。後頭打不著。又昔法眼。以手指簾。時有二僧同去捲簾。眼云。一得一失。又昔有僧問智門。蓮花未出水時如何。智門云。蓮花。僧云。出水後如何。門云。荷葉。各位。如果蓮花尚未出水時。那裏得這個消息來。這裡且不說出與不出。何處更有伊問的時節也。從古至今。也只是一個剎那。無是無非。無得無失。無生與未生。且如蓮花未出水與出水。是一是二。若道是一。顢頇佛性。儱侗真如。若道是二。心境未忘。落在解路上走。有什麼歇期。且道古人意作麼生。其實也無許多事。本無得失夢幻。不可強與伲安立名字。所以古德云。你但莫著名言數句。即無許多位次不同。你攝一切法。一切法攝你不得。又云。常貴未開口以前猶較些子。所以一切事。皆是你將得來。你若不將來。自然無事。各位。菩提本無樹。明鏡亦非臺。本來無一物。爭得染塵埃。故祖師道非風幡動。仁者心動。

◆相關法語

你若取不動清淨境為是。你即認他無明為郎主。古人云。湛湛黑暗深坑。寔可怖畏。你若認他動者是。一切草木皆解動。應可是道也。所以動者是風大。不動者是地大。動與不動俱無自性。你若向動處捉他。他向不動處立。你若向不動處捉他。他向動處立。譬如潛泉魚。鼓波而自躍。

今時叢林中兄弟。似總不說此事相似。祇如天下到處叢林知識說禪說道。入室陞堂無不是說此事。何故道。不曾說著。說則說也則是說不著。不惟說不著亦不解覷。不解恁麼作功夫。祇管道。正令全提十方坐斷。佛來也打魔來也打。一向說禪。元來緊要處不曾說著。輕輕將來問著便七花八裂。蓋緣尋常總去閑處做功夫。修山主道。不見本來法。障礙是從來。若人有障礙。顛倒幾千回。

古人問三尊宿。二龍爭珠。誰是得者。一云得即失。一云老僧祇管看。一云誰是不得者。得即失。著忙作什麼。老僧祇管看。看濟什麼事。末後一則語。誰是不得者。若人會得。祖師言句一大藏教。自然不疑去。

凡所有相。皆是虛妄。若見諸相非相。即見如來。佛與眾生。盡是汝作妄見。祇為不識本心。謾作見解。纔作佛見便被佛障。纔作眾生見便被眾生障。作凡作聖作淨作穢等見盡成其障。障汝心故。總成輪轉。猶如獼猴放一捉一。無有歇期。一等是學。直須無學。無凡無聖。無淨無垢。無大無小。無漏無為。如是一心中。方便勤莊嚴。

佛語心為宗。無門為法門。夫求法者。應無所求。心外無別佛。佛外無別心。不取善不捨惡。淨穢兩邊俱不依怙。達罪性空。念念不可得。無自性故。故三界唯心。森羅萬象。一法之所印。凡所見色皆是見心。心不自心。因色故有。汝但隨時言說。即事即理。都無所礙。菩提道果亦復如是。於心所生。即名為色。知色空故。生即不生。若了此意。乃可隨時著衣喫飯。長養聖胎。任運過時。更有何事。

若真悟得本。他自知時。修與不修是兩頭語。如今初心雖從緣。得一念頓悟自理。猶有無始曠劫習氣。未能頓淨。須教渠淨除現業流識。即是修也。不可別有法教渠修行趣向。從聞入理。聞理深妙。心自圓明。不居惑地。縱有百千妙義抑揚當時。此乃得坐披衣。自解作活計始得。以要言之。則實際理地。不受一塵。萬行門中。不捨一法。若也單刀直入。則凡聖情盡。體露真常。理事不二。即如如佛。

教中道。種種取捨皆是輪回。未出輪回而辨圓覺。彼圓覺性即同流轉。若免輪回無有是處。你等諸人到者裏。且作麼生辨圓覺。良久曰。荷葉團團團似鏡。菱角尖尖尖似錐。

祇如今聞聲如響等。嗅香如風等。離一切有無等法。亦不住於離。亦無不住知解。此人一切罪垢不能相累。為求無上菩提涅槃。故名出家。猶是邪願。況乎世間諍論覓勝負。說我能我解。貪一門徒愛一弟子。戀一住處結一檀越。一衣一食一名一利。又言我得一切無閡。祇是自誑。

祇如今但有一切求心盡名現身意。如云求菩提。雖是勝求。重增塵累。求佛是佛眾。求一切有無諸法。是眾生眾。祇如今鑑覺。但不依住一切有無諸法。是不入眾數。祇如今於一一聲香味觸法等不愛。於一一境不貪。但無十句濁心。是了因成佛。學文句覓解者。名緣因成佛。十句濁心者。貪心。愛心。染心。瞋心。執心。住心。依心。著心。取心。戀心。

夫真學道人。並不取佛不取菩薩羅漢。不取三界殊勝。迥然獨脫。不與物拘。乾坤倒覆。我更不疑。十方諸佛現前。無一念心喜。三塗地獄頓現。無一念心怖。緣何如此。我見諸法空相。變即有不變即無。三界唯心。萬法唯識。所以夢幻空花。何勞把捉。唯有道流目前現今聽法底人。入火不燒。入水不溺。入三塗地獄如遊園觀。入餓鬼畜生而不受報。緣何如此。無嫌底法。你若愛聖憎凡。生死海裏沈浮。煩惱由心故有。無心煩惱何拘。不勞分別取相。自然得道須臾。

三界六道輪迴。業鏡難藏好醜。不須更滯他人。盡是自作自受。如今於諸人分上。各自有一面業鏡子。明歷歷地。且道是好是醜。試請回頭自照看。渠無面目底。千聖不敢近。方解入林不動草。入水不動波。變大地作黃金。攪長河為酥酪。寸絲不挂。通身無影像。便能入荒田不揀。信手拈來。頭頭上顯。物物上明。收放臨時。更無滲漏。所以道。諸方說禪浩浩地。爭如我栽田博飯喫。

實際理地不受一塵。萬行門中不捨一法。若受一塵。法輪從何而轉。若捨一法。佛事何由而興。所以有力大人向劫濁苦海中。為津為梁。逆行順行。總莫可測。回天關轉地軸。須是其人方能擔荷。吹陽春於既燼。樹福運於方興。結一時殊勝之緣。作千載賢良之合。風雲際會。敲唱乘時。有此殊勝因。成此殊勝緣。具此殊勝願。得此殊勝福。不忘囑付。舉起便知。把手相呈。一超直入。

十八　無法可得

三界無法。何處求心。四大本空。佛依何住。璿璣不動。寂爾無言。覿面相呈。更無餘事。佛是無事底人。住世四十九年。隨眾生根性應病與藥。權實頓漸。半滿偏圓。說一大藏教。皆無實法也。眾生無始時來。為心意識之所流轉。流轉時渾不覺知。故佛在般若會上。說諸法空相。謂眼耳鼻舌身意。色聲香味觸法皆空。徒有名字而已。到究竟處。名字亦空。空亦不可得。若人夙有善根種性。只向不可得處死卻心意識。方知釋迦老子道。始從鹿野苑。終至跋提河。於是二中間。未嘗說一字是真實語。昔青原初參六祖便問。當何所務即不落階級。祖云。子曾作甚麼來。云。聖諦亦不為。祖云。落何階級。云。聖諦尚不為。何階級之有。祖深器之。各位。青原既知聖諦亦不為。又用見祖師作麼。不見道。不經敏手。終成廢器。又昔丹霞於途中遇禪者。聞有選佛之說。遂詣西江參馬祖。纔相見便作整冠束帶勢。祖云。子緣不在此。可往南嶽見石頭去。霞便去見石頭。依前作整冠束帶勢。頭云。著槽廠去。霞依教便去。異日石頭云。來日佛殿前鏟艸。一眾各備鍬鋤。霞獨洗頭胡跪殿上。頭便與剃髮。復云。子莫要受戒麼。霞便掩耳而出。大眾。你道丹霞見甚麼道理。便掩耳而出。莫是撥無因果麼。且喜沒交涉。須知此事。貴在英靈特達之士。向未舉以前薦得。自然如水投水。似空合空。不落理路窠臼。不被知解糾纏。不假爐鞴鉗鎚。不費師家鹽醬。你看六祖。石頭。何嘗嘮嘮叨叨。為丹霞。青原打葛藤來。所以要急相應。直須向佛未出世。祖未西來時會取。你道佛未出世。祖未西來時。還有許多名號也無。還有四聖六凡。種種差別也無。還有戒可受。有禪可參。有教可聽也無。各位。須知本來無事。本來現成。本來平等。本來解脫。祇因迷頭認影。遂至向外馳求。所以道。演若達多失卻頭。狂心歇卻即無事。圓覺云。知是空華。即無輪轉。亦無身心。受彼生死。

楞嚴云。妙性圓明。離諸名相。本來無有世界生死。法華云。是法住法位。世間相常住。教乘中宗門下。千般譬萬般喻。滿口道破。和盤托出。只要人命根斷偷心死。學道人若偷心不死。縱使學得一知半解。轉得一機兩機。坐到純清絕點身心俱忘。也未是到家底消息。昔有二庵主。住庵旬日不相見。忽相會。上庵主問下庵主云。多時不相見。向甚麼處去來。下云。在庵中造箇無縫塔。上云。某甲也要造一箇。就兄借取塔樣子。下云。何不早說。恰被人借去了也。各位。夜壑藏舟。澄源著棹。龍魚未知水為命。折筋不妨聊一攪。無縫塔到底是有樣還是無樣。且道是借他樣。不借他樣。古云。身從無相中受生。猶如幻出諸影相。幻人心識本來無。罪福皆空無所住。只此一偈。後來諸佛諸祖總跳他不出。祇為道絕有無。永離邊見。所以永明禪師讀龐居士語云。空華落影。陽燄翻波。嘆其不落有無之句。正契斯旨。學道之士。須得到者田地。方許與佛祖契同。不則悉滯權位。不道全非。祇是化導邊事。卻與那人無干。即如古德云。知得恁麼事拋置一邊。卻來者邊行履。此說亦大有來由。人都不識拋置一邊是甚麼道理。而乃謂來者邊行履。便是盡卻今時底事。既恁麼則成二法。事且拋置一邊。還有甚麼今時不今時。所以云。須是那人始得。不然掘地出空。止益勞累。故云。萬法是心光。諸緣惟性曉。本無迷悟人。只要今日了。

各位。諸人會輪轉三界者。蓋為不了目前法。所以從生至死無有了期。偈云。描不成兮畫不就。臥龍長怖碧潭清。擬心湊泊終難會。達者應須暗裏驚。快須薦取目前。莫待雪鬢銀髭。臨渴掘井悔將不及。古德頌云。祖師門下絕人行。深嶮過於萬仞坑。垂手不能空費力。任教堂上綠苔生。大眾。看他恁麼說話。還有開口分麼。只如瞿曇在摩竭陀國掩室而坐。在毗耶離城。三十二菩薩各說不二法門皆被維摩詰難。及乎文殊問維摩。何者為不二法門。維摩默然。臨濟見黃蘗。問佛法的的大意。

三度被打。以至德山見僧入門便棒。臨濟見僧入門便喝。故云。才涉唇吻。便落意思。雖然如是。不可總啞卻口也。真達道人。道火又何曾燒卻口。古人道。未得箇人頭。須得箇人頭。既得箇人頭。不得辜負老僧。又有者道。未得箇人頭。須得箇入頭。既得箇入頭。直須颺下箇入頭處。又有者道。未得箇入頭。須得箇入頭。既得箇入頭。正好買草鞋行腳。何故。參禪須是悟。悟了須是遇人。若不遇人。無師承。只成杜撰阿師。動便傷鋒犯手尾巴露。若悟了遇人。開口吐氣自然如水入水。昔玄沙倫禪師。初到莆田縣。百戲迎之。次日問小塘長老云。昨日許多諠鬧。向甚麼處去。小塘提起袈裟角。師云。料掉沒交涉。古德拈云。大溈即不然。忽有問遂鳴指一下。如有箇衲僧出來。云。料掉沒交涉。卻肯他。何故。大丈夫漢。捋虎鬚也是本分。且道利害在甚處。有云。昨日有多少諠鬧。有云。今日更好笑。各位。昨日事是有是無。也須分曉始得。

故云。二邊純莫立。中道不須安。一切處收攝不得。一切時籠罩不下。所以道。牢籠不肯住。呼喚不回頭。古聖不安排。至今無處所。若是恁麼做底漢。直是普天匝地。東西南北。四維上下要且無空闕處。不唯釋迦老子達磨大師恁麼做。若是儞妄想心盡差別事消。驀直恁麼去。恰恰地不墮第二念。正恁麼時。有甚麼向背。有甚麼物我。有甚麼彼此。直然混不得。類不齊。何故如此。在一切時一切處。惺惺歷歷地。不被它蓋蔽卻。不被它籠罩卻。何處不是上座出身路子。所以道。萬像之中獨露身。唯人自肯乃方親。昔年謬向途中覓。今日觀來火裏冰。若恁麼辨得出。箇時一絲一縿著不得。若有一毫頭。便被三界礙。正恁麼時。也無三界可出。也無三界可入。混混地如一顆明珠相似。本色衲僧當恁麼做。昔有僧問趙州。萬法歸一。一歸何處。州云。我在青州。作一領布衫。重七斤。各位。看這個公案。誵訛在什麼處。是有答他。是無答他。佛法省要處。不在多言。若向一擊便行處會去。天下老和尚鼻孔。一時穿卻。不奈你何。自然水到渠成。若向語句上辨。錯認定盤星。此話與普化道。來日大悲院裏有齋。話更無兩般。雪竇頌云。編辟曾挨老古錐。七斤衫重幾人知。如今抛擲西湖裏。下載清風付與誰。大眾。一法在當下既已蹉過。又能歸於何處。如今一亦不要。七斤布衫亦不要。一時都抛在西湖裏。則一切萬法悉皆成現。方始作箇無事底人。龍牙道。學道先須有悟由。還如曾鬭快龍舟。雖然舊閣閑田地。一度贏來方始休。

又昔僧問洞山虔禪師。學人逕往時如何。師云。死蛇當大路。勸子莫當頭。云。當頭者如何。師云。喪子命根。云。不當頭者如何。師云。亦無回避處。云。正恁麼時如何。師云。失卻也。云。未審向甚麼處去。師云。草深無覓處。云。和尚也須隄防始得。師拊掌云。一等是毒氣。古德頌云。長江澄徹印蟾花。滿目清光未是家。借問漁舟何處去。夜深依舊宿蘆花。大眾。空不是空。但莫著空。心靈絕非。萬象齊照。體斯理者。不言而偏歷沙界。不用而功益玄化。然人皆背覺而反合塵勞。

於陰界中妄自囚執。病在取一捨一。不善用心。不得要術。茫然不知。日與道遠。蓋欲要取是。則有不是法為礙。欲要得念。良由前後皆失念故也。晝夜不自在。要與道合。然無少許合處。愈急愈不合。若能安坐寧神。不勞自辦。故昔達磨大師謂楊衒之曰。亦不捨智而近愚。亦不拋迷而就悟。達大道兮過量。通佛心兮出度。不與凡聖同纏。超然名之曰祖。不著棄一邊就一邊。當知明明顯著。明明作用。拄定會取。轉凡成聖。點鐵成金。要徑不可不如此。祇恐人兩頭走。一既不成。二又不是。不識玄旨。徒勞念靜。二乘斷煩惱得證名為偏修。不若應念化成無上知覺之速。槃山云。心月孤圓。光吞萬象。光非照境。境亦非存。光境俱忘。復是何物。各位直須自看。無人替代。

◆相關法語

古者云。神光獨耀。萬古徽猷。入此門來。莫存知解。楞嚴亦云。知見立知。即無明本。知見無見。斯即涅槃。從上若佛若祖。掃蕩學者之知解非得已也。蓋知此道是一相平等法門。厚若地擎。廓如天布。無你容心處。無你留意處。無你著力處。乃至無你蹲坐處。只貴於未屙以前。違得便行。擬涉思惟。即沒交涉。

無一法可取。無一法可捨。不見一法生滅相。不見一法去來相。徧十方界。無一微塵許不是自家寶藏。但自仔細觀察自心。一體三寶常自現前。無可疑慮。莫尋思。莫求覓。心性本來清淨。華嚴經云。一切法不生。一切法不滅。若能如是解。諸佛常現前。淨名云。觀身實相。觀佛亦然。故若不隨聲色動念。不逐相貌生解。自然無事去。

佛法乃最易最省力。自是你費力自作艱難。若易處不見。且究理而坐。既參禪莫將妄想卜度。你但放下了退步來看方會。又有般道。我都不作道理。都無計較不著聲色。不依染淨。聖凡迷悟一道清虛。大光明中都無是事。此又被智光蓋卻。著在智邊。

透得三界境過。名為佛出世。不漏心相。名為無漏智。不作人天業。不作地獄業。不起一切心。諸緣盡不生。即此身心是自由人。不是一向不生。祇是隨意而生。經云。菩薩有意生身是也。你但知一念不受。即是無受身。一念不想。即是無想身。決定不遷流造作。即是無行身。莫思量卜度分明。即是無識身。

你勿可作了。見人道著祖師意。便問超佛越祖之談。你且喚什麼作佛。喚什麼作祖。即說超佛越祖之談。便問箇出三界。你把將三界來。有什麼見聞覺知隔礙著你。有甚聲色法與汝可了。了箇什麼椀。以那箇為差殊之見。他古聖勿奈你何。橫身為物。道箇舉體全真。物物覿體不可得。我向汝道。直下無事早是相埋沒了也。你若實未得箇入頭處。且中獨自參詳。除卻著衣喫飯。屙屎送尿。更有什麼事。無端起得如許多般妄想作什麼。

你如今纔別起一念。即入十二因緣。無明緣行亦因亦果。乃至老死亦因亦果。故善財童子一百一十處求善知識。祇向十二因緣中求。最後見彌勒。彌勒卻指見文殊。文殊者即汝本地無明。若心心別異。向外求善知識者。一念纔生即滅。纔滅又生。所以亦生亦老亦病亦死。酬因答果已來。即五聚之生滅。五聚者五陰也。一念不起。即十八界空。即身便是菩提華果。即心便是靈智。亦云靈臺。若有所住著。即身為死屍。亦云守屍鬼。

法法本來法。無法無非法。何於一法中。有法有不法。祇為馳求不息。一切處皆是馳求。思惟道理是馳求。看古人公案也是馳求。看禪冊子也是馳求。假饒靜坐念念不住亦是馳求。要會麼。則你那馳求的便是不馳求。箇中極難信入。難做功夫不安樂者。蓋為不昏沈則掉舉。所以道不會去。如今如何得不沈不掉。則看你那一念起時。生滅流轉為是業識耶。為是不動耶。恁麼飜覆看來。便有些子道理。

夫學道者。先須併卻雜學諸緣。決定不求。決定不著。聞甚深法。恰似清風屆耳。瞥然而過。更不追尋。是為甚深。入如來禪。離生禪想。從上祖師。唯傳一心。更無二法。指心是佛。頓超等妙二覺之表。

心若不亂。不用求佛求菩提涅槃。若著佛求屬貪。貪變成病。故云。佛病最難治。謗佛毀法乃可取食。食者。是自己靈覺性無漏飯解脫食。此語治十地菩薩病。

是從初至十地也。祇如今但有一切求心。盡名破戒比丘。名字羅漢。盡名野干。灼然銷他供養不得。

古云。修行般若波羅蜜。百無所需。又云。汝但辦心。諸天辦供。何等心辦。不求心不貪心。不愛心不染心。梵天不求。梵天自至。果報不求。果報自至。無量珍寶。不求自至。又云。知足大富貴。少欲最安樂。

一切諸法。本不自空。不自言色。亦不言是非垢淨。亦無心繫縛人。但人自虛妄計著。作若干種解。起若干種知見。若垢淨心盡。不住繫縛。不住解脫。無一切有為無為之解。平等心量。處於生死。其心自在。畢竟不與虛幻塵勞蘊界生死諸入和合。迥然無寄。一切不拘。去留無礙。往來生死如門開相似。若遇種種苦樂不稱意事。心無退屈。不念名聞衣食。不貪一切功德利益。不為世法之所滯。心雖親受。苦樂不干于懷。麤食接命。補衣禦寒。兀兀如愚。如聾相似。稍有相親分。

於生死中廣學知解。求福求智。於理無益。卻被知解境風飄。卻歸生死海裏。佛是無求人。求之即乖。理是無求理。求之即失。若取於無求。復同於有求。此法無實無虛。若能一生心如木石相似。不為陰界五欲八風之所漂溺。即生死因斷。去住自由。不為一切有為因果所縛。他時還與無縛身同利物。以無縛心應一切心。以無縛慧解一切縛。亦能應病與藥。

一切諸法本來空寂。不待離散敗壞而後為空。天地若不空。則不消隕。日月若不空。則不沉沒。山河若不空。則不崩竭。四大五蘊若不空。則不離散。乃至三界二十五有內外諸法。皆是空華。都無實有。若知得一切皆無有實。便是出生死底捷徑。所以道。知是空華。即無輪轉。亦無身心受彼生死。非作故無。本性無故。

梵語阿彌陀此云無量壽。若能直下自承當。狐貍便作獅子吼。獅子既吼。群狐腦裂。吹毛出匣。凡聖不留。縱使無量壽世尊到來。也須斬為三段。更說甚麼樂邦淨土。何殊翳眼見空華。指東劃西。大似止啼拈黃葉。

菩提者不可以身得。身無相故。不可以心得。心無相故。不可以性得。性即便是本源自性天真佛故。不可以佛更得佛。不可以無相更得無相。不可以空更得空。不可以道更得道。本無所得。無得亦不可得。所以道。無一法可得。祇教你了取本心。當下了時不得了相。無了無不了相亦不可得。蓋如此之法。得者即得。得者不自覺知。不得者亦不自覺知。如此之法。從上已來。有幾人得知。所以道。天下忘己者有幾人。

金剛正體。洞徹十虛。般若靈光。該羅萬有。昭昭於心目之間而相不可覩。晃晃於色塵之內而理不可分。與天地同一覆燾。與日月同一照臨。與山嶽同一穹崇。與江河同一流注。所謂佛佛授手。祖祖相傳。若聖若凡。皆承恩力。所謂劫石有銷日。君恩無盡時。

靈源不昧。萬古徽猷。入此門來。莫存知解。知解既不生。如王寶劍殺活臨時。

舉一明三。目機銖兩。塵塵剎剎。普現威權。物物頭頭。全彰正眼。便見一塵含法界。一句截千差。於一毫端現寶王剎。坐微塵裏轉大法輪。高而無上。仰不可及。淵而無下。深不可測。自然風行草偃。水到渠成。不是神通妙用。亦非法爾如然。何故。乃是當人從無量劫來。現成受用境界。契券分明。直饒千佛出現。各各放大寶光。也侵占一星兒不得。所以道。一切法不生。一切法不滅。若能如是解。佛法常現前。

心若無事。萬法不生。意絕玄機。纖塵何立。道本無體。因體而立名。道本無名。因名而得號。若言即心即佛。今時未入玄微。若言非心非佛。猶是指蹤極則。向上一路。千聖不傳。學者勞形。如猿捉影。

從上古德不是無知解。他高尚之士不同常流。今時不能自成自立。虛度時光。諸子莫錯用心。無人替汝。亦無汝用心處。莫就他覓。從前祇是依他作解。發言皆滯。光不透脫。祇為目前有物。

盡大地是沙門眼。偏十方是自己光。為甚麼東弗于逮打鼓。西瞿耶尼不聞。南贍部洲點燈。北鬱單越暗坐。直饒向箇裏道得十全。猶是光影裏活計。須一切擲下方可。

明明無悟。有法即迷。諸人向者裏立不得。諸人向者裏住不得。若立則危。若住則瞎。直須意不停玄。句不停意。用不停機。此三者既明。一切處不須管帶。自然現前。不須照顧。自然明白。

結卻布袋口。三世諸佛六代祖師。天下老和尚。眼不得妄視。耳不得妄聽。口不得妄言。足不得妄舉。一禁禁住無絲毫走作。謂之圓覺伽藍九旬禁制。醋甕中虫子。有什麼出頭分。殊不知此道。如淨日輪昇太虛空。無幽不燭。如塗毒鼓。輕輕一撾。聞者皆喪。

動則影現。覺則冰生。直饒不動不覺。猶是秦時鐸轢鑽。到者裏便須千差密照。萬戶俱開。毫端撥轉機輪。命脈不沈毒海。有時覺如湛水。有時動若星飛。有時動覺俱忘。有時照用自在。且道正恁麼時。是動是覺是照是用。還有區分得出底麼。鐵牛橫古路。觸著骨毛寒。

我此一宗。正令全提。如暴風卒雨。鼓蕩無前。石火電光。追奔不及。舉意即迷源。抬眸已蹉過。不是目前法。莫生種種心。縱汝三種互修。尅期取證。第二頭第三首。萬拄千撐。轉見氣急。殊不知觸髏未具。己眼先明。呱地一聲。千了百當。然雖如是。親證者萬無一二。錯會者數有河沙。

十九　兩處成龍

佛法要點。在於隨緣不變。不變隨緣。昔古波斯匿王。問釋迦老子云。我昔未承諸佛誨敕。見迦旃延。毗羅胝子咸言。此身死後斷滅。我雖值佛。心猶狐疑。此身念念遷變。不知有不遷變者。於是釋迦世尊謂波斯匿王言。爾雖知遷變不停。還知身中有不變者否。王合掌白佛云。我實不知。佛言。大王。汝年幾歲見恒河水。王言。我生三歲時見。佛言。如今云何。王言。經今六十二年。見與三歲時無異。佛言。大王汝面雖皺。皺者為變。而此見精。性未曾皺未曾變。變者受滅。不變者元無生滅。各位。釋迦老子。向千聖頂顮。萬仞峰頭。指出金剛之性。不變不易。湛寂凝然。堂堂顯出。身心現前。生滅與不生滅。二發明性。由是波斯匿王。識其本心。昔大溈祐禪師問道吾。甚處去來。吾云。看病來。師云。有幾人病。吾云。

有病底。有不病底。師云。不病底。莫是智頭陀不。吾云。病與不病。總不干他事。急道。急道。師云。道得也與他沒交涉。古德頌云。妙藥何曾過口。神醫莫能捉手。若存也。渠本非無。至虛也。渠本非有。不滅而生。不亡而壽。全超威音之前。獨步劫空之後。成平也。天蓋地擎。運轉也。烏飛兔走。又昔洞山不安。僧問。和尚病還有不病者麼。師云有。云。不病者還看和尚不。師云。老僧看他有分。云。和尚看他時如何。師云。老僧看時。則不見有病。古德拈云。卸卻臭皮袋。拈轉赤肉團。當頭鼻孔正。直下髑髏乾。老醫不見從來癖。少子相看向近難。野水瘦時秋潦退。白雲斷處舊山寒。須勦絕。莫顢頇。轉盡無功伊就位。孤標不與汝同盤。如此則金剛之性。堂堂顯露現前。

又昔藥山在石頭會下坐次。石頭來見。便問。汝在此作什麼。云。一物不為。頭云。恁麼則閑坐。云。若閑坐則為也。頭云。汝道不為。不為箇什麼。曰。千聖亦不識。由是石頭作一讚云。從來共住不知名。任運相將只麼行。自古上賢猶不識。造次凡流豈可明。且道。畢竟不為底是箇什麼。何故卻不識千聖。既不識又如何共住。所以這些子事。不容你思量計校。近傍不得。鬼神莫窺。脫卻千重萬重惡知惡解。心眼自見。若見刺不除。得失是非關念。則永無交涉。古云。同床共被。夢各不同。先聖云。同共一法中。而不得此事。且如生死一法中。入得生死而不被生死縛者。在生死中被生死縛者。同共一法中一人縛。一人脫。豈不是夢各不同。一般人尋常生死作一邊。無生死作一邊。思量作一邊。不思量作一邊。有言說作一邊。無言說作一邊。如何可以了得向上事。祇如若論出生死之事。則須是當機。須是即生死中。見無生死事。昔有箇禮上座。參五祖演禪師一年半中。凡入室祇向伊道。上座也分些緇素麼。度度去度度如此。似恁麼說話。如何解會。又如何做功夫。今之時也無恁麼尊宿為人也。亦無恁麼上座參請也。若是別人則煩悶去了也。一日。聞演師上堂云。同門出入。宿世冤家。懵然地心下。如落秤鎚似。從前見解。如去空中花相似。從此得悟而見諦。禪須是恁麼參。須是恁麼做功夫。恁麼證悟。

首楞嚴曰。諸修行人。不能得成無上菩提。乃至別成聲聞緣覺。及成外道諸天魔王及魔眷屬。皆由不知二種根本。錯亂修習。猶如煮沙。欲成佳饌。縱經塵劫。終不能得。云何二種。阿難。一者無始生死根本。則汝今者與諸眾生。用攀緣心為自性者。二者無始菩提涅槃元清淨體。則汝今者。識精元明能生諸緣。緣所遺者。長沙偈曰。學道之人不識真。只為從前認識神。無量時來生死本。癡人喚作本來人。圓覺經曰。眾生妄見流轉。厭流轉者。妄見涅槃。由此不能入清淨覺。非覺違拒諸能入者。有諸能入。非覺入故。昔溈山示眾云。老僧百年後向山下檀越家。作一頭水牯牛。於左脇書五字。云溈山僧某甲。此時若喚作溈山僧。又是水牯牛。喚作水牯牛。又是溈山僧某甲。且道喚作甚麼即得。仰山出禮拜而去。雲居膺云。師無異號。資福代作一圓相托起。各位。諸古德共相與之酬唱。還知溈山一等是入泥入水麼。詩云。語出兩邊分身處。改卻形容換卻頭。山下為牛山上僧。驢名馬字雖呼喚。但知不犯他苗稼。水草隨緣得自由。又昔有僧問鏡清怤禪師。學人未達其源。乞師方便。師云。是甚麼源。云。其源。師云。若是其源。爭受方便。尋後侍者問。適來成褫伊不。師云。無。者云。不成褫伊不。師云。無。者云。和尚尊意如何。師云。一點水墨。兩處成龍。各位。成褫猶成就結裹也。若如此則恐成流布。敗辱門風。然善知識又不可無語利益人。如云。若是其源。爭受方便。則落在死水裏浸卻。有甚用處。蓋平時眼見色耳聞聲。又是甚麼。其後於侍者問處始予答云。一點水墨。兩處成龍。此語正答也。其實一點水墨。帀地成金毛獅子。兩處成龍。異而不異。故言一色者。有分有不分。

又昔雪峯存禪師住庵時。有兩僧來禮拜。師見來。以手托庵門。放身出云。是甚麼。僧亦云。是甚麼。師乃低頭歸庵。僧後到巖頭。頭問。甚麼處來。云嶺南來。頭云。曾到雪峯麼。云曾到。頭云。有何言句。僧舉前話。頭云。他道甚麼。云。他無語低頭歸庵。頭云。噫。我當初悔不向他道末後句。若向伊道。天下人不奈雪老何。僧至夏末。再舉前話請益。頭云。何不早問。云。未敢容易。頭云。雪峯雖與我同條生。不與我同條死。要識末後句。只這是。大眾。雪峯是會末後句。不會末後句。若道會。巖頭又道。當初悔不向他道末後句。若道不會。因甚而今兒孫遍天遍地。雪竇頌云。末後句。為君說。明暗雙雙底時節。同條生也共相知。不同條死還殊絕。還殊絕。黃頭碧眼須甄別。南北東西歸去來。夜深同看千巖雪。天童覺云。切瑳琢磨。變態譎訛。葛陂化龍之杖。陶家居蟄之梭。同條生兮有數。同條死兮無多。末後句。只這是。風舟載月浮秋水。各位。大凡扶豎宗教。須是辨箇當機。知進退是非。明殺活擒縱。這僧不能當下成事。虛煩他二老宿一問一答。一擒一縱。至夏末才再舉前話請益。殊不知鼻孔早在別人手裏。巖頭答云。雪峯雖與我同條生。不與我同條死。要識末後句。只這是。其實這末後句。釋迦。達磨。也摸索不著。如昔招慶一日問羅山云。巖頭道恁麼恁麼。不恁麼不恁麼。意旨如何。羅山召云。大師。師應諾。山云。雙明亦雙暗。慶禮謝而去。三日後。又問。前日蒙和尚垂慈。只是看不破。山云。盡情向你道了也。慶云。和尚是把火行。山云。若恁麼。據大師疑處問將來。慶云。如何是雙明亦雙暗。山云。同生亦同死。慶當時禮謝而去。後有僧問羅山云。同生不同死時如何。山云。如牛無角。云。同生亦同死時如何。山云。如虎戴角。又古德云。末後句。會也無。德山父子太含胡。座中亦有江南客。莫向樽前唱鷓鴣。諸人要會末後句麼。只許老胡知。不許老胡會。

昔洞山因看病僧。僧云火風離散時如何。師云。來時無一物。去亦任從伊。云爭奈羸瘵何。師云須知有不病者。云如何是不病者。師云。悟則無分寸。不悟隔山坡。云。前程還許卜度也無。師云。雖然黑似漆。成立在今時。所以釋迦老子未離兜率。已降王宮。未出母胎。度人已畢。如此則毘盧境界。止在人間。涅槃妙心。

更於何覓。昔日那吒太子。析肉還母析骨還父。然後現本身。運大神通。大眾。肉既還母。骨既還父。用什麼為身。學道人到者裏若見得去。可謂廓清五蘊。吞盡十方。法無去來。無動轉者。有時孤峰頂上。坐斷十方。有時鬧市門頭。分身百億。所以道。去來不以象。故無器而不形。動靜不以心。故無感而不應。各位。鬧處莫出頭。冷處著眼看。明暗不相干。彼此分一半。一總作貴人。教誰賣柴炭。向你道不可毀。不可贊。體若虛空沒涯岸。相喚相呼歸去來。上元定是正月半。此古人偈也。

◆相關法語

截群機於未兆。坐斷天下人舌頭。藏冥運於即化。世諦一陽便生。且道是一是二。若道是一。因甚麼聖諦義中有世俗諦。若道是二。為什麼世俗諦中無聖義諦。到這裏。若無透關眼透出機關。未免瞞瞞頇頇儱儱侗侗去也。還知箇裏麼。直如明鏡當臺。明珠在掌。舉無遺照。萬象歷然。雖四序遷移。其中有不移易一絲毫之體。雖萬機齊赴。其中有湛然不動之源。以此撥轉路頭。隨機應感。諸人若也不見。設使千聖出頭來。也摸索不著。倜儻衲子出來。眼似銅鈴口似懸河。也說他不得。也覷他不著。且道為什麼如此。他家自有通霄路。切忌當陽指畫伊。

儞但一念萬年去。口邊白醭去。便有相應底時節。古人不曾將一言一句向者邊為人。只教儞了卻那邊卻來者邊行履。若那邊不了。將一知一見。向者裏名邈。心地下紛紛擾擾。看是多少想念流注。一剎那間幾番生滅。若那邊了得。生也盡死也盡。所以道。生滅二元離。是名常真實。又道。聞所聞盡。覺所覺空。空覺極圓。空所空滅。生滅既滅。寂滅現前。到箇時方入圓通境界。所以二十五大士所證圓通。皆是退步就己。

一漚未發以前。滔滔流水。一塵未舉之際。茫茫剎塵。若是具透關眼。有過量見。即知千聖萬聖羅籠不住。若也一漚已發。一塵已舉。待著眼用意。盡未來際窮虛空劫。畢竟摸索不著。所以道。盡大地是般若光。光未發時無佛無眾生。消息從什麼處得來。正當恁麼時。無佛無眾生。無高無下無得無失。無彼無我處還薦得麼。若薦不得。不免打葛藤去也。道是無得麼。且喜沒交涉。道是有得麼。轉見沒交涉。道是不有不無得麼。轉更沒交涉。道是離四句絕百非。直是沒交涉。須知道一條路一種機。三世諸佛依此成立。一大藏教依此詮註。乃至世間虛空凡聖。山河大地無邊香水海不可說不可說。全從他流出。只今若知一漚未發以前恩德。則自己脚跟下如千日並照。如暗得燈如貧得寶。如渡得船。如民得王。於一切時無一念落虛。無參雜時全體恁麼來。全體恁麼去。只如空劫以前。那畔一段事作麼生。還委悉麼。照開千聖頂門眼。放出威音物外春。

日照孤峰翠。月臨溪水寒。祖師玄妙訣。莫向寸心安。窮微喪本。體妙失宗。一句截流。玄淵及盡。是以金針密處。不露光芒。玉線通時。潛舒異彩。雖然如是。猶是交互雙明。且道巧拙不到。作麼生相委。良久。云。雲蘿秀處青陰合。巖樹高低翠鎖深。

當軒正坐。覿面無私。離相絕名。當機有準。露箇形相。通一線道。起箇面目。示少津梁。如隔山見煙早知是火。隔墻見角。早知是牛。若要只管隨數逐名。求玄覓妙。則喪卻自己腳跟下大事。埋沒從上來佛祖家風。只如今不依倚一物。不顯箇消息。還有共相證據底麼。若證據得。把斷要津。不通凡聖。不向二千年前釋迦老子起模畫樣處各自點胸。何故。大丈夫兒。他人住處我不住。他人用處我不用。祖師階梯是第二頭。超佛越祖是第三首。淨裸裸。赤灑灑。當陽獨露是第八解。所以道。末後一句。始到牢關。把斷要津。不通凡聖。若是上流之士。不將祖師言教為人師範。如龜負圖。自取喪身之兆。鳳縈金網。趨霄漢以何期。

若論此事。最尊最勝。難解難知。是第一義諦。是無分別法。是智不到處。是大總持王。是如來頂。是祖師印。是金剛王寶劍。是踞地師子。是鐵牛機。是猛火聚。擬向即乖。措意即失。而我云何能說能示。諸人云何能信能解。自非上根大器。向光未發以前驀提得去。其孰能與於此哉。

諸佛說法常依真俗二諦。唯有祖師門下一無所依。不依內不依外不依中間。乃至一切諸佛都無依倚。或問或答盡在臨時。句後聲前不留影跡。不是禪不是道。不是玄不是妙。不是真不是俗。且道是箇什麼。良久。云。毘婆尸佛早留心。直至如今不得妙。

得者不輕微。明者不賤用。識者不咨嗟。解者無厭惡。從天降下則貧寒。從地涌出則富貴。門裏出身易。身裏出門難。動則埋身千丈。不動則當處生苗。一言迥脫。獨拔當時。言語不要多。多即無用處。

比來問你諸人是箇喫底物。是你不會了。只管覓對話。有什麼了期。今直向你道。承言須會宗。喫是喫底。用是用底。莫與麼黑白不分。我時時向你道。直須辨緇素。莫與麼儱侗無有是處。我一日十二時中。未曾不將為事猶尚如此。莫道下一轉語得了也是尋常。若與麼。一任諸人高飛遠颺。不用在者裏打蹬。

古人一期應病與藥則不可。若是大丈夫漢。出則經濟天下。不出則卷而懷之。儞若一向聲和響順。我則排斥諸方。儞若示現酒肆婬坊。我則孤峰獨宿。有時奪人不奪境。縱縱地在一切法上。觀世音菩薩將錢買餬餅。放下手卻是饅頭。那裏得一切閑聲色來。有時奪境不奪人。百草頭上識得。鬧市門頭薦取。欄街截巷憨皮袋。一切處築著磕著。有時人境俱不奪。平平坦坦。法法見成。東方來者東方座。所以嚴陽尊者問趙州。一物不將來時如何。州云。放下著。尊者云。一物既不將來。放下箇甚麼。州云。恁麼即擔取去。豈不是恁麼時節。有時人境兩俱奪。消息盡稜角沒透頂透底。如珠發光光還自照。是恁麼周旋。方是箇衲僧。若不恁麼。十二時中向甚麼處去來。

明頭合。暗頭合。手執夜明符。日面佛。月面佛。提取金剛劍。有向上鉗鎚。具作家眼目。千聖羅籠他不住。萬法繫綴他不得。等閑不掛一絲毫。坐斷十方淨裸裸。所以道。大丈夫。秉慧劍。般若鋒兮金剛燄。非但能摧外道心。早曾落卻天魔膽。只如今神威凜凜。霜刃堂堂。頂顆上正用此機。腳跟下切須薦取。若也薦得。坐斷報化佛頭。不落古今。不拘得失。若薦未得。往往頭上漫漫。腳下漫漫。且涉流轉物一句作麼生道。巨浪涌千尋。澄波不離水。

二十 綱要三句

古德云。夫大統宗綱中事須識句。若不識句。難作箇話會。甚麼是句。百不思時喚作正句。亦云居頂。亦云得住。亦云歷歷。亦云惺惺。亦云佛未生時。亦云得地。亦云與麼時。將與麼時。等破一切是非。纔與麼。便不與麼。便轉轆轆地。是句亦剗。非句亦剗。自然目前露倮倮地。飽齁齁地。不見道。卻物為上。逐物為下。瞥起微情。早落地上。若是咬豬狗眼赫赤。若有人問。如何是禪。只向伊道合取屎孔著。卻有些子氣息。便知深淺。硬糾糾地。汝識取這箇狸奴面孔。與麼時不要故垛伊。不要稱量伊。若是本色底。撥著便上。咬人火急。卻似刺蝟子相似。未觸著時。自弄毛羽。可憐生。纔有人撥著。便嗔斗呞地。有甚麼近處。若也未得與麼蕩蕩地。喚作依句修行。有則便須等破與麼時。一物不存。不見道。辟觀辟句。外不放入。內不放出。截斷兩頭。自然光烯烯地。不與一物作對。便是無諍三昧。又云。依法生解。猶落魔界。夫唱教。須一一從自己胸襟間。吐得出來。與人為榜樣。第一切須識取左右句。這箇是出頭處。識取去底。識取住底。這箇是兩頭句。亦是左右句。亦喚作是非句。纔生便咬。自然無事。欲得易會。但知於聲色前。不被萬境惑亂。自然露倮倮地。自然無事。送向聲色前。蕩蕩地。恰似一團火相似。觸著便燒。更有甚麼事。不見道。非是塵不侵。自是我無心。以上是修道人行履之所依據。如擊石火。似閃電光。昔國一欽禪師。因馬祖遣人送書至。書中作一圓相。師發緘見。遂於圓相中著一點。卻封回。後忠國師聞得。乃云。欽師猶被馬師惑。各位。甚麼處是被惑處。圓相又表甚麼。作麼生得不惑去。其實馬師當時畫出。早自惑了也。又欽禪師於圓相中著一點。卻封回。則表在臨時動用中。三人可謂千里同風。馬師仲冬嚴寒。欽師孟夏漸熱。雖然寒熱不同。彼此不失時節。忠國師則乃無風荷葉動。決定有魚行。大眾。手執夜明符。幾箇知天曉。

古人云。只貴子見地。不貴子行履。不是不重行履。蓋見地與行履沒有兩般。見得到行得到。行得到說得到。他活卓卓地。原是個八角磨盤空裡走。終日喫飯。不曾嚼著一粒米。終日著衣。不曾掛著一縷絲。終日鼓兩片皮。牙齒不關風。舌頭不在口裏。無語中有語。有語中無語。問在答處。答在問邊。絲絲毫毫。不差累黍。古人謂之血脈不斷。目機銖兩也。然而目機銖兩。函蓋乾坤。不涉眾緣總在一句。

不是語帶廉纖。這是何等家風。亦如萬仞峰頭。懸崖撒手。又更垂綸千丈。故知佛法不是亂統的。個裏一絲一線。井井分明。你若粗心氣浮。一些兒也用不著。佛法不是死煞的。就中轉轆轆地。虎躍龍興。纔恁麼便不恁麼。千七百則公案。是個現成句子。言言見諦。著著歸宗。如老吏斷獄。引經合律。一毫頭也出入不得。所以喚作公案。這個是臨濟下事。這個是曹洞下事。這個是溈仰下事。這個是雲門下事。這個是法眼下事。然綱宗未立以前。他江西湖南鼻孔撩天。並無所謂的黃檗心要。六祖壇經等等。一味的說有意路語。及乎後來五家分立。施設非常。至此則乃木有本水有源。圓中規方中矩。從苗辯地。因語識人。主賓相見。譬如兩刃交鋒。一往一來。左衝右突。直得百萬軍中。自有個出身之路。主要在不受他當面活埋。至於塵勞羈鎖。則如吹毛劍如牟尼珠。了無一物當前。二六時中恰恰有恁般受用。所以當陽施設。八面玲瓏。恁麼卻不恁麼。頂門眼也。不恁麼卻恁麼。肘後符也。如淮陰用兵。暗與古會。不是乾骷髏樣子。捏定死蛇頭。各位。應機接物不得不然。個中須有個恰好處。不知偏正。不識倒斜。為人則禍生。儱侗顢頇。總沒交涉。古人云。參學至要。不出最初句及末後句。透得過者一生事畢。儻或未然。更與你分作十門。各各印證自心。還得穩當也未。一須信有教外別傳。二須知有教外別傳。三須會無情說法與有情說法無二。四須見性如觀掌中之物。了了分明。一一田地穩密。五須具擇法眼。六須行鳥道玄路。七須文武兼濟。八須摧邪顯正。九須大機大用。

十須向異類中行。凡欲紹隆法種。須盡此綱要。方坐得者曲彔床子。受得天下人禮拜。敢與佛祖為師。若不到恁麼田地。祇一向虛頭。他時異日閻老子未放你在。古德云。夫教語皆三句相連。初善。中善。後善。初直須教渠發善心。中破善心。後始名好善。菩薩即非菩薩。是名菩薩。法非法非非法。此即是有權有實。有空有圓。總與麼也。若祇說一句。令眾生入地獄。若三句一時說。渠自入地獄。不干教主事。說如今鑑覺是自己佛。是初善。不守住如今鑑覺。是中善。亦不作不守住知解。是後善。而古大宗師說法。皆依此模式。如無著所釋。金剛般若。是此意也。洞山安立五位君臣。若道眼明白者。視其題目十五字排布。亦是依此意。臨濟宗旨。妙在三玄三要。一句中具三玄門。一玄門具三要。亦是具此意也。昔玄沙示眾云。若是第一句綱宗。且自承當。成現具足。盡什方世界。更無他故。只是仁者。更教誰見教誰聞。都只是你心王心所與。全成不動佛。只欠自承當。喚作開方便門。且要你諸人信有一分真常流注。亘古亘今未有不是者。未有不非者。如此一句。成平等法門。何以故。以言逐言。以理逐理。平常性相。接物利生。說法度人。所以道。一切群生類。皆承此恩力。且要自信作佛。若解與麼。方喚作一句真常流注。且知其宗旨。猶是明前不明後。一箇平實分證法身之量。未有出格之句。死在句下。未有自由分。如今若知出格之量。莫被心魔所使。莫執我性。入到手中。便須轉換落落地。言通大道。不生平懷之見。此是第一句綱宗也。若是第二句。迴因就果。

不著平等一如之理。方便喚作轉位投機。生殺自在。奪換隨機。出生入死。廣利三天下。度現在之眾。二理雙明。二義齊照。不被二邊之所動。妙用現前。廣利二分之佛性。此是第二句綱宗也。若是第三句。知有本智性相之本然。通其越量之知見。明陰洞陽。廓周沙界。一真性相元常。大用現前。應化無方。全用全不用。全生全不生。不著平常之量。不著汝我之能。出生入死。應用自在。顯古德之性相。明祖父通量之情塵。本性真常。無其生滅法門。廣利四天下。與三世諸佛。為其說法之師。海印三昧一時現前。於群生一念之中。具足十種華藏世界海會。喚作元常不動之智。佛性大海之本心。迴因見果。舉果全因。入慈定門。此是第三句綱宗也。故知玄沙三句亦暗含初中後善也。

大眾。可言不可行。不若不言。可行不可言。不若不行。發言必慮其所終。立行必稽其所弊。言則為始。行則為終。所以道。發言非苟顯其理。將啟學者之未悟。立行非獨贍其身。將訓學者道業之未成耳。且如華嚴云。佛身充滿於法界。普現一切羣生前。金剛經云。凡所有相。皆是虛妄。若見諸相非相。即見如來。華嚴說有。金剛經說不有。兩者意且詭訛。若不弄清楚。如何能去卻疑惑。如云不以色見聲求。如此則畢竟將何。可以見如來耶。且如爾我張著眼。現前無非色相。又作麼生能非得。既不解非。難道閉著眼。塞住耳。可以見得如來耶。各位知麼。蓋金剛般若。本是大乘終教。一味的談空。而華嚴圓頓教。則一味的談圓談有。其相雖異。究竟必須未始不同。然既同矣。為什麼張開著眼卻不見。理由是二由一有。一亦莫守。必須在見處即見到空。空處即見到圓。故云。未有圓而不空。空而不圓者也。

然如今既在此門中。不可中途困躓。縱然學道得旨後。閨閣中物颺不下。明得此事還被此事留滯。不見道。金鎖玄關留不住。行於異類且輪迴。到得恁麼田地。方可謂之參學。如今去聖時遙。人多懈怠。尋常說正法像法末法。然佛法常在世間。得時便是正法。失時便是像末法。諸人決然要辨此事。緊要是能出生死。然本無生死可得。何故。三際求之不可及。先佛道。過去心不可得。現在心不可得。未來心不可得。祇如歷歷分明聽法者是誰。是過去耶。現在耶。未來耶。須知也只是個剎那。是一箇無始時來無知覺者。如此看來。豈是有一法為緣為對。昔汾陽昭禪師上堂謂眾曰。汾陽門下有西河獅子。當門踞坐。但有來者。即便齩殺。有何方便。入得汾陽門。見得汾陽人。若見汾陽人者。堪與祖佛為師。不見汾陽人。盡是立地死漢。如今還有人入得麼。快須入取。免得辜負平生。又云。汾陽有三訣。衲僧難辨別。更擬問如何。拄杖驀頭楔。時有僧問。如何是三訣。師便打。僧禮拜。師曰。為汝一時頌出。第一訣。接引無時節。巧語不能詮。雲綻青天月。第二訣。舒光辨賢哲。問答利生心。拔卻眼中楔。第三訣。西國胡人說。濟水過新羅。北地用鑌鐵。復曰。還有人會麼。會底出來通箇消息。要知遠近。莫祇恁麼記言記語。以當平生。有甚麼利益。又昔雲門示眾云。函蓋乾坤。目機銖兩。不涉萬緣。且作麼生承當。

眾無對。渠自代云。一鏃破三關。後來渠法嗣德山圓明密禪師。遂離其語為三句。函蓋乾坤句。截斷眾流句。隨波逐流句。此後即成為雲門宗宗旨。蓋雲門一句中。三句俱備。垂一句語。便須要歸宗。若不如此。只是杜撰。由於函蓋乾坤句。截斷眾流句。隨波逐流句。三句應用廣泛。於禪門綱要中。讀者較易了解。故於其他章節。再與各別討論。

◆相關法語

凡一句語須具三玄門。每一玄門須具三要。有照有用。或先照後用。或先用後照。或照用同時。或照用不同時。先照後用。且要共你商量。先用後照。你也須是箇人始得。照用同時。你作麼生當抵。照用不同時。你又作麼生湊泊。

夫說法者。須具十智同真。若不具十智同真。邪正不辯緇素不分。不能與人天為眼目決斷是非。如鳥飛空而折翼。如箭射的而斷弦。斷弦故射的不中。翼折故空不可飛。弦壯翼牢空的俱徹。作麼生是十智同真。與諸上座點出。一同一質。二同大事。三總同參。四同真志。五同徧普。六同具足。七同得失。八同生殺。九同音吼。十同得入。又曰。與甚麼人同得入。與阿誰同音吼。作麼生。是同生殺。甚麼物同得失。阿那箇同具足。是甚麼同徧普。何人同真志。孰能總同參。那箇同大事。

何物同一質。有點得出底麼。點得出者。不吝慈悲。點不出來。未有參學眼在。切須辯取。要識是非。面目見在。

四十九年全成露布。末後一句曳尾靈龜。西天四七東土二三。總是接響承虛。據實而論。諸佛諸祖無出頭分。自古至今無語話分。翻轉劫初田地。撥開向上宗猷。突出頂顖一機。顯示金剛正眼。臨濟三玄三要。不消一劄。洞山五位君臣。不值一唾。迴真風於既墜。續慧命於將殘。還他實地行來。自然有本可據。拈起也剷斷天下人命根。放下也振轉衲僧鼻孔。饒伊牙如劍樹。口似血盆底到來。也須讓他一頭地。何故。綱宗在握。寶劍橫揮。正印全提。十方坐斷。

汝等發言吐氣須有來由。莫當等閑。凡問箇事。也須識好惡。莫學相似語。所以尋常道。莫怪不相似。恐學太多去。第一莫將來。將來不相似。八十翁翁入場屋。真誠不是小兒戲。一言若差。鄉關萬里。敲骨打髓。須有來由。言語如鉗鋏鉤鎖。相續不斷。始得頭頭上明。物物上顯。方是得妙。知有底終是不取次。十度發言九度休去。為甚如此。恐無利益。他得底人。如臘月扇口生白醭去。不是強為。任運如此。要明恁麼事。須是恁麼人。若是恁麼人。何愁恁麼事。

末後一句。始到牢關。把斷要津。不通凡聖。尋常向諸人道。任從天下樂欣欣。我獨不肯。欲知上流之士。不將佛法見解貼在額頭上。何故。如龜負圖。自取喪身之兆。鳳縈金網。趣雲漢以何期。直須旨外明宗。莫向言中取則。是以石人機似汝。

也解唱巴歌。汝若似石人。雪曲也須和。指南一路。智者知疏。

祇如今心如虛空相似。學始有所成。西國高祖云。雪山喻大涅槃。此土初祖云。心心如木石。三祖云。兀爾忘緣。曹谿云。善惡都莫思量。馬師云。如迷人不辯方所。肇公云。閉智塞聰。獨覺冥冥者矣。文殊云。心同虛空故。敬禮無所觀。甚深修多羅。不聞不受持。祇如今但是一切有無諸法。都不見不聞。六根杜塞。若能與麼學。與麼持經。始有修行分。

靈機獨耀。智鑑洞然。瞬目揚眉。已彰痕跡。拈槌竪拂。豈免階梯。悟之者心超數量。語默皆如。左放右收都無依賴。迷之者頭頭作解。取捨有心。縱饒盡得那邊。未免這邊礙著。所以道。衲僧家說箇解粘去縛拔楔抽釘。已是犯鋒傷手。更言體之與用正之與偏。恰似三家村裏教書郎。未念得一本太公家教。便道文章賽過李白杜甫。諸禪德。伊家自有同風。不要展他書卷。

古德示眾云。吾嘗究涅槃經七八年。於中有一兩段義。頗似衲僧說話。吾教意如字三點。第一向東方下一點。點開諸菩薩眼。第二向西方下一點。點諸菩薩命根。第三向上方下一點。點開諸菩薩頂門。此是經中第一段義。又云。吾教意如摩醯首羅擘開面門。竪亞一隻眼。此是第二段義。又云。吾教意如塗毒鼓。擊一聲。遠近聞者俱喪。此是第三段義。

當場問答。只在臨時。不用尋思。拈來便用。諸禪德。不是情中法。莫生取捨心。而況法無異法。句無別句。拈起一毫盡大地一時明得。一切言句無不該通。猶未是衲僧分上事。豈不見道。擊石火閃電光。薦得薦不得。未免喪身失命。且如諸人還免得也無。良久。云。臨崖看滸眼。特地一場愁。

真機獨立。卓爾不群。覿面無私。對揚有準。不墮諸緣之後。妙超造化之先。眾生背之。而逐浪迷源。諸佛證之。而截流到岸。設使波澄大海。風清而未許停舟。雲散長空。月朗而豈容披照。當陽顯赫。大地該通。一句全提。十方普應。黃花翠竹。咸彰妙德家風。松韻泉聲。盡證圓通境界。直得恁麼。猶是門庭施設。止宿草庵。入理深談。猶隔生在。所以道。任汝頭頭上了。物物上明。只喚作了事底人。須知有尊貴邊事。直饒如兩鏡相照光影互融。亦只喚作光影邊事。更須知有到家時節。合作麼生。人歸大國方成器。水到滄溟始是波。

懸崖撒手。自肯承當。絕後再甦。欺君不得。若向這裏見得。便能全人即境。全境即人。人境一如。十方通徹。在一塵而見性。即一性以全真。有時鬧市橫身。有時寒巖宴坐。有時賓中辨主。有時主中辨賓。有時賓主交參。有時主賓互用。諸人還相委悉麼。我是法中王。於法得自在。

一切色不為眼礙。文殊門中發機。一切聲不為耳魔。觀音門中透徹。一切用不為身拘。一切應不為事背。便是普賢門中出入。奪境也如驢覷井。奪人也如井覷驢。三千世界百億身。不用安排只這是。

以本際光洗長夜暗。以法界智破塵劫疑。生滅紛紛。而不至真淨之家。覔緣擾擾。而不到圓明之境。任他外變。獨我中虛。步入道寰。體亡幻事。所以古人道。有物先天地。無形本寂寥。能為萬象主。不逐四時凋。且道是甚麼。良久。云。鯨吞海水盡。露出珊瑚枝。

二一　函蓋乾坤

古云。門門一切境。回互不回互。回而更相涉。不爾依位住。各位。此事不回互。如石落寒潭。直通到底。故函蓋乾坤者。不在躊躇。只是當下洞然明白。本真本空。非無妙體。也就是無論時間處所。一物一太極。是取不得捨不得。古德云。函蓋乾坤事皎然。何須特地起狼烟。遒人舞鐸東君至。不令花枝在處妍。昔有意上座問洞山云。如如偏居前。不如如偏居前。山云。如如偏居前。不如如偏亦居前。意云。如如偏分其優劣。不如如偏分其優劣。山云。如如偏分其優劣。不如如偏亦分其優劣。意云。何分彼此。山云。亦分亦不分。意云。如何是分。山云。如如偏。意云。如何是不分。山云。不如如偏。意云。莫便是通身。不通身邊事。山云。不是者箇道理。意云。是甚麼道理。山云。是如如偏。不如如偏道理。復云。意上座欲知麼。一似八十老婆。嫁與三歲兒子。年雖長大。要且被它三歲兒子索喚。不得自由。後僧舉問曹山。如何是八十老婆。山云。紛紛白髮連頭雪。僧云。如何是三歲兒子。山云。不為主。僧云。為甚麼不為主。山云。不見道。三歲兒子一切過不得。僧云。既是八十老婆。為甚麼嫁他三歲兒子。山云。直得似八十老婆。始解奉侍它。大眾。此公案如如偏不如如偏。不管居前也好不居前也好。有照用也好不照用也好。分其優劣也好不分其優劣也好。總歸是個函蓋乾坤。也都只是個恰好。何故。一問一答總未有事在。直饒乾坤大地。草木叢林。盡為衲僧。異口同音。各置百千問難。不消長老彈指一下。便乃高低普應。前後無差。各位。此是始覺合本覺的道理。是一老一不老的道理。是一點水墨兩處成龍的道理。若分則存一去一。其病益深。若不分正是顢頇佛性。儱侗真如。所以是同中有異。異中同。分而不分。不分而分。

昔世尊在靈山會上拈花示眾。是時眾皆默然。唯迦葉尊者破顏微笑。世尊云。吾有正法眼藏。涅槃妙心。實相無相。微妙法門。不立文字。教外別傳。付囑摩訶大迦葉。各位。辨龍蛇。別休咎。須是佩毗盧印。具頂門眼。還知釋迦老子為人處麼。大似見兔放鷹。看孔著楔。不妨善其樞要。然會中若不得他雞峰老。則無限清香將付與誰。大眾。其實也只是世尊拈花。迦葉微笑而已。豈有其他暗處機關。所謂妙體本來無處所。通身那更有來由。不落宮商。是何曲調。古洞風清。寒潭月皎。

若說拈花微笑是當機要妙。則宗風埋沒。又將如何辨白。蓋如心眼同時證。若自無方便。則心滯著了也。被物拘了也。又如何能得自由。昔有僧問投子禪師。一切聲是佛聲是否。投子云。是。僧云。和尚莫屎沸碗鳴聲。投子便打。又問。麤言及細語。皆歸第一義是否。投子云。是。僧云。喚和尚作一頭驢得麼。投子便打。各位。這僧將聲色佛法見解。貼在額頭上。逢人便問。雖是也似。但也只是心行。不是作家。既是做箇圈繢子要來捋虎鬚。雖看似有逆水之波。只是頭上無角。可惜許。有頭無尾。不能轉轆轆地。當時等投子拈棒。便與掀倒禪床。直饒投子全機。也須倒退三千里。不見巖頭道。若論戰也。箇箇立在轉處。這僧當時若解轉身吐氣。豈不作得箇口似血盆底漢。蓋衲僧家一不做。二不休。這僧既不能返擲。卻被投子穿了鼻孔。雪竇頌云。投子。投子。機輪無阻。放一得二。同彼同此。可憐無限弄潮人。畢竟還落潮中死。忽然活。百川倒流鬧湉湉。各位。五路頭木馬嘶鳴。四衢內石牛奔走。到處相逢到處渠。通身是眼通身手。投子打處便是轉處。所以。咬豬狗底手腳。須還作家始得。投子可謂。運籌帷幄之中。決勝千里之外。

然函蓋乾坤者。只是剎那本真本空。昔達磨大師空手來空手去。已是揚塵簸土。曲為今時。黃梅七百高僧。箇箇希求佛法。惟盧行者一人眼不識字。專事供舂。所以西土衣鉢。密而授之。蓋此門不易湊泊。若夙有靈骨。不待揚眉瞬目。曲巧方便。直下蹈翻從上老凍膿窠窟。全身擔荷空手來空手去底一著子。豈不快哉。魯祖逢僧面壁而坐。麻谷見僧便閉卻門。電光石火。領與不領。俱落第二。豈肯類我。類我墮在語言。所以高山流水。只貴知音。鄭衛之門。速須掩耳。然真空不空。妙有不有。是萬化生成之根。即二儀造化之母。方隅不可定其居。劫數不可窮其壽。門庭廓淨也。風色如秋。田地虛明也。月華如晝。達一念之未萌。在大功而莫守。昔有僧問曹山本寂禪師。五位對賓時如何。師云。汝今問那箇位。云。某甲從偏位中來。請師正位中接。師云。不接。云。為甚麼不接。師云。恐落偏位中去。師復問僧。祇如不接是對賓。是不對賓。僧云。早是對賓了也。師云。如是。如是。各位。此是曹洞家法。要會麼。長鯨飲盡滄溟水。崑崙抱得珊瑚枝。又昔有僧問大龍。色身敗壞。如何是堅固法身。龍云。山花開似錦。澗水湛如藍。大眾。這僧問處來路不明。將話作兩橛。致箇問端。敗缺不少。既有個色身能敗壞。又有個堅固法身不敗壞。此是二乘人見解。大龍答云。山花開似錦。澗水湛如藍。問處雖然模糊。答處卻蓋天蓋地。所謂一合相不可得。更不移易一絲毫頭。此函蓋乾坤也。若向言語上覓。且得沒交涉。古人一機一境。敲枷打鎖。若是衲僧眼腦。有時把住。有時放行。雙放雙收。臨時通變。大似明鏡當臺。胡來胡現。漢來漢現。若無大用大機。爭解恁麼籠天罩地。

只個見成公案子。是須徹法根源去。若無如許多心緣妄想。自然出一頭地。如黃河輥底流相似。在眼曰見。靈雲便見桃花悟道。在耳曰聞。香嚴乃聞擊竹明心。

直下恁麼去。都不作道理。何處不相應。纔有是非。紛然失心。昔趙州到道吾。吾預先知。乃取豹皮裩著將吉嘹杖。於三門下翹一足。師纔到。吾便唱諾。師云。小心伏事著。吾又唱諾。各位。既是客來。為何將吉嘹杖於三門下。是要打誰。又趙州到來云。小心伏事著。吾又唱諾。又是伏事阿誰。有人見得此二人落處。則不妨具眼。若不知落處。未有眼在。古德拈云。稽首兩足尊。瞻仰不暫捨。眉間白毫光。照耀大千界。各位。舉不顧。即差互。擬思量。何劫悟。向上一路。列在下風。千聖不傳。置之一處。看。看。雲門大師來也。一句語中具三句。函蓋乾坤句。截斷眾流句。隨波逐浪句。一時撒向諸人面前。見汝不會。又作死馬醫去也。雖然如此。也瞞汝諸人不得。忽若三句內三句外。當頭一拶。撩起便行。三千里外。築著磕著。便見水底火發。通上徹下是箇大解脫人。何處更有許多了或不了事也。然也須實到者箇田地始得。

古人云。鄽中雖有隱身術。爭似全身入帝鄉。是須向裏許體得到。歇得盡。放得落。瀝得乾。圓陀陀明歷歷。便知道。功盡忘依者。轉身覺路玄。而今時兄弟體道。多只坐在兩頭。俱成過患。不能宛轉旁參。偏正往來。十成受用。不見古人道。了得生死。不了目前。病在目前。了得目前。不了生死。病在生死。所以雪竇道。田地穩密底。佛祖不能知。為甚麼擡脚不起。神通遊戲底。鬼神莫能測。為甚麼放脚不下。要得周旋相應麼。直須虛處而靈。空時而應。藏身處沒蹤跡。沒蹤跡處莫藏身。通其變使人不倦。通身手眼。恰恰現成。方是衲僧得大受用處。昔長沙岑禪師令僧去問會和尚。未見南泉時如何。會良久。僧云。見後如何。會云。不可別有也。僧回舉似師。師云。百尺竿頭坐底人。雖然得入未為真。百尺竿頭須進步。十方世界是全身。僧云。百尺竿頭如何進步。師云。朗州山。澧州水。云。不會。師云。四海五湖王化裏。古德拈云。玉人夢破一聲雞。轉盻生涯色色齊。有信風雷催出蟄。無言桃李自成蹊。及時節。力耕犁。誰怕春疇沒脛泥。大眾。古人垂一機。示一境。險峻處直是險峻。奇特處直是奇特。若佛若祖。同一元由。乃古乃今。別無二致。不可只在空處坐也。須百尺竿頭更進一步始得。

◆相關法語

佛出世來。只教會道不為別事。祖祖相傳直至江西老宿。亦只教人會者箇道。佛法先到此土五百年。達磨西來此土。恐爾滯著三乘五性名相。所以說法度汝諸人迷情。如今學人直須明其道。不論別智。決定不是物。大道無形。真理無對。等空不動。非生死流。三界不攝。非去來今。所以明暗自去來。虛空不動搖。萬象自去來。明暗實不鑑。如今有人將鑑覺知解者是道。皆前境所引。隨他生死流。何曾得自由。若作此見解。實未有自由分。

楞伽經云。一切無涅槃。無有涅槃佛。無有佛涅槃。遠離覺所覺。若有若無有。是二悉俱離。大道本來廣遍。圓淨本有。不從因得。如似浮雲底日光。雲霧滅盡。日光自現。何用更多廣學知見。涉歷文字語言。覆歸生死道。用口說文傳為道者。此人貪求名利。自壞壞他。

一切行一時行。亦無前後亦無中間。名為大乘。內外無著大捨畢竟。名為檀波羅蜜。善惡平等俱不可得。即是尸波羅蜜。心境無違怨害永盡。即是忍波羅蜜。大寂不動而萬行自然。即是精進波羅蜜。繁興妙寂。即是禪波羅蜜。妙寂開明。即是般若波羅蜜。

經云。佛亦不作佛。亦不度眾生。眾生強分別。作佛度眾生。法本無法。無法之法。始名為法。法則無作。夫無作之法真實法也。是以經云。空。無作。無願。無相。則真解脫。

年豐歲稔。道泰時清。唱太平歌。樂無為化。正當恁麼時。說什麼釋迦彌勒。文殊普賢。德山臨濟。向上向下。有事無事。直下一時坐斷。直得風颯颯地。人人分上。壁立千仞。各各面前。飛大寶光。

若論參學底事。直須做到平常穩密處。方能一切處自在。一切處超越。了無分外底法。了無分外底心。古人云。鴈過長空。影沈寒水。鴈無遺蹤之意。水無沈影之心。若能如是。方解異類中行。古人恁麼說話。豈是作道理。豈涉思惟情解來。

自然恰恰無心。頭頭合道。盤山和尚道。似地擎山。不知山之孤峻。如石含玉。不知玉之無瑕。若能如是是真出家。汝等諸人。還曾恁麼履踐來麼。直饒恁麼去。猶是一切處平常自在受用底時節。

只這箇。便承當得去。如天普蓋。似地普擎。更不欠一毫頭。亦無第二見。設使盡無邊香水海。塵塵剎剎。一時穿卻鼻孔。也更不落別處。儻或思量擬議即沒交涉。所以道。一念不生前後際斷。即名為佛。若也涉思量作計校。分能所作知解。則千里萬里。祖師門下直教見須實見。悟須實悟。證須實證。諸人各各有一靈妙性。確實而論。才被撈著便腳忙手亂。作麼生見得親信得徹。桶底子脫去。只為從無始劫來妄想濃厚。若不如是。觸處皆真。

真理一如。潛行密用。無人覺知。呼為滲智。亦云無滲。不可思議。等空不動。性非生死流。亦云徧行三昧。普現色身。只為無人知他。用處無蹤跡。不屬見聞覺知。真理自通。妙用自足。大道無形。真理無對。所以不屬見聞覺知。無麤細想。如云。不聞不聞。是大涅槃。道者箇物。不是聞不聞。

大道不屬見聞覺知。須會冥契自通。亦云。了因非從見聞覺知有。見知屬緣。對物始有。者箇靈妙不可思議。不是有對。故云。妙用自通。不依傍物。所以道通。不是依通。事須假物。方始得見。所以道非明暗。法離有無。潛理幽通。無人覺知。亦云。冥會真理。非見聞覺知。故云。息心達本源。故號如如佛。畢竟無依自在人。

亦云。本果不從生因之所生。文殊云。惟從了因之所了。不從生因之所生。今日既如是會道。即無量劫來六道四生皆有去來。是暫時行履處。

先聖本行集云。我無所不行。一切眾生雖在如是行處。為無了因故生貪欲。名為在纏不得自在。暫時岐路。雲駛月運。舟行岸移。眾生妄想。物無不住。豈況理能遷變。今既如是會。卻向裏許行履。了陰界空六波羅蜜空。所以得其自在。若不向裏許行履。如何摧剉得五種貪二種欲。

諸佛菩薩具福智二嚴為了因。了六波羅蜜空。體者箇受用。所以不存知見始得自在。若有知見即屬地位。便有分劑心量被因果隔。喚作酬因答果佛。不得自在。所以大聖訶他為內見外見。情量不盡。二障二愚。所以見河能漂香象。

真理無形。如何知見。大道無形。理絕思量。今日行六波羅蜜。先用了因會本果故。了此物是方便受用。始得自由去住自在無障礙。亦云。方便勳莊嚴。亦云。微妙淨法身。具相三十二。只是不許分劑心量。若無如是心。一切行處。乃至彈指合掌皆是正因。萬善皆同無終始得自在。所以天魔外道求我不得。喚作無住心。亦云無滲智不思議妙用自在。

菩提涅槃。皆是修行人境界。皆屬明句。若會本來非是物。即水不能洗水。何以故。本來無物。故經云。我王庫中無如是刀。又云。功德天黑暗女。有智主人二俱不受。所以道非明暗。故云。性海不是覺海。覺海涉緣。即須對物。他便妙用。無人覺知。喚作極微細。透金水色塵。菩薩所因。喚作受用具。

二二 截斷衆流

截斷衆流者。若照字義來看。是斷而非續。我則認為。是續而非斷。何也。不見俗諺云。干戈中立太平基。先破壞而後建設。所以若要回歸空劫前本性大海。則須當下無住。一絲不挂。此附後符之功用也。佛言。若有欲知佛境界。當淨其意如虛空。遠離妄想及諸取。令心所向皆無礙。佛境界非是有相外境界。佛乃自覺聖智之境界。不假莊嚴修證而得。當淨自己。無始時來客塵煩惱之染。如虛空之寬曠。則此無功用妙心之所向。自然無所凝滯矣。古云。神光不昧。萬古徽猷。入此門來。莫存知解。又云。一法若有。毘盧墮在凡夫。萬法若無。普賢失其境界。昔臨濟禪師臨遷化垂示云。吾去後。汝等諸人不得滅卻吾正法眼藏。三聖出云。誰敢滅卻和尚正法眼藏。師云。後或有人問。你又作麼生道。聖便喝。師云。誰知吾正法眼藏。

向這瞎驢邊滅卻。乃示頌云。沿流不止問如何。真照無偏說似他。離相離名人不稟。吹毛用了急還磨。諸禪客。出門握手再叮嚀。往往事從叮囑生。路遠夜長休把火。大家吹殺暗中行。古者忍死待將來。因何正法眼藏。卻向瞎驢邊滅。若能向斬釘截鐵處明得。臨濟一宗掃土而盡。何也。一法有形。翳汝眼睛。眼睛不明。世界崢嶸。縱使通身眼綻。爍破大千。十方圓明。純一無雜。猶未得勦絕在。何故。金屑雖貴。落眼成翳。翳若不消。空花仍在。直須瞎卻諸人眼。始解剪除病根。從教摸地撈天。免人弄光認影。過此已還。吾不知也。昔歸宗常禪師因剗草次。有座主來參。偶見一蛇過。師遂鋤斷之。主云。久響歸宗。元來是箇麤行沙門。師云。你麤我麤。主云。如何是麤。師竪起鋤頭。主云。如何是細。師作斬蛇勢。主云。與麼則依而行之。師云。依而行之且置。你甚處見我斬蛇。主無對。雪峯問德山。古人斬蛇。意旨如何。山便打。峯便走。山召云。布衲子。峯回首。山云。他後悟去。方知老漢徹底老婆心。後來真淨和尚住歸宗。舉赤眼因緣乃云。大眾。只如赤眼斬蛇。向其僧道。你麤我麤。且古人見處作麼生。遂舉拂子云。今日歸宗舉拂子。與當時歸宗斬蛇。是同是別。良久云。人人有箇天真物。妙用縱橫總不知。今日分明齊指出。斬蛇舉拂更由誰。各位。者箇老真淨雖為赤眼善巧分疎。爭奈畫蛇添足。轉見誵訛。明明是用截斷眾流的手段。卻又拈來粘向自己。古德云。寶劍持來刃似霜。幾回臨陣斬蠻王。有情有理俱三段。一道寒光射斗傍。又云。歸宗雖麤。麤中有細。座主雖細。細中有麤。要得麤細兩忘。須會斬蛇意始得。若會得一任依而行之。若未會。各各照顧跟腳下。

昔阿難尊者問迦葉云。師兄。世尊傳金襴袈裟外。別傳箇甚麼。迦葉召云。阿難。阿難應。諾。迦葉云。倒卻門前剎竿著。古德拈云。剎竿未倒。穿卻諸人髑髏。換卻諸人眼睛。剎竿倒後。向甚麼處見釋迦老子。各位。此即是迦葉用劍刃上事。不許阿難有所倚依。要渠去卻面前一切物。免得依舊倚牆摸壁。所以衲僧行履。須變通宛轉。一亙坐得死去也。萬里無雲。莫便是恁麼去也無。所以道。直得青天白日。猶好喫棒。是須箇裏有一條活路子。也不用動作。也不用呼喚。正是混沌未分時。始見露柱懷胎。那時見得徹。便有超毘盧。越釋迦底句子。向其間恁麼辨。恁麼明。恁麼曉。恁麼會。是時通一路。許爾作承當。放一綫。許爾作擔荷。轉頭望本家。已是移步了也。向移步轉頭處照得破。方知道從裏許過來。是衲僧行履處。是衲僧發明處。還曾恁麼十成分曉來麼。若又作變動。又作疏通。便見相隨來也。昔有僧問雪峯。古澗寒泉時如何。師云。瞪目不見底。云。飲者如何。師云。不從口入。僧後到趙州舉此話。州云。不從口入。不可從鼻孔裏入也。僧卻問。古澗寒泉時如何。州云。苦。云。飲者如何。州云。死。師聞得乃云。趙州古佛。遙作禮。自此不答話。雪竇拈云。眾中商量總云。雪峯不出這僧問頭。所以趙州不肯。如斯話會深屈古人。雪竇即不然。斬釘截鐵本分宗師。就下平高難為作者。有云。古澗寒泉浩渺瀰。分明枝派暗流時。不從口入無滋味。苦死令渠話不知。各位。縱奪還他老作家。奔流度刃數如麻。深深澗底無人到。飲者重添眼裏沙。然又作麼生會他不答話底道理。從前汗馬無人識。只要重論蓋代功。所以佛法只是去或來。雲門三句中。函蓋乾坤句截斷眾流句。合為一組恁麼來。截斷眾流句隨波逐流句。合為一組恁麼去。然三句也只是一句。而截斷眾流者。即具關鍵轉身位置。看是把住還是放行。都總在自己。

昔有兩個僧造同行。一人不安。在涅槃堂裏將息。一人看他。有一日。不安底上座喚同行云。某甲欲得去。一時相共去。對曰。某甲未有病。作麼生相共去。病僧云。不得比來同行。去也須同行去始得。對曰。好。與麼則某甲去辭和尚。其僧到洞山處。具說前事。洞山云。一切事在你。善為。善為。其僧便去涅槃堂裏。兩人對坐。話說一切後。當胸合掌。峭然便去。當時雪峰在法席造飯頭。見其次第。便去洞山處說。適來辭和尚的僧。去涅槃堂裏。兩人對坐遷化。極是異也。洞山云。此兩人只解與麼去。不解轉來。雖也是。與老僧猶隔三生在。各位。看他古人專以性命之事為重。故能要去要來。去住自由。又昔明招謙禪師。一日天寒上堂。大眾集定。師云。今日風頭稍硬。不是你等安身立命處。且歸暖室商量。便下座歸方丈。大眾隨至立定。師又云。纔到暖室。便見瞌睡。以拄杖一時趁下。古德拈云。風頭坐斷進還難。衲子相將不易看。未到潼關天已曉。不堪回首望長安。大眾。夜半明星當午現。愚夫猶待曉雞鳴。此公案在尚未舉足時。已是兩度蹉過了也。又昔有僧問護國禪師。鶴立枯松時如何。國云。地下底一場懡㦬。僧云。滴水滴凍時如何。國云。日出後一場懡㦬。僧云。會昌沙汰時。護法善神向什麼處去也。國云。三門頭兩箇。一場懡㦬。古德拈曰。壯志稜稜鬢未秋。男兒不憤不封侯。翻思清白傳家客。洗耳溪頭不飲牛。各位。諸有智者。以喻得解。此公案不落有無。一切總是一場懡㦬。欲使脫白衲子。性海汪洋。飛鳴自在。不被三界火宅之所拘縛。不被六塵妄境之所繫絆。不見道。功德天將黑暗女。有智主人二俱不取。

昔南泉願禪師因兩堂首座爭貓兒。師乃提起云。大眾。道得即救取。道不得即斬卻也。眾無對。師遂斬之。至晚趙州從外歸。師舉似州。州乃脫履安頭上而出。師云。子若在即救得貓兒。雪竇顯云。兩堂俱是杜禪和。撥動煙塵不奈何。賴得南泉能舉令。一刀兩段任偏頗。又云。公案圓來問趙州。長安城裏任閑遊。草鞋頭戴無人會。歸到家山即便休。然這裡有誵訛處。古云。寂寂斷見聞。然見聞作麼生斷。若要斷。除非是機關木人始得。故昔六祖所謂斷者。非斷滅之斷也。即今同在房舍中。上棟下宇。外山林。內椅席。風聲禽韻。種種見聞。何曾與你作聲色會。你欻起一念云。者是棟。者是宇。者是山林。者是椅席。者是風聲。者是禽韻。方纔有種種分別。便是種種分別也。是你本性靈妙。了不可得。你念未起。諸法自如。你念欻起。諸法亦如。你若當下了卻。便解獨行獨步。決定無有少法可得。你若一向作斷滅見解。則更教阿誰成道。所以纔跨門便入世。頭頭上圓。法法上具。故芙蓉和尚道。妙唱不干舌。用三寸作麼。分曉漢舉著便點頭知有。又道。死蛇驚出草。那裏突得出脫得過。無生路上。卻作長生去也。解鏚枯骨吟。在箇裏說得一句。於其間通得一路。點得開辨得出。是裏許承當時節。鐵鋸舞三臺。到者裏一切處應現。一切處圓成。一切處作用。一切處超越。事事通兮物物明。達者須知暗裏驚。若恁麼見得徹。便知從上來事。不過是個大解脫門。也無得也無失。永嘉云。誰無念。誰無生。若實無生無不生。喚取機關木人問。求佛施功早晚成。圓覺云。知是空華。即無流轉。亦無身心。受彼生死。非作故無。本性無故。彼知覺者。猶如虛空。知虛空者。即空華相。亦不可說言。無知覺性。總而論之。截斷眾流者。本非解會。排疊將來。不消一字。萬機頓息。星移斗轉乾坤黑。稍有絲毫實不存。在掃蕩蹤跡。一物不留後。才能有更清明寬廓的空間。要在汝諸人二六時中。念茲在茲。不遺時。不失候。見到說到用到。妙叶兼帶。非取口辦。不見道。青山常舉足。白日不移輪。

◆相關法語

信位不道全無。人位只是罕見。所以黧奴白牯獨露全機。十聖三賢難辭藥忌。

古人三登九上。喫盡生受。只為者一著子。不似時流。穿州縣入保社。築得滿肚皮禪。將來日用如冰似炭。長生路上有甚麼交涉。何不初終後夜勤勇念知。一回喫攧。始信從前虛過。只今大唐國裏能有幾人。所見盡是噇酒糟漢。將知此事當不容易。

意能鏟句。句能鏟意。意句交馳。是為可畏。意句不明。事聖不通。只是箇無孔鐵鎚。古人喚作流俗阿師。似這般底如稻麻竹有甚麼用處。比箇門。須是箇漢。眼卓朔。點著便轉轆轆地。豈是儞清濁可羨。凡聖能詮。有恁麼漢。上士相逢。如擊石火似爆龜紋。迅速如風捷辯如電。快著精彩。一人半人。事褫言句動逾萬億。低頭學禪卒不可得。所以道。恁麼則易。不恁麼則難。亦云恁麼則難。不恁麼則易。諸人作麼生。大須細意。

若是上士脚纔跨門便委得。若也靦面相呈猶是鈍漢。口喃喃地不消一钁。會麼。不是禪不是道。不是佛不是法。是甚麼。靈鋒寶劍常露現前。亦能殺人亦能活人。若也操持一任操持。若也出場定當須是箇漢始得。機機相副。法法無根。互為賓主。雖然如此。切忌承當。何故。儞若野犴鳴。我即師子吼。我若野犴鳴。儞亦師子吼。儞若師子吼。我亦師子吼。臨時布取意句。有主宰。所以道。意中句。句中意。意中不停句。句中不停意。意句不同倫。合作麼生會。

夫稱善知識者。脫珍御服。著弊垢衣。入八邪林。住三惡道。向刀山劍樹上。拔舌犁耕鑊湯鑪炭中。敲枷打鎖。見天下衲僧如生冤家。與從上佛祖共相抗戾。綿綿絕滲漏。密密不通風。鑑在機先。言非句下。便是德山臨濟雲門趙州。向未屙以前。一覷便透。已是鈍置他巖頭了也。你道。遮般漢還有作佛分也無。正令若行。佛殿裏荊榛萬尋。法堂前草深一丈。

凡為人天提持宗眼。未開口時拶出。無進步處挨開。脫體現成。擬議則生荊棘。要你放毒手下鋒刃。似鶻提鳩。鷹拏燕雀。斷命喪軀。不留朕跡。截處更捷。淨盡無餘。纔涉思惟即成剩法。直饒總不恁麼。更須換卻舌頭始得。挨拶出沒。星電交馳。如珠走盤。了無住著。是謂大解脫法。

探玄上士。直須向未舉以前一覷百雜碎。圓陀陀活鱍鱍底不要。須知別有穩身處始得。只今目前山連水水連山。屈曲千差。交光萬狀。如何得遮冤家脫離眼前去。要且心不是心。佛不是佛。物不是物。還我金剛王寶劍來。所以道。金屑雖貴。落眼成翳。佛法雖妙。存之成病。動即影響。覺即冰生。不動不覺。死水裏討甚麼活路。三十年後。莫言不道。

首楞嚴王三昧云。空生大覺中。如海一漚發。有漏微塵國。皆依空所生。漚滅空本無。況復諸三有。歸源性無二。方便有多門。將知纔涉語言盡落方便。如何得不落方便去。有般漢纔聞人恁麼道。便乃碎珠求影。離水覓波。殊不知宗師家垂一言半句。如投水海中。如風中鼓槖。雖有大聖智。亦不能分別。是以或出或處或默或語。應變時也。豈徒然哉。只貴腳踏實地。正眼流通。不見趙州道。諸人被十二時使。老僧使得十二時。豈不是坐斷古今舌頭。洞山道。見佛祖如生冤家相似。始有參學分。佛祖有甚麼過。臨濟無位真人是甚麼乾屎橛。試道看。

楊岐栗棘蓬金剛圈。只為久參之士。利根上智正好吞跳。乃至柏樹子。麻三斤。一口吸盡西江水。鎮州出大蘿蔔頭。是甚麼語話。莫是明向上事麼。莫是向上人行履處麼。莫是大機大用麼。莫是盡力提持麼。莫是涉流轉物麼。莫是作家用處麼。你若大法未明且莫亂統。亦須識機宜別休咎始得。未曾踏著正脈。宗眼不明底。管取將佗如來禪祖師禪話作兩橛。身是菩提樹菩提本無樹定是打作兩橛。如驢覷井如井覷驢定是合殺不成。至於德山不會末後句。敢保老兄未徹在。虔侍者激殺首座。凌行婆放火燒菴。雪竇牛內納牛外納。黃蘗不道無禪只是無師。往往更作道理注解。莫道未悟。直饒你悟去徹頭徹尾。大法未明參到驢年也未夢見在。一種踏破草鞋。也須蹋踏破始得。

佛法至要。初無殊方。異域之間。只要當人負不群氣概。猛著精彩。直下坐斷一切得失是非。信得及把得定。孤巍峭峙。不立生涯。靜照無私。靈然自得。切不得向無明窠子裡妄行卜度。纔存聖量。關感不通。更須轉向那邊。如青天怒雷。飄風灑雪。自然頭頭出礙。方與至要之妙冥相吻合。不患行腳大事不辦。不愁生死漏念不脫。逗到無依無欲之地。理事混融。功勳絕待。方可運出自己家珍。賑濟孤陋。不孤遠泛鯨波參尋知識。苟或尚存知見。墮在區宇。更須再過海來。老拳終不妄發。

宗乘中事。難以措辭。大道門庭。爭容擬議。等閒垂一句。如大阿鋒離匣。逢之者則死不移時。似塗毒鼓受槌。聞之者則喪不旋踵。所謂妙峰峻仞。埜獸難藏。寶樹晶光。靈禽莫泊。其用也。單趁金毛歸埜窟。直追鐵額入深山。掃天下之攙搶。拂世間之孽屑。提墮坑落塹之類。揭迷封滯殼之流。其功也。使法界世界虛空界。一體同觀。佛道人道地獄道。萬法融會。

洞山初和尚云。舉唱宗乘。闡揚大教。須得法眼精明。方能鑑辨緇素。切緣真妄一源。水乳同器。到此難分。洞山尋常以心中眼。觀身外相。觀之又觀。乃辨真偽。夫善知識者。驅耕夫之牛。奪飢人之食。直須心境一如。第八識斷一刀。心無滲漏。方有少分相應。

從上的的相承以來。無有不同者。心肝五臟也同。眉毛鼻孔也同。眼睛舌頭也同。三百六十骨節也同。八萬四千毫竅也同。一處同處處同。只有些子不同。縱饒滄海變。終不與君通。雖然如是。猶未為向上事。須知更有出格在。噫。正令不行先斬首。大機一發聖賢悲。

護生須是殺。殺盡始安居。且道殺箇什麼。有者道是殺無明賊殺煩惱賊。殺六根六塵賊。殺爭人爭我賊。以上見地雖然一期也相似。要且未夢見衲僧腳跟頭。既是護生。須是明殺意。如何是殺意。嶮。若向箇裏辨得出。便可放一線道。浩浩之中。管取坐斷天下人舌頭。然後始殺得盡。然雖如是。釋迦老子也殺不盡。迦葉也殺不盡。西天二十八祖也殺不盡。唐土六祖也殺不盡。要明不盡底。須是放卻從前已後見解。明暗玄妙理性殊勝奇特。淨潔剷除。不留毫末。也不到極盡處。只如正淨處合作麼生。還委悉麼。深山大澤無人到。聚頭正好共商量。

祖師道。自己分上有如是靈光。有如是自在。一切眾生流浪情塵不能解脫。假使將此一大事因緣種種垂示。猶是有機有境落在情塵。要會麼。直是一念不生。方有少分相應。所以直須是命根斷始得。且道如何是命根斷。須是打疊從前知見種種解會。一似大死底人活得起來。自然無諍。所以道。我得無諍三昧。人中最為第一。須是恁麼人。始契恁麼事。

如諸方學道流。未有不依物出來底。山僧向此間從頭打。手上出來手上打。口裏出來口裏打。眼裏出來眼裏打。未有一箇獨脫出來底。皆是上他古人閑機境。山僧無一法與人。祇是治病解縛。向你道無佛無法。無修無證。祇與麼傍家擬求什麼物。瞎漢。頭上安頭。是你欠少什麼。道流。你欲得如法見解。但莫受人惑。向裏向外。逢著便殺。逢佛殺佛。逢祖殺祖。

祇如今若於十二分教及一切有無諸法。於藏腑中有纖毫停留。是不出網。但有所求所得。但有生心動念。盡名野干。祇如今於藏腑中都無所求。都無所得。此人是大施主。是師子吼。亦不依住無所得。亦無不依住知解。是名六絕師子。人我不生。諸惡不起。是納須彌於芥子中。不起一切貪瞋八風等。是悉能斷四大海水入口中。不受一切虛妄語言。是不入耳中。不令身起一切惡於人。是納一切火於腹中。

凡所學得三乘十二分教。有一切見解總須捨卻。所以除去所有。唯置一床寢疾而臥。祇是不起諸見。無一法可得。不被法障。透脫三界凡聖境域。始得名為出世佛。所以云。稽首如虛空。空無所依。出過外道。心既不異。法亦不異。心既無為。法亦無為。

萬法盡由心變。所以我心空故諸法空。千品萬類悉皆同。盡十方空界同一心體。心本不異。法亦不異。祇為汝見解不同。譬如諸天同寶器食。隨其福德飯色有異。十方諸佛實無少法可得。名為阿耨菩提。祇是一心。實無異相。亦無光彩。亦無勝負。無勝故無佛相。無負故無眾生相。

舉足即佛。下足即眾生。諸佛兩足尊者。即理足事足。眾生足生死足一切等足。足故不求。是你今念念學佛。即嫌著眾生。若嫌著眾生。即是謗他十方諸佛。所以佛出世來。執除糞器。蠲除戲論之糞。祇教你除卻從來學心見心。除得盡即不墮戲論。亦云搬糞出。祇教你不生心。心若不生。自然成大智者。決定不分別佛與眾生。一切盡不分別。始得入我曹谿門下。

見佛見祖如生冤家。始有參學分。你且道如何是大丈夫事。直須是不取人處分。不受人羅籠。不聽人繫綴。脫略窠臼。獨一無侶。巍巍堂堂。獨步三界。通明透脫。無欲無依。得大自在。都無絲毫佛法情解。如愚如癡。如木如石。不分南北。不辨寒溫。昏昏默默。似箇百不能百不解底相似。然而肚裏直是峭措。動著則眼目卓朔。

無有不明底事。乃至千差萬別古人言句一時透徹。如或不是到此田地底人。須得向骨董袋裏。平高就下為他去也。

兄弟。你去體看。放教歇去。及得盡去。消息絕去。透得徹去。所以道。轉一色。功後看。自然便能向一切時中分分曉曉。絕滲漏透聲色。無處所沒蹤跡。便知道兼中至。也徹底恁麼至。兼中到。也徹底恁麼到。只在其間出沒俱盡。真實識得者。決定無本據。者邊也無本據。那邊也無本據。不分曉漢。於一切言說又添一重去也。若是通方底人。其間自有做處。

道流。取山僧見處。坐斷報化佛頭。十地滿心猶如客作兒。等妙二覺擔枷鎖漢。羅漢辟支猶如廁穢。菩提涅槃如繫驢橛。何以如此。祇為三祇劫空。所以真正道人。但能隨緣消舊業。任運著衣裳。要行即行要坐即坐。無一念心希求佛果。緣何如此。古人云。若欲作業求佛。佛是生死大兆。

據實而論。自己分上少箇甚麼。自是從無量劫來。妄想不息背覺合塵。日漸月深不能回顧。以致膠膠擾擾。不得自由。殊不知此事本來成現。不假外求。求而得之盡是鬼家活計。德山和尚云。汝但無心於事。無事於心。則虛而靈。寂而妙。若毫端許言之本末。皆為自欺。何故。毫氂繫念。三途業因。瞥爾情生。萬劫羈鎖。聖名凡號。盡是虛聲。殊相劣形。皆為幻色。汝欲求之。得無累乎。及其厭之。又成大患。終而無益。者箇說話。便是釋迦老子再出頭來。經三大阿僧祇劫。勤苦修習。以至入雪山。詣鹿苑轉無上法輪。說三乘十二分教也不過如此。只如毫端不立。本末都亡。心佛眾生。境智俱泯。還有份外的否。到者裏須是箇斬釘截鐵。不顧危亡。撒手懸崖。不拘得失底。然後向無功用大解脫場中。拈出一機。所謂金剛圈栗棘蓬。使盡大地人吞透得過。受用自在。方可稱為逸群種草。

二三　隨波逐浪

法非喻不顯。喻非法不生。隨波逐浪者。就像是一個人吃飽了。得以放鬆的概念。吃飽了睡足了。心中無事。自然就可以隨緣放曠。任意悠遊。但條件是。必須是無後顧之憂。又如同人的生存權利獲得了保障。活動慾便會出頭。便會想要有更大的自由空間。但若當生存受到威脅時。則活動的力量。則會大幅度的向內收縮。而僅以保護生存為首要目標。故知生存權和活動慾。是互為消長的。在佛法上亦同。參禪人須是獲得了證悟。才能自肯自諾。在開了頂門眼之後。親見一回自己。才知道天之寬海之闊。由此則是從自己性海中。如實流出的。則能源源不絕。如此也才算有住山的本錢。否則出則有礙。豈能隨意自在的悠遊。所以隨波逐浪須跟在截斷眾流之後。兩者一組不可相離。故知此事如洪波浩渺。白浪滔天。杲日當空。森羅俱顯。一句子。拈起也滿目生光。放下也寒雲收谷。經云。心地隨時說。菩提亦只寧。事理俱無礙。當生即不生。昔百丈政禪師一日謂眾云。汝等與我開田。我為汝說大義。僧開田了云。請和尚說大義。師乃展開兩手。古德拈云。百丈說大義若只止於此。當時再參馬祖底句。向甚處去也。若言更有在。未免與蛇添足。且道作麼生得知。百丈老人立地處。乃云。客來無茶點。蒿湯備禮儀。又云。常憐百丈解開田。今古行人手裏傳。誰道舌頭曾不動。五音六律太周旋。大眾。且道百丈展開兩手。意旨如何。還知麼。百丈總持門。淡而還有味。這是無限量的法門。教中云。總持有三。一或多或無。開田後要說大義。各位。田在那裡。是有是無。是實是虛。而大義豈是容易說。況且又要能說得恰好。大似笠上頂笠。又似乾竹絞汁。然既說不得。則唯有展開兩手待將來。又昔長沙岑禪師遊山歸。至門首。首座問和尚。甚處去來。師云。遊山來。座云。到甚麼處。師云。始隨芳草去。又逐落花迴。座云。大似春意。師云。也勝秋露滴芙蕖。雪竇頌云。大地絕纖埃。何人眼不開。始隨芳草去。又逐落花回。羸鶴翹寒木。狂猿嘯古臺。長沙無限意。咄。大眾。還會嗎。一氣不言含有象。萬靈何處謝無私。還好雪竇最後來個咄字。掃蕩前蹤。否則也只是在鬼窟裡作活計。

所以云道不可求。貴在歇心而已。然此之一歇。不可強也。須假朝求暮討。至意路絕處。忽然自歇。一歇之後。馳求之心。悉皆止息。有如途路旅泊之人。欲詣其所。力在乎行。非行不能到。一到之後。伶俜辛苦等事。悉皆止息。無復奔走。

昔法眼禪師振錫南邁。抵福州參長慶。不大發明。後同紹修法進三人欲出嶺。過地藏院阻雪。少憩附爐次。地藏問。此行何之。師云。行腳去。地藏云。行腳事作麼生。師云。不知。地藏云。不知最親切。又舉肇論至天地與我同根處。地藏云。山河大地與上座自己。是同是別。師云。別。地藏豎起兩指。師又云。同。地藏又豎起兩指云。兩個。便起去。待雪霽法眼等辭去。地藏門送之又問云。上座尋常說三界唯心。萬法唯識。乃指庭下片石云。且道此石在心內在心外。師云。在心內。地藏云。行腳人著甚麼來由。安片石在心頭。師窘無以對。即放包依席下求決擇。近一月餘。日呈見解說道理。地藏語之云。佛法不恁麼。師云。某甲詞窮理絕也。地藏云。若論佛法。一切現成。師於言下大悟。又昔時有箇亮座主。初參馬祖。祖問云。見說座主大講得經論是否。主云。不敢。祖云。將什麼講。主云。將心講。馬祖云。心如工技兒。意如和技者。爭解講得。主抗聲云。心既講不得。虛空莫講得麼。馬祖云。卻是虛空講得。主不肯便出。將下階。祖召云。座主。主回首。馬祖云。是什麼。主豁然大悟。便禮拜。馬祖云。者鈍根阿師。禮拜作麼。主云。某甲所講經論。將謂無人能及。今日被大師一問。生平功業一時冰釋。大眾你看。馬大師何曾有什麼大法小法。與他作解作會。只是喚他一聲。他便云。平生功業一時冰釋。者箇便是三賢十地。一切神通妙用。總在者一喚裏。一時具足。無欠無餘。大眾到這裏。既然知道一切不恁麼。又且佛法一切見成。如此則鑊湯爐炭吹教滅。劍樹刀山喝便摧。不為難事。

昔大顛通禪師。因韓文公相訪。問師春秋多少。師提起數珠云。會麼。公云。不會。師云。晝夜一百八。公罔措。遂回宅而怏怏不樂。夫人乃問。侍郎情思不懌。復有何事。公遂舉前話。夫人云。何不進云。晝夜一百八意旨如何。公明日凌晨遂去。至門首乃逢首座。座問侍郎入寺。因何太早。公云。特去堂頭通話。座云。堂頭有何因緣開示。公舉前話。座云。侍郎怎生會。公云。晝夜一百八意旨如何。座乃扣齒三下。公復至堂頭。又進前語。晝夜一百八意旨如何。師亦扣齒三下。公云。信知佛法一般。師云。見甚道理。乃云一般。公云。適來門首。見首座亦復如是。師遂喚首座問。適來祇對侍郎佛法是不。座云。是。師便打趂出院。古德拈云。解展機鋒是大顛。明知不是小因緣。一般扣齒叢林異。出院韓公始得閑。各位。一碼事歸一碼事。首座知前不知後。若非宗師展家風。一般扣齒便承當。粘殺唐朝韓侍郎。所以管中窺豹只見一斑。弄潮須是弄潮人。本分弄潮人。出沒如遊戲。可憐不是弄潮人。往往須向潮中死。昔雲門偃禪師示眾云。十五日以前不問汝。十五日已後道將一句來。自代云。日日是好日。古德拈云。日日是好日。風來樹點頭。九江煙靄裏。月上謝家樓。雪竇頌云。去卻一。拈得七。上下四維無等匹。徐行踏斷流水聲。縱觀寫出飛禽跡。草茸茸。煙羃羃。空生巖畔花狼籍。彈指堪悲舜若多。莫動著。動著三十棒。各位。日日是好日。此語通貫古今。從前至後。一時坐斷。誰家無明月清風。十五日已以前。這語已坐斷千差。十五日以後。這語也坐斷千差。若是知有的人。則是本分用事。隨時截斷。若是不知有的人。則認取葛藤去也。古云。隨波逐浪任高低。放去收來理事齊。一等垂慈輕末學。奈緣潦倒帶塵泥。所以道。萬象之中獨露身。惟人自肯乃方親。昔年謬向途中覓。今日看來火裏冰。也須是天上天下。唯我獨尊才好。

又昔道吾與漸源。至一家弔慰。源拍棺云。生邪。死邪。吾云。生也不道。死也不道。源云。為什麼不道。吾云。不道。不道。回至中路。源云。和尚快與某甲道。若不道。打和尚去也。吾云。打即任打。道即不道。源便打。後道吾遷化。源到石霜。舉似前話。霜云。生也不道。死也不道。源云。為什麼不道。霜云。不道。不道。源於言下有省。源一日將鍬子。於法堂上。從東過西。從西過東。霜云。作什麼。源云。覓先師靈骨。霜云。洪波浩渺。白浪滔天。覓什麼先師靈骨。源云。正好著力。太原孚云。先師靈骨猶在。大眾此公案的意旨如何。為何道吾和石霜都答云。生也不道。死也不道。若向這裡。言下便知歸。便是透脫生死底關鍵。其或未然。往往當頭蹉過。看他古人行住坐臥。不妨以此事為念。纔至人家弔慰。漸源便拍棺問道吾云。生耶。死耶。道吾不移易一絲毫。便對他道。生也不道。死也不道。漸源當面蹉過。逐他語句走。更云為什麼不道。吾云。不道。不道。道吾可謂赤心片片。源猶自不惺惺。回至中路。又云。和尚快與某甲道。若不道。打和尚去也。吾依舊老婆心切。更向他道。打即任打。道即不道。源便打。道吾恁麼血滴滴地為他。其實早已道出。而漸源卻恁麼不瞥地。道吾既被他打。遂向漸源云。汝且去。恐院中知事探得。與你作禍。密遣漸源出去。源後來至一小院。聞行者誦觀音經云。應以比丘身得度者。即現比丘身而為說法。忽然大悟云。我當時錯怪先師。故知此事不在言句上。古人道。沒量大人。被語脈裏轉卻。雪竇頌云。兔馬有角。牛羊無角。絕毫絕釐。如山如嶽。黃金靈骨今猶在。白浪滔天何處著。無處著。隻履西歸曾失卻。各位。漸源問處。生耶死耶。落在兩頭。須知此事。穩密全真。涉流轉物。直下承當。向擊石火。閃電光中。坐斷誵訛。自始至終。全機受用。你若作道理。擬議尋思。則不見古人直截處。

古云心是根。法是塵。兩種猶如鏡上痕。塵垢盡時光始現。心法雙忘性即真。到恁麼時。一切脫落去始得。正脫落時。彼我俱不著處所。所以道。周偏十方心。不在一切處。箇時不是一切心。箇時不是一切法。所以偏一切處。僧問風穴。語默涉離微。如何通不犯。穴云。長憶江南三月裏。鷓鴣啼處百花香。兄弟。增一絲毫頭不得。減一絲毫頭不得。直是四稜塌地。掀幹不動。若恁麼辨得。豈不是恰恰現前。依俙留情。髣髴立會。便成路布葛藤去也。卒未有淨潔分。野狐涎直下嘔得盡。有甚麼事。兄弟。本是如此。但心地下不立一塵。便知道彼不來。此不去。中不住。

故云廓然去。肯重去。無所得心去。平等心去。離彼我心去。然後方可穩坐。所以古德道。牽牛向水東去。也不免官家傜稅。牽牛向水西去。也不免官家傜稅。不如隨分納些些。免被他家撈攘。作麼生是隨分納些些底道理。各位。但截斷兩頭。聖凡情盡。體露真常。事理不二。即如如佛。若能如是。法法無依。平等大道。萬有不繫。隨處轉碌碌地。更有何事。

◆相關法語

諸緣放盡。正念無私。撒手那邊。遊神真際。雲山隱隱。水月依依。堂戶深沈。機梭暗動。六窗未曉。皓然一片虛明。三際齋平。洎爾十方洞照。白牛飽於肥膩。穩臥雪山。丹鳳銜得元珠。棲遲玉樹。混融偏正豈落有無。叶路通宗當風得妙。全超就位不落尊嚴。回互旁參還承子力。獨行象外照破劫空。未偶他緣單明自己。木人功盡。低頭夜半拾金針。石女機回。出手天明穿玉線。正恁麼時。十方三世未可言師。此土西天誰敢稱祖。若也泥牛運步木馬嘶風。冰河燄起火生蓮。便是入鄽垂手信。且道如何履踐得恁麼相應。萬古碧潭空界月。再三撈摝始應知。

行時絕行跡。說時無說蹤。行說若到則垛生招箭。行說未明則神鋒畫斷。就使說無滲漏。行不迷方。猶滯殼漏在。若是大鵬金翅。奮迅百千由旬。十影神駒。馳驟四方八極。不取次啗啄。不隨處埋身。且總不依倚。還有履踐分也無。剎剎塵塵是要津。

人天普集。合發明箇甚麼事。焉可互分賓主。馳騁問答便當宗乘去。廣大門風。威德自在。輝騰今古。把定乾坤。千聖只言自知。五乘莫能建立。所以聲前悟旨。猶迷顧鑒之端。言下知宗。尚昧識情之表。諸人要知真實相為。但以上無攀仰。下絕己躬。自然常光現前。箇箇壁立千仞。還辨明得也無。未辨辨取。未明明取。既辨明得。能截生死流。同居佛祖位。妙圓超悟。正在此時。堪報不報之恩。以助無為之化。

言發非聲。高高峰頂立。色前不物。深深海底行。全機轉處沒承當。覿面呈時絕回互。離心意識。非見聞覺知。須明徹法慧目。離念明智。然後一塵纔舉。大地全收。一毛頭師子。百億毛頭一時現。直得一為無量。無量為一。小中現大。大中現小。寬同法界。細入鄰虛。無處不周。無處不備。毘盧遮那大法性海中。不論聖不論凡。不論有情不論無情。一一把斷不漏絲毫。處處常光現前。一一壁立千仞。若說理法界事法界。事理無礙法界事事無礙法界。正是沒交涉。直饒棒頭取證喝下承當。向空劫那畔識破根塵。威音以前洞然明白。尚未免在窠窟裏。只如出窠窟一句作麼生道。千峰勢到嶽邊止。萬派聲歸海上消。

霜風凜凜。細雨微微。解脫門八字打開。正法眼頂門顯示。還有超宗越格離見絕情底麼。出來證據。若也證據得去。七佛以前也不恁麼。七佛已後也不恁麼。西天二十八祖亦不恁麼。唐土六祖亦不恁麼。至於歷代宗師天下老和尚亦不恁麼。為什麼不與麼。只恐賺誤人去。既不與麼。亦不賺誤人。作麼生承當。到這裏平田中萬仞壁立。壁立萬仞處一似平田。把斷要津不通凡聖。亦無語話分。亦無展演分。畢竟教一切人什麼處入。老僧不惜眉毛通箇消息去也。遂豎起拂子云。見麼。又擊禪床云。還聞麼。若道見且得沒交涉。若道不見更是沒交涉。畢竟作麼生。若只管與你說。經無窮劫摸索不著。不隨言解。則淨裸裸赤灑灑。各各坐斷報化佛頭。各各氣衝宇宙。設使千佛出興。恰如蚊蚋相似。與麼把得定作得主。方始是本分作家。正當恁麼時。如何委悉。一句迥超諸佛格。坐斷天下衲僧頭。

若論箇一般真實底事。元離一切有象。離一切幻化。離一切浮虛。方名真實事。實相是無相之相。真心是無心之心。真得是無得之得。真用是無用之用。若如是也。卻是箇豁落做處。卻是箇真實做處。一切法到底其性如虛空。正恁麼時卻空它不得。雖空而妙。雖虛而靈。雖靜而神。雖默而照。若能如此。先天地先一段事。後天地後一段事。生死是箇中影象。畢竟立生死不得。真實到生死底。若不恁麼。而隨夢幻流。在一切境界殊無些小得力處。識得破辨得徹。喚得回弄得出。在一切諸法。同影象而生。在一切諸相。同幻化而用。如電如影如夢如響。了無一絲一毫為真為實。清淨本然。箇時周徧法界。皆是真淨妙明箇時建立。所以道。法隨法行。法幢隨處建立。

本無如許多事。做來做去便有如許多事。如今卻從許多事中減來減去。要到無許多事處。只爾尋常起滅者是生死。起滅若盡。即是本來清淨底。無可指註無可比擬。寒山子道。吾心似秋月。碧潭澄皎潔。直得皎皎地如秋月尚恐不是。又道。無物堪比倫。教我如何說。既是無物又作麼生說。所以道。不可亦不可。此語亦不受。謂之迥絕無寄。一切處寄不得。箇是徧底心安向什麼處。淨裸裸赤灑灑。絲毫立不得。那時還有應底道理麼。混混地喚作大塊。要須如珠發光。光還自照。若有纖毫擾動。箇時便隨業流轉。歇得盡處。無可歇者。即是菩提勝淨明心。不從人得。

無邊剎境。自他不隔於毫端。且道妙喜世界。不動如來說甚麼法。十世古今。始終不離於當念。只如威音王佛。最初一會度多少人。若是通方作者試為道看。良久。云。行路難。行路難。萬仞峰前著眼看。

雪峰輥毬。羅漢書字。歸宗斬蛇。大隋燒畬。且道明甚麼邊事。還有人明得麼。試道看。若明不得。所以道。斬蛇須是斬蛇手。燒畬須是燒畬人。瞥起情塵生妄見。眼底無筋一世貧。

未恁麼前是第二頭。正恁麼時是第三首。餉間恁麼去只是隨波逐浪。如今且向隨波逐浪處與諸人商量。還蓋覆得麼。還有一法與他為伴侶麼。所以道。他能成就一切法。能出生一切法。一切諸佛依之出世。一切有情因他建立。六道四生以他為本。只如諸人即今在此坐立。悉皆在他光中顯現。還見得他麼。若也見得。直下無一絲髮隔礙。無一絲髮道理。更有什麼見聞覺知為緣為對。但恐自家不能返照。所以生疑。

夫出家之人。生死事大。直須究取生滅之法。既於剎那剎那之際猶如電轉。電轉之法無有所寄。諸法生滅滅已。會麼。會即便會。不會即是生死根本。

若論此事。最是急切。切須明取始得。若也明得。時中免被拘繫。便能隨處安閑。亦不要將心捺伏。自然合他古轍去。若學處分劑。便須路布箇道理以為佛法。幾時得休歇去。

若論佛法兩字。是加增之辭。廉纖之說。諸人向這裏承當得。盡是二頭三首。譬如金屑雖貴。眼裏著不得。若是本分衲僧。纔聞舉著一擺擺斷。不受纖塵。獨脫自在。最為親的。然後便能在天同天在人同人。在僧同僧在俗同俗。在凡同凡在聖同聖。一切處出沒自在。拘撿他不得。名邈他不得。何也。謂渠能建立一切法。要且他不是渠。渠既無背面。第一不用妄與安排。但知十二時中。平常飲啄快樂無憂。只此相期。更無別事。所以古人道。放曠長如癡兀人。他家自有通人愛。

諸佛不曾出世。亦無一法與人。達磨不西來。二祖不得髓。直得皇風蕩蕩。野老謳歌。心無所恃。行無所依。聞禪與道。似見冤家。說色與心。如逢猛虎。然後飢即食。困即眠。不由諸位自崇高。莫學三乘立功課。

聞聲悟道。何異緣木求魚。見色明心。大似迷頭認影。諸仁者。不用續鳧截鶴。

移岳盈壑。南辰北斗。躔度分明。日晦月明。昇沈自異。但請休征罷戰。端拱無為。自然安貼邦家。差肩佛祖。更若言中辨的。句裏明機。清風月下守株人。涼兔漸遙春草綠。

祖師西來特唱此事。只要時人知有。如貧子衣珠不從人得。千世諸佛只是弄珠底人。十地菩薩只是求珠底人。汝等正是伶俜乞丐。懷寶迷邦。靈利漢纔聞舉著。眨上眉毛便知落處。若更踏步向前。不如策杖歸山去。長嘯一聲煙霧深。

二四 無明煩惱

圓覺云。一切如來本起因地。皆依圓照清淨覺相。永斷無明。方成佛道。云何無明。一切眾生。從無始來種種顛倒。猶如迷人。四方易處。妄認四大為自身相。六塵緣影為自心相。譬彼病目。見空中華及第二月。善男子。空實無華。病者妄執。由妄執故。非唯惑此虛空自性。亦復迷彼實華生處。由此妄有。輪轉生死。故名無明。善男子。此無明者。非實有體。如夢中人。夢時非無。及至於醒。了無所得。華嚴云。一切眾生。具有如來智慧德相。但以妄想執著。而不證得者。故知四聖六凡。同一根本。法界性體。綿綿密密。如光之與音。圓滿具足。湛然常住。周徹無礙。平等廣大。無欠無餘。與佛無殊。然因爾我既秉此父母色質以來。為無明封固未破。不得不起妄想。而生執著。於生死去來有礙。而不自在。然盡法界只是一箇無明。只為你我在行住坐臥時。不知不覺。忽然於自證分上。起見相二分。由是三細六麤。流轉莫返。便乃歸咎無明。殊不知無明即是諸佛不動智。是一切諸佛得道之處。所以緣起是道場。佛與眾生同一覺性。若能就在流轉處。直下見得。見本無見。原無許多。只是渾然一箇無明。從上諸佛諸祖。亦不過是在無明裏。知而安之。一切聖賢或知而不能安。或安而不能住。乃有種性差別。既有種性差別。則法門亦復差別。由是有四念處。四正勤。四如意足。五根五力。七覺支。八聖道。三十七助道品。乃至四無量心。十波羅蜜。種種法門。予以對治。然此亦無他。亦只是要你安住。不是要與你生起。所以傅大士云。安住無明之明照。大眾。你直下全體是無明。即全體是明照。能知而安之。便不消別覓。汝若不能安住。瞥爾突起。便似生相續相。所以傅大士又云。了達明照之無明。了者。深悉之謂。達者。無疑礙之謂。本來無一物。深悉其本。而無疑礙。若忽然有。便直下安於無明。更無毫頭許費力。你若向明照上。更除見泯相。則成為兩個。縱饒磨治到盡頭處。亦只成得箇緣起佛。

圓覺云。乃至證於如來清淨涅槃。猶為我相。所以舉足下足。不離道場。道場者。無所得也。祇無所得。名為坐道場。所見一塵一色。便合無邊理性。故云。一月普現一切水。一切水月一月攝。涅槃經云。迦葉菩薩白佛言。世尊。有因煩惱之想。生於倒想。一切聖人實有倒想。而無煩惱是義云何。佛言。善男子。云何聖人而有倒想。迦葉菩薩言。世尊。一切聖人牛作牛想。亦說是牛。馬作馬想。亦說是馬。男女大小。舍宅車乘。去來亦爾。是名倒想。一切凡夫。有二種想。一者世流布想。二者著想。一切聖人唯有世流布想。無有著想。一切凡夫。惡覺觀故。於世流布生於著想。一切聖人。善覺觀故。於世流布不生著想。是故凡夫名為倒想。聖人雖知。不名倒想。廣博嚴經曰。佛令阿難遍告諸比丘。使集聽法。阿難承佛慈旨。報已復還佛所。而白佛言。是諸比丘言。我等見祇陀林中。大水盈滿。大光普照。房舍園林悉不復現。以是事故。悉來不得。佛告阿難。彼諸比丘。於非水中而作水想。不唯於非水中。而作水想。亦於非色中。而作色想。非受想行識中。而作受想行識想。此所謂以彼惑亂惡覺觀故。於世流布。生於著想也。此即因見地差別。而自作自受耳。古德云。世以相貌觀人之福。是大不然。福本無象可以觀之。惟視其人。量之淺深耳。又曰。觀人之壽夭。必視其用心。夫動入欺誑者。豈長世之人乎。寒山子曰。語直無背面。心真無罪福。蓋心語相應。為人之常者。而前聖貴之。有以見世道交喪甚矣。

毘婆尸佛偈曰：身從無相中受生。猶如幻出諸形象。幻人心識本來無。罪福皆空無所住。故知三界業報。唯心所生。本若無心於三界中。即出三界。其三界者。即三毒也。貪為欲界。嗔為色界。癡為無色界。由此三毒造業輕重。受報不同。分歸六處。故名六趣。眾生不了正因。迷心修善。未免三界。生三輕趣。云何三輕趣。

所謂迷修十善。妄求快樂。未免貪界。生於天趣。迷持五戒。妄起愛憎。未免嗔界。生於人趣。迷執有為。信邪求福。未免癡界。生阿修羅趣。如是三類。名三輕趣。云何三重趣。所謂縱三毒心。唯造惡業。墮三重趣。若貪業重者。墮餓鬼趣。嗔業重者。墮地獄趣。癡業重者。墮畜生趣。如是三重。通前三輕。遂成六趣。故知一切苦業。由自心生。但能攝心。離諸邪惡。三界六趣。輪迴之苦。自然消滅。即得解脫。然貪嗔癡自人有之。亦可自人無之。所謂無者。譬之四支既斷。不復用之。方為真實。非可待其既滅。而謂求之。了不可得。則何難隨時。又復起乎。昔有俗士問天堂地獄於智藏禪師。藏曰。有。士曰。曾問徑山和尚。皆云無。而師獨云有何也。藏曰。居士有妻否。曰。有。徑山和尚有妻否。曰。無。藏曰。徑山和尚道無即得。故知如今若。果求起處不可得。則當下不復有矣。若在有中。而謂其為無。只恐是掩耳盜鈴。他日瞞黑面居士不得耳。故知無有有罪底聖人。亦無無罪底凡夫。凡夫造罪。皆自妄想心起。都無實體。雖無實體。受報時亦須妄受。如影隨形。不可逃避。雖妄受報。亦無實體。所以道。若罪性有體。則盡虛空界。不能容受。何故。為凡夫造罪者多。昔皓月供奉。問長沙岑禪師曰。永嘉云。了即業障本來空。未了應須償夙債。只如師子尊者。二祖大師為什麼亦償夙債。長沙曰。大德不識本來空。曰。如何是本來空。長沙曰。業障是。又問曰。如何是業障。長沙曰。本來空是。乃有偈曰。假有元非有。假滅亦非無。涅槃償債義。一性更無殊。宗鏡錄曰。

雖然心即是業。業即是心。既從心生。還從心受。現今如何消其妄業報。答曰。但了無作。自然業空。所以云。若了無作惡業。一生成佛。又曰。雖有作業。而無作者。即是如來秘密之教。又凡作業。悉是自心橫計外法。還自對治。妄取成業。若了心不取境。境自不生。無法牽情。云何成業。古德云。舉手炷香而供養佛。其心自知應念獲福。舉手操刀恣行殺戮。其心自知死入地獄。或殺或供一手之功。云何業報罪福不同。皆自橫計有如是事。是故從來枉沈生死。雷長芭蕉。銕轉磁石。俱無作者。而有是力。心不取境。境亦自寂。故如來藏。不許有識。故知境本自空。何須壞相。而心虛自照。豈假緣生乎。

昔世尊因調達謗佛。生身入地獄。遂令阿難傳問。你在地獄中安不。達云。我雖在地獄。如三禪天樂。佛又令阿難傳問。你還求出不。達云。我待世尊來便出。阿難云。佛是三界大師。豈有入地獄分。達云。佛既無入地獄分。我豈有出地獄分。各位。既無出分。又無入分。喚甚麼作釋迦老子。喚甚麼作提婆達多。喚甚麼作地獄。喚甚麼作如三禪天樂。還委悉麼。自攜餅去沽村酒。卻著衫來作主人。調達即佛。佛即調達。只是一人二角。既然一切都是自己。何處更有佛有眾生。古德云。無始以來。煩惱習氣未能頓盡。然心外無剩法者。不知煩惱習氣是何物。而欲盡之。若起此心。翻成認賊為子也。從上以來。但有言說。乃是隨病設藥。縱有煩惱習氣。但以如來知見治之。皆是善權方便。誘引之說。若是定有習氣可治。卻是心外有法。

而可盡之。譬如靈龜曳尾於塗。拂迹迹生。可謂將心用心。轉見病深。苟能明達。心外無法。法外無心。心法既無。更欲教誰頓盡耶。然修道人。若遇煩惱起時如何。古人云。但以正知見治之。此則不然。祇以煩惱治之。如此看來。即不見有煩惱也。何故。煩惱不可更治煩惱。如火不更燒火。水更不濕水。體性一同。無可得露現。此了煩惱本空。不著除遣。若起智慧。斷治捺伏。卻成別用心。有對待。被他二境回換。縱得亦迂曲有分限。須行徑直路為上。古人云。劫火曾將無氣吹。不勞功力當時萎。此之謂也。然我者又何。色受想行識都名五蘊。若皆是我。即成多我。況色中復有三百六十段骨。段段各別。皮毛筋肉。肝心肺腎。各不相是。皮不是毛。諸心數等。亦各不同。見不是聞。喜不是怒。既有此眾多之物。不知定取何者為我。若皆是我。我即百千。一身之中。多主紛亂。離此之外。復無別法。翻覆推我。皆不可得。便悟此身心等。但是眾緣。似和合相。元非一體。似我人相。元非我人。既非我人。為誰貪嗔。為誰煞盜。誰修戒施。誰生人天。

◆相關法語

佛性無二。眾生與佛不隔一毫。但善達其性。則眾生即佛。不善達其性。則佛即眾生。如清冷之水。以之獻佛則清淨。以之洗穢則污濁。故佛之慈悲即眾生之殺機。古德云。護生須用殺。殺盡始安居。又云。梵語阿羅漢。此云。殺賊。故經云。與五陰魔煩惱魔死魔共戰。有大功勳。滅三毒出三界破魔網。

以口業稱誦。則一念念盡如來。意業思惟。則當處出生。隨處滅盡。身業作禮。則觀身實相。觀佛亦然。等同虛空。無有二相。三業清淨。則根根塵塵。悉皆清淨。但以清淨為本。更愁何處不圓通耶。教意云。見聞如幻翳。三界若空花。聞復翳根除。塵消覺圓靜。又云。初於聞中入流忘所。所既不立。返本還源。則盡聞不住。正念現前。是故蛩吟蟬噪。風動樹搖。乃真見菩薩耳。

梵語懺摩。此云悔過。謂之斷相續心。一懺永不復造。此心一發。永不退失。若能直下無心去。初發心功德。比無心功德百分千分。百千。百千萬億分。乃至筭數譬喻。不可說不可說阿僧祇分亦不及一。何故。初發心時。與三世諸佛平等故。此心尚無。三世諸佛向甚處摸索。所以一念無心功德。又無較量處。若爾。則亦無生亦無死。亦無聖亦無凡。亦無人亦無我。亦無佛亦無法。若能如是見得。是真懺悔。

無明者。非明非暗。明暗是代謝之法。無明且不明亦不暗。不明祇是本明。不明不暗祇者一句子。亂卻天下人眼。所以道。假使滿世間。皆如舍利弗。盡思共度量。不能測佛智。其無礙慧出過虛空。無你語論處。

無明之心。雖有八萬四千煩惱情欲。及恒河沙眾惡。皆因三毒以為根本。此三毒心。自能具足一切諸惡。猶如大樹。根雖是一。所生枝葉。其數無邊。彼三毒根。一一根中生諸惡業。百千萬億倍過於前。不可為喻。如是三毒心。於本體中應現六根。亦名六賊即六識也。由此六識。出入諸根。貪著萬境。能成惡業。障真如體。故名六賊。眾生由此三毒六賊。惑亂身心。沈沒生死。輪迴六趣。受諸苦惱。猶如江河。因少泉源涓流不絕。乃能彌漫波濤萬里。若復有人斷其本源。即眾流皆息。求解脫者。能轉三毒為三聚淨戒。轉六賊為六波羅蜜。自然永離一切苦海。

夫眾生所以久流轉生死者。皆由著欲故也。若欲止於心。即無復於生死。既無生死。潛神玄默。與虛空合其德。是名涅槃矣。既曰涅槃。復何容有名於其間哉。斯乃窮微言之美。極象外之談者也。自非道參文殊。德侔慈氏。孰能宣揚玄道。為法城塹。

但約如今照用。一聲一色一香一味。於一切有無諸法。一一境上都無纖塵取染。亦不依住無取染。亦無不依住知解。者箇人日食萬兩黃金亦能消得。祇如今照一切有無等法。於六根門頭刮削併當貪愛。有纖毫治不去。乃至乞施主一粒米一縷線。箇箇披毛戴角。牽犂負重。一一須償他始得。

普賢觀經云。一切業障海。皆從妄相生。若欲懺悔者。端坐念實相。是名第一懺。併除三毒心攀緣心覺觀心。念佛心心相續。忽然澄寂。更無所緣念。大品經云。無所念者。是名念佛。何等名無所念。即念佛心名無所念。離心無別有佛。離佛無別有心。念佛即是念心。求心即是求佛。常憶念佛。攀緣不起。則泯然無相。平等不二。此心即是如來真實法性之身。亦名正法。亦名佛性。亦名諸法實性實際。亦名淨土。亦名菩提金剛三昧本覺等。亦名涅槃界般若等。名雖無量。皆同一體。

工夫到行不知行坐不知坐。當此之時。八萬四千魔軍在六根門頭伺候。隨心生設。心若不起爭如之何。魔者樂生死之鬼名也。八萬四千魔軍者。乃眾生八萬四千煩惱也。魔本無種。修行失念者遂派其源也。眾生順其境故順之。道人逆其境故逆之。故云。道高魔盛也。乃自心起見感此外魔也。心若不起。則種種伎倆翻為割水吹光也。古云。壁隙風動。心隙魔侵。起心是天魔。不起心是陰魔。或起或不起是煩惱魔。然我正法中本無如是事。大抵忘機是佛道。分別是魔境。然魔境夢事何勞辨詰。工夫若打成一片。則縱今生透不得。眼光落地之時。不為惡業所牽。

眾生迷妄。於無心中而妄生心。造種種業。妄執為有。足可致使輪迴六趣。生死不斷。譬有人於暗中見杌為鬼。見繩為蛇便生恐怖。眾生妄執。亦復如是。於無心中妄執有心。造種種業。而實無不輪迴六趣。如是眾生。若遇大善知識。教令坐禪。覺悟無心。一切業障盡皆銷滅。生死即斷。譬如暗中日光一照。而暗皆盡。若悟無心。一切罪滅。亦復如是。

妄執有心。即有一切煩惱生死菩提涅槃。若覺無心。即無一切煩惱生死涅槃。是故如來為有心者說有生死。菩提者。對煩惱得名。涅槃者。對生死得名。此皆對治之法。若無心可得。即煩惱菩提。亦不可得。乃至生死涅槃。亦不可得。

昔三祖璨大師。為居士時謁二祖云。弟子身纏風恙。請和尚懺罪。祖云。將罪來與汝懺。士良久云。覓罪了不可得。祖云。我與汝懺罪竟。宜依佛法僧住。士云。今見和尚已知是僧。未審何名佛法。祖云。是心是佛。是心是法。法佛無二。僧寶亦然。士云。今日始知。罪性不在內。不在外。不在中間。如其心然。佛法無二也。

龍門佛眼遠禪師三自省察。一。是身壽命。如駒過隙。何暇閑情。妄為雜事。既隆釋種。須紹門風。諦審先宗。是何標格。二。道業未辦。去聖時遙。善友師教。誠不可捨。自生勉勵。念報佛恩。惟己自知。大心莫退。三。報緣虛幻。不可強為。浮世幾何。隨家豐儉。苦樂逆順。道在其中。動靜寒溫。自愧自悔。

大溈真如禪師一生誨門弟子。但曰。作事但實頭。雲蓋智禪師有所示。必曰。但莫瞞心。心自靈聖。

世尊謂無垢光曰。寢夢犯欲。本無差別。一切諸法本性清淨。然諸凡夫愚小無智。於無有法不知如故。妄生分別。以分別故墮三惡道。古佛同聲說偈曰。諸法同鏡像。亦如水中月。凡夫愚惑心。分別癡恚愛。諸法常無相。寂靜無根本。無邊不可取。欲性亦如是。

起妄遣妄亦成妄。妄本無根。只因分別而有。你但於凡聖兩處情莫計念。自然無妄。更擬若為遣他。都不得有纖毫依執。名為我捨兩臂必當得佛。然教乘所論。

開遮不一。故曰。九結十纏。性雖空寂。初心學者且須離之。是以諸佛所說深經。先誡不可於新發意菩薩中說。慮種子習重發起現行。又為觀淺根浮信解不及故也。

中觀論曰。業不從緣生。不從非緣生。是故則無有能起於業者。無業無作者。何有業生果。若俱無有果。何有受業者。然雖種種業果報。及起業者。現見眾生作業受果報。是事則如。世尊神通所作變化人。如是變化人。復作變化人。如初變化人。是名為作者。變化人所作。是則名為業。諸煩惱及業。皆如幻與夢。亦如炎與響。

梵天不求。梵天自至。果報不求。果報自至。煩惱已盡。習氣亦除。梵釋龍神。咸皆供敬。是故如來入城乞食。一切草木。皆悉頭低。一切山河。皆傾向佛。何況眾生。此是感而遂通也。

凡夫賢聖。根本悉是靈明清淨一法界心。性覺寶光。各各圓滿。本不名諸佛。亦不名眾生。但以此心靈妙自在。不守自性。故隨迷悟之緣造業受報。但隨緣門中。凡聖無定。謂本來未曾覺悟故。說煩惱無始。若悟修證即煩惱斷盡。故說有終。然實無別始覺。亦無不覺。畢竟平等。故此一心法爾有真妄二義。二義復各二義。故常具真如。生滅二門。各二義者。真有不變隨緣二義。妄有體空成事二義。謂由真不變。故妄體空。為真如門。由真隨緣。故妄成事為生滅門。以生滅即真如。故諸經說無佛無眾生。本來涅槃。常寂滅相。

眾生心生。則佛法滅。眾生心滅。則佛法生。心生則真法滅。心滅則真法生。已知一切法各不相屬。是名得道人。知心不屬一切法。此人常在道場。迷時有罪。解時無罪。何以故。罪性空故。迷時無罪見罪。若解時即罪無罪。何以故。罪無處所故。經云。諸法無性。真用莫疑。疑即成罪。何以故。罪因疑惑而生。若作此解者。前世罪業即為消滅。迷時六識五陰皆是煩惱生死法。悟時六識五陰皆是涅槃無生死法。

自家根蔕下。積生累劫多諸惡習。若也照燭不破。剔脫不行。日用間豈免觸途成滯。一切法中或有所疑。地即礙殺了你。一切法中或有所愛。水即淹殺了你。一切法中或有所瞋。火即燒殺了你。一切法中或有所喜。風即飄殺了你。四者既是五蘊十二處。十八界二十五有。明暗色空森羅萬象。到處粘作一團。如黐膠相似。驅你入驢胎。使你入馬腹。總繇它在。千佛出世。亦無如之何矣。

見一切法有。有自不有。自心計作有。見一切法無。無自不無。自心計作無。乃至一切法亦如是。並是自心計作有。自心計作無。又若人造一切罪。自見己之法王即得解脫。若從事上得解者氣力壯。從事中見法者。即處處不失念。從文字解者氣力弱。即事即法者。深從汝種種運為。跳踉顛蹶。悉不出法界。亦不入法界。若以法界入法界。即是癡人。凡有所施為。終不出法界心。何以故。心體是法界故。至人逢苦不憂。遇樂不喜。由不見己故。所以不知苦樂者。由亡己故。得至虛無。

己自尚亡。更有何物而不亡也。

一切眾生無不具覺靈空寂。與佛無殊。但以無始劫來未曾了悟。妄執身為我相。故生愛惡等情。隨情造業。隨業受報。生老病死長劫輪迴。然身中覺性未曾生死。如夢被驅使。身本安閑。如水作冰而濕性不異。若能悟此意即是法身。本自無生。何有寄託。靈靈不昧。了了常知。無所從來。亦無所去。然多生習妄執以性成。喜怒哀樂微細流注。真理雖然頓達。此情難以卒除。須長覺察損之又損。如風頓止波浪漸停。豈可一身所修便同佛用。但可以空寂為自體。勿認色身。以真知為自心。勿認妄念。妄念若起。都不隨之。即臨命終時。自然業不能繫。雖有中陰。所向自由。天上人間隨意寄託。若愛惡之念已泯。不受分段之身。自然易短為長易麤為妙。若微細流注。一切寂滅。圓覺大智。朗然獨存。即隨現千百億身。度有緣眾生。名之曰佛。

二五　息心達本

一心為宗。萬法為鏡。以萬法照我一心。以一心攝盡萬法。六祖云。色類自有道。各不相妨惱。若真修道人。不見世間過。一切總在自己。不關別人事。此即息心達本之真旨也。古云。十方同聚會。箇箇學無為。此是選佛場。心空及第歸。盡大地纖塵不立。三界平沈透浮幢。覿體現成。十虛畐塞。渾崙擘不破。直下沒兩般。仰面看天不見天。低頭覷地不見地。於中亦無人。亦無佛。了了見。無一物。是甚麼。饒你瞎底瞎去。聾底聾去。啞底啞去。便是十成百了千當。正好朝打三千。暮打八百。這裡不言別事。且如六根四大。還有頓放處麼。聲色見聞。還有存罣處麼。意識分明。還有起滅處麼。起滅既無。分別何有。佛法知見。無處安排。如無孔笛。撞著氈拍版相似。動即影現。覺即冰生。尚乃不得一半。不動不覺。又向活水裏。

覓死處不得。更說甚麼煩惱菩提。涅槃生死。三界二十五有。性相空有。頓漸偏圓。說玄妙說。心性說。知解說。禪道說。雖然說即不無。要且只是說底。如何是不說底。大眾。既無頓放處。死急作甚麼。擬心即差。動念即乖。是以四祖謂牛頭曰。汝但任心自在。莫作觀行。亦莫澄心。莫起貪嗔。莫懷愁慮。蕩蕩無礙。任意縱橫。不作諸善。不作諸惡。行住坐臥。觸目遇緣。總是佛之妙用。快樂無憂。故名為佛。又云。境緣無好醜。好醜起於心。心若不強名。妄情從何起。妄情既不起。真心任偏知。汝但隨心自在。無復對治。即名常住法身。無有變異。昔僧問南際和尚。學人欲親近。乞師指示。際云。我若指示即屈汝。僧云。如何即是。際云。切忌即是。各位。不是標形虛事持。如來寶杖親蹤跡。遮僧撞著銀山鐵壁。進退無門。南際又土上加泥。死而不弔。蓋動即有錯矣。且道南際有指示伊。無指示伊。

然如今學者多向五蘊身田裏。強作主宰。將真妄打作兩橛。若有人能一躍跳出。倒用魔王印。放出六門賊。為護法善神。亦庶幾無過矣。然而心仍不得常住者何也。蓋為有個觀察者。和被觀察者。心物未能合而為一。昔黃蘗禪師云。不可於淨性上。而作境解。所言定慧鑑用。歷歷寂寂惺惺。皆是在境上作解。所以道。似鏡長明。猶是真常流注。朗月當空。猶是階下漢。萬里無雲。青天也須喫棒。是謂荊棘林中下腳易。夜明簾外轉身難。即今將心意識所有底。一時放下。放盡還放。一如鏡破矣。月落矣。須彌山塞斷。念無念矣。古人謂譬如順水行舟。但略把柁。使不觸東岸西岸。然若息心達本者。不於此岸。不於彼岸。不於中流。則無水亦無舟。又須把甚麼柁。所謂不落階級。一超直入如來地。又要遵何道哉。昔百丈恆和尚上堂。眾纔集便云。喫茶去。有時眾纔集。便云珍重。有時眾纔集。便云歇。便下座。往往多用此時節因緣。後自作一頌。頌此三轉因緣云。百丈有三訣。喫茶。珍重。歇。直下便承當。敢保君未徹。又昔世尊因黑齒梵志運神力。以左右手擎合歡梧桐花兩株。來供養佛。佛召云。仙人。志應諾。佛云。放下著。志放下左手花。佛又召。仙人。放下著。志放下右手花。佛又召。仙人。放下著。志云。我今空手而立。更放下箇甚麼。佛云。吾非教汝放捨其花。汝當放捨外六塵。內六識。中六根。一時放捨。至無可捨處。是汝免生死處。志於言下悟無生法忍。故知此事須有大休歇田地。所謂悟者。悟此也。絕疑者。絕此也。踐履者。踐履此也。若悟處未到那田地。而遽謂踐履。則途路中決有參差之處。正當此時。不疑悟處不真。卻執為踐履未到。而欲以所知之心。俟時候之熟真。乃痴人也。所謂東行而西向矣。曹山特設四禁。亦恐人將覺變為境。此皆古人要人絕卻所知。到真悟不疑之地。使向去無犯手處。若真休歇人。於此自證自肯。還有什麼這個那個。皆如不皆如。正所謂行船不觸東西岸。柁總在當人。更要把箇什麼。

昔蓮華峯庵主。拈拄杖示眾云。古人到這裏為甚不肯住。眾無對。自云。為他途路不得力。復云。畢竟如何。又自云。榔標橫擔不顧人。直入千峯萬峯去。大眾。

眼裏塵沙耳裏土。千峰萬峰不肯住。落花流水太茫茫。剔起眉毛何處去。闔國人追不再來。千古萬古空相憶。昔石霜諸禪師遷化。眾請首座住持。時九峯虔禪師為侍者白眾云。須明得先師意始可。座云。先師有什麼意。虔云。先師道。休去歇去。冷湫湫地去。一念萬年去。寒灰枯木去。古廟香鑪去。一條白練去。其他則不問。如何是一條白練去。首座對云。這個只是明一色邊事。虔云。元來不會先師意在。座云。你不肯我那。但裝香來。香煙斷處。若去不得。即不會先師意。虔遂焚香。香煙未斷。首座已脫去。虔以手拊首座背云。坐脫立亡即不無。先師意未夢見在。古德拈云。一片虛凝亘古今。麟龍頭角競疎親。坐亡立脫知多少。鐵樹花開別是春。各位。透生死關。高超世表。秉殺活劍。獨據寰中。若非智眼洞明。未免扶籬摸壁。要會麼。春蘭與秋菊。各自一時榮。所以此一段事。且須分曉始得。汝若分曉去。便能超毘盧越釋迦。作淨妙法身。出金剛眼孔。爾但歇去。歇得盡時。靈然不昧。更須退步就己。方能徹底相應。箇時若有獨在之照。猶帶功在。此所以九峯虔禪師不肯首座也。豈不見道。子歸就父。為什麼父全不顧。理合如斯。始成父子之恩。如何是父子之恩。刀斧斫不開。各位。帶角披毛異類身。寒灰枯木眼中塵。雖然未盡先師意。爭奈臨行一著親。

昔雲門拈拄杖示眾云。拄杖子化為龍。吞卻乾坤了也。山河大地甚處得來。雪竇頌云。拄杖子。吞乾坤。徒說桃花浪裏奔。燒尾者不在拏雲攫霧。曝鰓者何必喪膽忘魂。拈了也。聞不聞。直須灑灑落落。休更紛紛紜紜。七十二棒且輕恕。一百五十難放君。大眾。人空法空。吞卻乾坤在手中。黃面瞿曇空眨眼。百千菩薩盡驚忙。昔洞山初禪師參雲門。門問。近離甚處。師云。查渡。門云。夏在甚處。師云。湖南報慈。門云。幾時離彼中。師云。八月二十五。門云。放汝三頓棒。師次日再問。昨日蒙和尚放某甲三頓棒。未審過在甚麼處。門云。飯袋子。江西湖南便與麼去。師於是大悟乃云。某甲從今去向無人煙處。不蓄一粒米。不種一莖菜。接待十方往來善知識。與他解黏去縛。令渠飽齁齁地去。門云。汝身如椰子大。開許大口。古德拈云。三頓當時打不回。鐵門重擊鎖方開。堪嗟不蓄一粒米。十字街頭接往來。各位。此事不是強作主宰的事。所以雲門云。飯袋子。江西湖南便與麼去。大眾。去年八月離湖南。行盡千山與萬山。不喫雲門三頓棒。安知虎體有玄班。其實不論有過無過。有理無理總是要吃棒。然佛法也無許多般。只要諸人一切時中。放教身心空索索地。絛絲不挂。廓落無依。本地靈明。毫髮不昧。若恁麼履踐。得到自然一切時合。一切時應。了無纖毫許作爾障礙處。便能轉十聖向自己背後。方喚作衲僧。若也倚他門戶。取他處分。受他茶糊。豈不是瞎驢趁大隊。然雖如是。且畢竟處又如何。各位。自是不歸歸便得。五湖煙浪有誰爭。

然欲透此事。須發無師智始得。且無師智如何發。試舉個樣子。昔五祖演禪師云。我者裡禪似個什麼。如人家會作賊。有一兒子一日云。我爺老後。我卻如何養家。須學箇事業始得。遂白其爺。爺云。好得。一夜引至巨室。穿窬入宅開櫃。乃教兒子入其中取衣帛。兒纔入櫃。爺便閉卻。復鎖了。故於廳上扣打。令其家驚覺。乃先尋穿窬而去。其家人即時起來。點火燭之。知有賊。但已去了。其賊兒在櫃中私自語云。我爺何故如此。正悶悶中。卻得一計。作鼠咬聲。其家遣婢。點燈開櫃。櫃纔開了。賊兒聳身吹滅燈。推倒婢走其家趕至中路。賊兒忽見一井。乃推巨石投井中。其人卻於井中覓。賊兒直走歸家問爺。爺云。你休說。你怎生得出。兒具說上件意。爺云。你恁麼儘做得。各位。此公案意旨如何。你看他五祖老人。在當時為天下第一宗師。垂箇方便。何等切實。何等明白。也只是要諸人如賊兒般。恁麼急切一回。發憤求脫。果若像伊恁麼急切。則無師智自然發露。如或未然。自是諸人不肯大死一回。雖云參究。皆是胡思亂想。既不能死去。又如何得有活路。殊不知此事。須是絕後再甦。方名得活。非是如今弄虛瞞人。便自謂活也。古德云。此事直須啐地折。爆地斷始得。苟活而不死者。此病世醫拱手。總因為無有如賊兒在櫃中。念念求出底急切。所以不肯死。須知賊兒在櫃中。若不急切求脫。被人捉住送官。便無了性命。又當此時節。叫爺不得。叫娘不得。絕處逢生處。無師智便發。者便是賊爺為他處。正所謂父子上山。各自努力。又豈是別人教得底。蓋若當時。賊爺有個法教道賊子。此必非活路。所謂與人實法。土亦難消。應在個人。蓋若一時透脫不得。便出生死不得。他時後日無常殺鬼。牛頭阿旁。便當推汝向刀山劍樹上去也。其苦無量。故知參禪須有箇正因。有正因便有正信。有正信便有真正急切參情。有真正急切參情。始有大悟。其或未然。因地不真。果招迂曲。逗到頭白齒豁。一事無成。莫怪參禪無靈驗也。大眾。大凡行腳參尋知識。要帶眼行。須分緇素。看淺深始得。學道如世巨商。經涉大海。渺無涯際。始須假舟楫。懃櫓棹。及其到也。只在須臾。正恁麼時。回視前來所用功力。一時俱息。當下自然穩貼貼地。奇珍異寶。悉皆現前。方是自家原物。然後周貧濟乏。隨意運用。不由別人。豈不見昔日善財遊百一十城。參五十三善知識。一一善知識。各得其法門。要且終有限量。後於彌勒彈指聲中。入大樓閣。頓忘前證。本智現前。方名無限量法門。方名得大自在受用。當時善財若不得這一解。亦只是贏得腳板闊而已。

◆相關法語

三祖云。得失是非一時放卻。不執住一切有無諸法。是名不住有緣。亦不依住不依住。是名不住空忍。執自己是佛。自己是禪道解者名內見。執因緣修證而成者。名外見。誌公云。內見外見俱錯。

夫道者。以寂滅為體。修者。以離相為宗。故經云。寂滅是菩提。滅諸相故。佛者。覺也。人有覺心得菩提道。故名為佛。經云。離一切諸相。即名諸佛。是知有相。是無相之相。不可以眼見。唯可以智知。若聞此法者。生一念信心。此人以發大乘乃超三界。三界者貪嗔癡是。返貪嗔癡為戒定慧。即名超三界。然貪嗔癡亦無實性。但據眾生而言矣。能返照了了。見貪嗔癡性即是佛性。貪嗔癡外更無別有佛性。經云。諸佛從本來。常處於三毒。長養於白法。而成於世尊。

報化非真佛。莫認法身。凡聖果報皆是影。若認著即屬無常生滅也。麤細而論。纖毫不立。窮理盡性。一切全無。如世界未成時。洞然空廓。無佛名無眾生名。始有少分相應。直向那邊會了。卻來者裏行履。不證凡聖果位。據本而論。實無少法可得。豈況三乘五性。差別名數。但是有因有果。盡屬無常生滅也。並是出世安立假名相說。非關本來事。道不是明暗物。一切莫認著。大道冥通。智莫能測。故云。相逢不相識。共語不知名。

祇如今鑑覺。但不被一切有無諸法管。透三句及一切逆順境得過。聞百千萬億佛出世間。如不聞相似。亦不依住不聞。亦不作不依住知解。若說佛轉法輪退。亦是謗佛法僧。說佛不轉法輪不退。亦是謗佛法僧。

如今聞說不著一切善惡有無等法。即為墮空。不知棄本逐末。卻是墮空也。求佛求菩提及一切有無等法。是棄本逐末。祇如今麤食助命。補破遮寒。渴則掬水喫。餘外但是一切有無等法都無纖毫繫念。此人漸有輕明分。

自心是佛。照用屬菩薩。心心是主宰。照用屬客塵。如波說水。照萬像以無功。

若能寂照。不自玄旨。自然貫串於古今。如云神無照功。至功常存。

但擬著一法。印子即成也。印著有。即六道四生文出。印著空。即無相文現。如今但知決定不印一切物。此印為虛空。不一不二。空本不空。印本不有。十方虛空世界。諸佛出世。如見電光一般。觀一切蠢動含靈。如響一般。見十方微塵國土。恰似海中一滴水相似。聞一切甚深法如幻如化。心心不異。法法不異。乃至千經萬論。祇為你之一心。若能不取一切相。故言如是一心中。方便勤莊嚴。

心外無法。內亦不可得。已起者莫續。未起者不要放起。便勝你十年行腳。你諸方來者。皆是有心求佛。求法求解脫求出離三界。癡人。你要出三界什麼處去。佛祖是賞繫底名句。你欲識三界麼。不離你今聽法底心地。你一念心貪是欲界。你一念心嗔是色界。你一念心癡是無色界。是你屋裏家具子。

大德。四大色身是無常。乃至脾胃肝膽髮毛爪齒。唯見諸法空相。你一念心歇得處。喚作菩提樹。你一念心不能歇得處。喚作無明樹。無明無住處。無明無始終。你若念念心歇不得便上他無明樹。便入六道四生披毛戴角。你若歇得。便是清淨身界。

大道無明。未曾有暗。非三界攝。非去來今。如來藏實不覆藏。師子何曾在窟。五陰本空。何曾有處所。且法身無為。不墮諸數。法無動搖。不依六塵。故經云。佛性是常。心是無常。所以智不是道。心不是佛。如今且莫喚心作佛。莫作見聞覺知會。者箇物且本來無許多名字。妙用自通。數量管他不得是大解脫。所以道。人心無住處。蹤跡不可尋。故云無滲智。不思議智。

凡將心求法者為迷。不將心求法者為悟。不著文字名解脫。不染六塵名護法。出離生死名出家。不受後有名得道。不生妄想名涅槃。不處無明為大智慧。無煩惱處名般涅槃。無相處名為彼岸。迷時有此岸。悟時無此岸。何以故。為凡夫一向住此。若覺最上乘者。心不住此。亦不住彼。故能離於此彼岸也。若見彼岸異於此岸。此人之心已無禪定。煩惱名眾生。悟解名菩提。亦不一不異。只隔其迷悟耳。迷時有世間可出。悟時無世間可出。平等法中。不見凡夫異於聖人。

人人分上有一段事。輝騰今古。迥絕見知。淨裸裸。赤灑灑。先沒許多般。只為你諸人。從無始時來妄想濃厚。背卻自己只從他覓。若能回光返照。無第二人。終不隨他起滅。若一處得脫。則千處百處一時透脫。莫只向人舌頭聽他處分。聊聞舉著。剔起便行。已是三千里外沒交涉。若得箇中受用。便乃毛羽相似。作他屋裏人。

身心一如。身外無餘。盡乾坤大地。只是箇本來心。盡山河大地。只是箇一末撒子也不要。既不要。且道向什麼處安身立命。到此。須是有生機一路始得。若不如是。你若道佛則著佛。你若道祖則著祖。直須紅鑪一點雪相似始得。且去巾單下。放教如寒灰死火。世法佛法都不用思量。莫怕他落空。莫怕如土木瓦石。你若怕落空。只如憂落空底心是什麼。何曾落空來。若是果歇得到真實休歇之處。佛祖也不立。千聖萬聖法門一時透了。豈不徑截也。

不論天堂地獄餓鬼畜生。但是一切處不移易。元是舊時人。只是不行舊時路。若有欣心。還成滯著。若脫得。揀甚麼。古德云。只恐不得輪迴。汝道作麼生。只如今人說箇淨潔處。愛說向去事。此病最難治。若是世間麤重事卻是輕。淨潔病為重。只如佛味祖味盡為滯著。古云。擬心是犯戒。若也得味是破齋。且喚什麼作味。只是佛味祖味。纔有欣心便是犯戒。若也如今說破齋破戒。即今三羯磨時早破了也。若是麤重貪嗔癡。雖難斷卻是輕。若也無為無事淨潔。此乃重無以加也。

今時莫作等閑。黧奴白牯修行卻快。不是有禪有道。如汝種種馳求。覓佛覓祖乃至菩提涅槃。幾時休歇成辦乎。皆是生滅心。所以不如黧奴白牯。兀兀無知。不知佛不知祖。乃至菩提涅槃。以及善惡因果。但饑來喫草。渴來飲水。若能恁麼。不愁不成辦。不見道。計較不成。是以知有。乃能披毛戴角。牽犂拽耒。得此便宜。始較些子。

不見祖師道。風鳴耶鈴鳴耶。便好休歇也。更煩他道。非風鈴鳴。乃心鳴耳。祖師恁麼印證。因何不會。祇為箇能所。所以道。因能立所。所既妄立。生汝妄能。無同異中。熾然成異。元來一時放下。於一切時無異緣。見色時無能見所見。聞聲時無能聞所聞。心裏思量時無能思所思。那裏不是。

嗅香觀鼻俱有一箇入處。要須盡根源徹頂底。方是儞住處。如今一般漢將禪冊子上言語作道理。作佛作法。幾時得了去。儞但常自休歇。不將地水火風相隨行。便常出生死。古人道。第一莫將來。將來不相似。嚴陽尊者問趙州。一物不將來時如何。州云。放下著。陽云。一物既不將來。放下箇甚麼。州云。恁麼則擔取去。尋常不要擔將來。便是一箇無事道人。

身心不起。是名第一牢強精進。纔起心向外求者。名為歌利王愛遊獵去。心不外遊即是忍辱僊人。身心俱無即是佛道。淨名云。唯置一床。寢疾而臥。心不起也。妄想歇滅。即是菩提。如今若心裏紛紛不定。任你學到三乘四果十地諸位。合殺祇向凡聖中坐。諸行盡歸無常。勢力皆有盡期。猶如箭射於空力盡還墜。卻歸生死輪迴。如斯修行。不解佛意。虛受辛苦。豈非大錯。

汝等先歇諸緣。休息萬事。善與不善。世出世間一切諸法。莫記憶莫緣念。放捨身心令其自在。心如木石。無所辨別。無所行向。心地若空慧日自現。如雲開日出相似。俱歇一切攀緣。貪嗔愛取垢淨情盡。對五欲八風。不被見聞覺知所縛。不被諸境所惑。自然具足神通妙用。是解脫人。對一切境。心無靜亂。不攝不散。透一切聲色無有滯礙。名為道人。但不被一切善惡垢淨。有為世間福智拘繫。即名為佛慧。是非好惡。是理非理。諸知見總盡。不被繫縛。處心自在。名初發心菩薩。便登佛地。

上古尊宿天下老和尚。拂子邊拄杖頭現無量神通。其實與你諸人解黏去縛。抽釘拔楔。令汝直下到安閑之地。也無證也無得。亦無周由者也七十三八十四。若也未到。不免搽糊去也。一切境界一切有無一切法門。但於一言下。一念頃脫得情塵去。塵塵剎剎。廓周沙界。大小長短方圓青黃赤白。全是本心。

破有法王出現世間。古云。我於然燈佛所。無少法可得。此語只為空你情解知量。但消融表裏情盡。都無依執。是無事人。三乘教網只是應機之藥。隨宜所說。臨時施設。各各不同。但能了知。即不被惑。第一不得於一機一教邊守文作解。何以如此。實無有定法如來可說。我此宗門不論此事。但知息心即休。更不用思前慮後。

二六　本分體用

學佛上士。先要參透法身。透得法身方解作主。且如何是法身。天不能蓋。地不能載。日月不能照。虛空不能容。猶在法身量邊走。燈龍露柱。香爐淨缾。山河大地。要且不是法身。南斗七。北斗八。盡是見神見鬼。說底用不得。用底說不得。而今和座盤掇與你了也。作麼生用。作麼生說。各位。大用現前。不存規則。若也一舉便明。一擊便透。一扃便了。痛領將去。來年更有新條在。惱亂春風促未休。

昔溈山祐禪師因摘茶。謂仰山云。終日摘茶。只聞子聲。不見子形。仰山撼茶樹一下。師云。子只得其用。不得其體。仰云。未審和尚如何。師良久。仰云。和尚只得其體。不得其用。師云。放子二十棒。古德拈云。陽春白雪今古罕聞。如今還有同聲相應。同氣相求者麼。良久云。唱彌高和彌寡。各位。還會麼。家醜不可外揚。

父子體用全彰。父奪子機猶自可。子奪父機乃無良。故云得體底人。生死搖動不得。得用底人。縱橫留滯不得。若也在表不被物礙。在裏不被寂困。往來宛轉。自然成一家去。方知溈山得體。仰山得用。它家父子。有相就底處所。亦有相奪底時節。若也打得徹去。方知溈仰父子。俱不虛棄。在體時體中得用。在用時用中得體。所以道。借功明位。用在體處。借位明功。體在用處。且道總不借時如何。偏正不曾離本位。無生那涉語因緣。古人相見。互換之機。啐啄同時。體用雙行。涉是兼非。當時正令須全提。方知畫餅不充飢。

昔龐蘊居士問馬祖。不與萬法為侶者是甚麼人。祖云。待汝一口吸盡西江水來。即向汝道。士於言下有省悟。古德拈云。問處體露無依。答時堆山積嶽。賓主互換。針芥相投。如空藏空。似鏡照鏡。諸人還知二老落處麼。誰家別舘池塘上。一對鴛鴦畫不成。有云。一口吸盡西江水。萬古千今無一滴。要知黨理不黨親。馬祖可惜口門窄。有云。風吹日炙露屍骸。泣問傴人覓地埋。忍俊不禁多口老。陰陽無處可安排。又昔大溈安禪師示眾云。有句無句。如藤倚樹。踈山聞之。逕往彼請問。值師泥壁次。便問。有句無句。如藤倚樹。豈不是和尚道。師云是。山云。忽遇樹倒藤枯時如何。師放下泥盤。呵呵大笑。歸方丈。踈山隨後云。某甲三千里。賣卻布單。特為此因緣而來。和尚何得相弄。師喚侍者討錢還伊去。遂囑云。向後有獨眼龍為汝點破在。山後到明招舉前話。招云。大溈可謂頭正尾正。祇是不遇知音。山卻問。樹倒藤枯時如何。招云。更使溈山笑轉新。山因而有省。乃云。溈山元來。笑中有刀。遂遙禮悔過。古德拈云。樹倒藤枯伸一問。呵呵大笑有來由。羚羊掛角無尋處。直至如今笑未休。有云。若將此語定綱宗。辜負明招獨眼龍。笑裏忽分泥水路。方知千里共同風。大眾。天共白雲曉。水和明月流。有句無句。如藤倚樹。樹倒藤枯相隨來。諸人若未得如此。且體取空劫以前自己事。

所以云。今時人須得大用現前。且如諸人。喚甚麼作大用。莫是見恁麼問著。便如古人一般。下棒下喝喚作大用。那是野狐精見解。諸人要識大用麼。空劫以前底。便喚作大用。若體得空劫以前事。方得大用現前。方能於生死界中。得其自在。不被業障所拘。方是見性底人。稍有些子佛法身心也。你看他得大用底人。去住何其自由。昔有紙衣道者到曹山。曹山見便問。莫是紙衣道者否。云不敢。山云。作麼生是紙衣下事。對云。一毬才挂體。萬法悉皆如。山云。作麼生是紙衣下用。紙衣近前。唱一聲喏。便立脫去。時有僧舉到僧堂中。有第二座聞得亦脫去。良久。紙衣卻回來。問曹山云。靈覺不托胎時如何。山云。不得妙。紙衣云。如何是妙。山云。不借借。紙衣禮謝曹山畢。卻歸僧堂坐脫去。諸仁者。此箇人始得大用現前。只如諸人還得大用現前也無。若未得大用現前。直須是休歇去始得。無你用心處。只有休心。是名第一參學。若得一念無心。三界內覓你不得。天堂地獄。收攝你不得。如虛空無有處所。為甚如此。只為你忘卻一念心去。乃至三世諸佛一切聖賢。

亦不知你去處。豈況六道四生。但有一絲毫佛法異念。鬼神便見得你。識得你。不見往日雲居禪師。參見洞山後入山住菴。每月十五須回問訊洞山。一日洞山問云。庵主。汝庵中置被煙火飯食如何。庵主曰。俱無。山云。每日喫箇甚麼。庵主云。每日常有賢聖送食來與某甲喫。洞山喝云。將謂汝是箇人。作這般去就。庵主叉手進前云。不知某甲有甚麼過。山云。若無所作。因甚麼感賢聖。送食來與汝喫。庵主曰。某甲在庵中。有時思量著和尚言句。洞山云。可知是。庵主從此歸庵中。自備茶食。於是賢聖又送食來。即不見庵主。從此不送來。各位。凡走過必留痕跡。但有所作必有其因。莫道無人知好。

昔雪峯存禪師。在德山作飯頭。一日飯遲。師曬飯巾次。見德山托鉢至法堂前。師云。這老漢。鐘未鳴鼓未響。托鉢向甚麼處去。山便歸方丈。師舉似巖頭。頭云。大小德山。不會末後句。山聞。令侍者喚巖頭來。山問。汝不肯老僧那。頭密啟其意。山休去。明日陞堂。果與尋常不同。頭至僧堂前拊掌大笑云。且喜堂頭老漢會末後句。他後天下人不奈伊何。雖然如是。也只得三年。後三年德山果遷化。古德拈云。曾聞說箇獨眼龍。元來只有一隻眼。殊不知。德山是箇無齒大蟲。若不是巖頭識破。爭得明日與昨日不同。諸人要會末後句麼。只許老胡知。不許老胡會。有云。末後句。會也無。德山父子太含胡。座中亦有江南客。莫向樽前唱鷓鴣。各位。雪峯著賊了也。此事總不恁麼。一摑塗毒聞皆喪。身在其中總不知。末後句其實也只是最初句。此又有誰能知。昔僧問百丈海禪師。如何是奇特事。師云。獨坐大雄峯。僧禮拜。師便打。古德拈云。祖域交馳天馬駒。化門舒卷不同途。電光石火存機變。堪笑人來捋虎鬚。有云。大機大用豈虛然。獨坐雄峯是有權。稍若錯傳王令者。腦門須喫棒三千。大眾。此公案僧問百丈如何是奇特事。這僧具眼。言中有響句裏呈機。百丈便與他擔荷云。獨坐大雄峰。其僧便禮拜。然這禮拜與尋常的不同。這禮拜似捋虎鬚相似。只爭轉身處。賴值百丈頂門有眼。肘後有符。深辨來風。所以便打。此乃劍鋒相拄。這僧以機投機。以意遣意。他所以禮拜。而百丈便打。到這裏。須是識休咎。別緇素。向千峰頂上立始得。看他放去則一時俱是。收來則掃蹤滅跡。宗師作家。等閑不見他受用處。纔到當機拈弄時。自然活鱍鱍地。古德云。如馬前相撲相似。須是聲色見聞。一時坐斷。把得定作得主。始見他百丈獨坐處。若真實徹證到真淨明妙。實際理地。則四聖六凡。三世諸佛。天下祖師。有情無情。悉於是中流出顯現。所以昔孚上座問鼓山晏國師云。父母未生前。鼻孔在什麼處。山云。即今生也。在什麼處。孚上座不肯。便云。你問我來。山如前問。孚但搖扇。各位。大凡參請。參須實參。見須實見。用須實用。父母未生前。鼻孔在什麼處。孚上座只搖扇子。莫是弄精魂麼。須知有奇特事始得。只如文殊初生。見十吉祥異相。須菩提生。室現空相。善財初生。涌出萬寶藏。皆在此一大寶光中。淨裸裸赤灑灑流出。若只在杳杳冥冥。墮在空空寂寂處。豈有如是奇特。

各位。除十二時中。似一箇無孔銕鎚去始得。息卻參學底心。息卻修行底心。如一塊頑石頭去。如寒灰死火去。若能如是。卻得相應分。若不如斯。縱你修行六度萬行。乃至盡未來際修。只得箇報化佛。不見云。報化非真佛。亦非說法者。當知不易得。如今諸人且莫容易過時。且學休歇身心。向後自不同去。若歇得這一念者。稍有些子學道分。別無汝用心處。設有學得八萬法門。百千三昧。說得滿龍宮盈海藏去。於你分上。總無是處。所以佛云。如吹網欲氣滿。所以祖師門下。只是說忘其言息其見。及至達磨從西國來。既到此土。九年面壁。不措一詞。故知。要學這個法。直下除是息心。別無你著力處。諸人若能無心去。便與諸佛齊肩。佛即是箇無心底人。若一人肯恁麼去。天上人間最難得。此人純一無雜。堪為法器。然須是自家著眼孔。莫受人謾。學佛法究竟也無別事。只要諸人扣己而參。此為難信之法。必須是自信自肯始得。到汝信得及也。一切萬法皆惑汝不動。身心自然堅實去。喚作向去底心。三世諸佛也喚你不回。有底暫時息心。便得相應去。有底三年五年。十年二十年始得相應。各位。此是個人家中的事。且如你諸人。如今十二時中。在甚麼處行履。一片身心在那裡。然要學相應這箇事。也須是箇不拋棄身心學始得。作麼生是身心不拋棄。十二時中。無一念心生。喚作不拋棄道。此人身心常在。所以云。如人常在家。不愁家中事不辦。

◆相關法語

玄關一擊。光境脫然。慧刃一揮。根塵淨盡。戶外鋒鋩未露。目前眹跡全抛。截斷萬機緣。啞卻千聖口。到遮裏。喚甚麼作佛法禪道。喚甚麼作機境語言。作麼生說箇機境底道理。別白露淨分明尚自不會。何況抛三作五。坐一走七。建立法幢。權衡佛祖。更向甚處摸索。大眾。拄杖子記得麼。一回相見一回老。幾處笙歌幾處愁。

羚羊挂角。莫道覓佗蹤跡。氣息也無。俊鶻梢空。勿謂趁佗不及。影像何有。縱使機如掣電。眼似流星。戴角擎頭。敲枷打鎖底。一任胡言漢語。橫拖倒磨。若是正眼觀來。一場狼藉。何故。衲僧門下水洩不通。大冶之中片雪莫立。還有近傍湊泊處麼。還有插觜啗啄處麼。若向遮裏撥得一線活路。便見八面玲瓏。入水入泥。破塵破的。隨緣起滅。即般若濟運斡旋化機。乃真智綽然。寒時寒熱時熱。普天匝地。透頂透底。佛眼莫窺。聖智那辨。更說甚孤明歷歷。是錯承當。顯露堂堂。亦成窠臼。直須脚跟下弓折箭盡。方寸中瓦解冰銷。等閑抑不得已。突出一機。建立一境。掃除從上來蹤跡。坐斷天下人舌頭。

應物殊形。變現諸趣。離我我所。猶屬彼邊事。猶是小用。亦是佛事門中收。大用者。大身隱於無形。大音匿於希聲。如木中之火。如鐘鼓之聲。因緣未具時。不可言其有無也。

大眾。住山須要得者箇著落。有得食。有得呷。便是我和你底活計。食了呷了。拿起鋤頭挑起匾擔。向那青黯黯處去。不管他高低平突。鋤了一畦又翻一令。正當恁麼時。佛也覷你不得。若是具眼底。埋頭在那裏。日三月三。必定到親證田地。就是初心淺學。總教生按著。不許走作分毫。久久自然觸著磕著。

淨法界中。佛祖眾生大家有分。獨我見者不能入。若見有我。則視佛祖皆是人相。人與我相對。如此則終無可避之人。亦無可休之地矣。自若不休則無地可休。汝若肯休則當下便休。一切放下方為大休。休則佛與眾生皆無地可容矣。汝求向上一路。雖云奇特。不若放下平貼耳。古人云。家邦平貼到人稀。若到平貼地。則佛亦不做。更何向上可求耶。

僧問德山。如何是奇特事。山云。我宗無語句。亦無一法與人。僧問羅山。如何是奇特事。羅山云。道什麼。大眾。古人鉤頭著餌意在得魚。如今洗腳上船。能有幾箇。

高提祖印。獨耀寰區。坐卻舌頭。聖凡罔測。聲前要旨。玅叶難該。句後玄關。金鍼雙鎖。通人分上。肯受提撕。懵懂禪流。徒誇作略。設使五湖衲子四海高人。問似龍飛鳳舞。答如玉轉珠回。向本分事中仍屬白雲萬里。何也。諸緣不涉。豈落今時。要會麼。混沌未分全體現。乾坤纔剖失便宜。

開佛祖鑪鞴。用向上鉗鎚。擬議不來。則千里萬里。當鋒薦得。則坐斷要津。

此猶是化門之說。若確實而論。宗師有口無說處。諸人有耳無側聆處。乃至日月未足為明。虛空未足為廣。乾坤未足為大。萬象未足為眾。到這裏。一搓一捺一挨一拶。要見本分事。且問如何是本分事。大千沙界海中漚。一切聖賢如電拂。

舉不顧。即差互。擬思量。何劫悟。且道舉箇什麼。直饒解顧。也是方木逗圓孔。何況更涉思量計較道理。轉沒交涉。著實而論。有什麼事。直下無一絲毫事。亦無一絲毫見聞玄妙。道理得失。到這裏。便是千聖出來。要舉揚也無下口處。要作用亦無動轉處。所以雲門云。向你道直下無事。早是相埋沒了也。且道什麼處是埋沒處。灼然能有幾人到此。此是文殊普賢大人境界。豈是尋常涉道理計校。得失思量底。還知麼。須是絕情識。絕玄妙。千聖只言自知。亦無窠臼照用。淨裸裸。赤灑灑。

玄沙云。沙門眼目。直須把定世界不漏絲毫。只如把時。諸人向這裏下喝得麼。打一坐具得麼。拂袖出去得麼。從東過西。從西過東得麼。六六三十六。九九八十一得麼。都盧是自家屋裏事得麼。喚作本分事得麼。指露柱話燈籠得麼。唯心唯性得麼。若恁麼。渾是紛紛紜紜。俱非正見。若有箇正知正見底。便知有本分事。既知本分事。終不作計校窠窟道理。作麼生道。還委悉麼。振奮吒沙無向背。翻身師子大家看。

巖頭道。只露目前些子。如擊石火。此是向上人行履。若覷不見。切不得疑著。

若無恁麼事。達磨西來經六百年。亦不傳至今日。為有恁麼事。至今天下列剎相望。一一真善知識。踞師子座。各各為人天師。牙如利劍。口似血盆。其餘有窠臼有依倚。黏皮著骨。有得有失有傳授的。盡打入弄泥團處去。若是石頭馬師。百丈黃檗。臨濟雲門。玄沙巖頭。法眼溈仰曹洞此等之流。皆是向上宗師。動靜施為。皆在此中行履。

目前無一法。森羅萬法歷然。格外立千機。權實照用廓爾。其權也。納須彌於芥子。擲大千於方外。其實也。上是天下是地。山是山水是水。僧是僧俗是俗。其照也。廓周沙界而無餘。其用也喝似雷奔。棒如雨點。只如不落權實照用。不落格外千機。不落目前一法。正當恁麼時。如何湊泊。若是心機透脫。得失已忘。玄妙理遣。有恁麼人。聊聞舉著。踢起便行。釋迦自釋迦。彌勒自彌勒。解脫自解脫。善財自善財。其或未能。便恁麼直下信得及。把得定作得主。卻須於古人方便門建立處。頭頭上明。物物上顯。無一絲毫蹉過。無一絲毫得失。淨裸裸絕承當。赤灑灑無回互。踏著本地風光。明見本來面目。正當恁麼時。如何著力。不起纖毫修學心。無相光中常自在。

驀地相期。全機獨證。眼眼相照。心心相知。俱不從他處得來。盡皆在胸襟流出。正當恁麼時。森羅萬像。古佛家風。碧落青霄。道人活計。打開自己庫藏。運出自己家財。與諸佛祖師同德同誠。維摩龐老同拈同放。與裴相國王常侍同一機用。

同一境照。更無餘事。截斷生死路頭。打破煩惱窠窟。不消一句子。且道是那一句子。還委悉麼。超然直透威音外。目前無法可商量。

達磨不來唐土。地久天長。二祖不往西天。山青水綠。龍吟霧起。虎嘯風生。秋雨垂空。浮雲蔽日。諸人有眼還見麼。有耳還聞麼。既具見聞。何者是迷。何者是悟。何物為緣。何物為對。要知迷悟昇沈理。畢竟須還本分師。先佛道。身相屬四大。心性歸六塵。四大體各離。誰為和合者。大眾。身心既乃如此。現今復是何物。近來參學之人。盡皆奔馳語句。舉論古今。於本分事全不明了。所以正宗淡薄。道法澆漓。

假使多聞達古今。歷劫何曾異今日。曾有一俗士問曰。弟子家中有片石。也曾坐。也曾臥。如今欲鐫作佛。不知還得否。南泉云。得。又問莫不得否。云不得。有人明得此旨也無。南泉道得。好箇佛。南泉道不得。好片石。

二七　劫空田地

道絕名言。名言不是道。法離聞見。聞見不是法。不是亦不是。不是箇甚麼。只遮不是。多少人摸索不著。無摸索處病難除。放下蛇頭捋虎鬚。情盡見除。物我俱喪。目前無法。意在目前。不是目前法。亦非目前事。只而今目前現定萬法攡然。若謂是實。則眼中有物。若謂不是。則瞎卻人眼。饒你當頭裂破。猶是第二句在。乃至棒喝機境。語默露布。百币千重。正是倚門傍戶。未為究竟。若是著衣喫飯。豎拂敲牀。起惡知惡見。能喚作佛法。佛法若只如此。何用達磨西來。何用教外別傳。兄弟。參須實參。悟須實悟。立處孤危。用處脫略。輝天鑑地。蓋色騎聲。當處即真。隨處解脫。猶是衲僧門下。沙彌見解。且道。脫籠掣轡一句作麼生道。青山不鎖長飛勢。滄海合知來處高。當知禪門一著。須見徹自己本地風光。方為究竟。

此是頂門上事。是超格越量的事。古者道。這一片田地。分付來多時也。我立地待你搆去。還知落處麼。威音以前。空劫那畔。這一片田地巍然不動。及乎四生浩浩。萬象騰騰。世界遷流。死生變化。這一片田地。亦巍然不動。以至三災劫壞。毘嵐風起。吹散大地。猶如微塵。這一片田地。亦巍然不動。諸佛出世。祖師西來。正為發明這一片田地。從上宗師。天下老宿。千方百計。施設方便。無不盡力提持這一片田地。雖然如是。終未有人解當頭道著。還搆得麼。八面坦平。四方清肅。萬法不能蓋覆。千聖不敢當前。若搆得去。一了一切了。一得一切得。便可歸家穩坐。昔趙州到雲居。居曰。老老大大。何不覓箇住處。州云。教某甲向甚麼處住。居曰。山前有箇古寺基。州云。和尚何不自住。居便休。各位。一切諸佛到此是住處。一切眾生到此是住處。若不到此。喚甚麼作休歇田地。須知當處滅盡。從此建立。便見當處出生。雪峰云。兄弟共十字。同心著一儀。薪盡火滅後。密室爛如泥。

昔洛浦安禪師。一日有故人來訪問云。倏忽數年。何處逃難。師云。只在闤闠中。故人云。如何不向無人處去。師云。無人處去有何難。云。且如闤闠中。如何逃避。師云。雖在闤闠中。要且無人識。故人罔措。復問。西天二十八祖。至此土人傳一人。且如彼此不垂曲者如何。師云。野老門前。不話朝堂之事。云。合談何事。師云。未逢別者。終不開拳。云。有人不從朝堂來。相逢時還話不。師云。量外之機。徒勞目擊。故人無對。各位。妙明田地。不涉春緣。格外真規。達者還稀。

又豈是以思量之情所能解。識情不到處。唯證方知。清淨無相。妙明絕緣。箇一片田地子。古今移不得。一切法生也。自是諸法生。了不干它事。一切法滅也。自是諸法滅。了不干它事。從本以來底。元不曾借借。廓大周遍。無所不至。正恁麼時。還有畔岸也無。若有畔岸。即於你本心。自作界至去也。正無畔岸時。全與虛空合。卻靈然不是空。若透頂透底去。則中間無一塵。混融不隔越。箇是諸佛諸祖出生處。箇是山河大地建立處。有情也恁麼地出生。無情也恁麼地建立。所以道。情與無情共一體。處處皆同真法界。到恁麼時。山是箇時山。水是箇時水。森羅萬像與地水火風。皆是箇時建立。乃至長短大小方圓等相。更無有異。所以者裏世間聰明辯才。用一點不得。到得恁麼田地。方始是放身捨命處。者般境界須是當人。自證自悟始得。所以華嚴經云。如來宮殿無有邊。自然覺者處其中。此是從上諸聖大解脫法門。無邊無量。無得無失。無默無語。無去無來。塵塵爾剎剎爾。念念爾法法爾。然而體用不相離。猶如定慧一體。而不是二。

昔有鼓山赴閩王請。雪峰謂孚上座云。雪峰門下好一隻聖箭。射入九重城裏去也。孚云。不然。待某甲勘過始得。孚乃自趕至中途問云。師兄向什麼處去。答曰。九重城裏去。問曰。忽然三軍圍繞時如何。答曰。他家自有通霄路。曰。恁麼則離宮失殿去也。答曰。何處不稱尊。孚不肯。拂袖便回。舉似雪峰。峰云。他有語在。孚云。這老凍儂。猶有鄉情在。峰便休去。各位。雪峰道。好隻聖箭。射入九重城裏去也。早是抛鈎擲釣。孚云。待某甲勘過始得。豈知盲龜跛鱉。已納敗闕了也。回來舉似。又如把髻投衙。峰云。他有語在。此也不是好心。是伊雪峰無齒大蟲。傷人不知痛。所以便休去。若是久參上士。定知雪老做賊處。蓋渠曾在德山托鉢案中著賊。故後亦慣得作賊。而孚上座云。老凍儂。猶有鄉情在。則是祇知貪前。不覺錯後。不知自己家賊難防。蹉過幾重了也。鼓山答云。他家自有通霄路。又云。何處不稱尊。此即十方諸佛出身處。本來無住。所謂家舍即在途中。途中即是家舍。雪峰云。他有語在。是正中來。乃無語中有語。洞山云。無中有路出塵埃。但能不觸當今諱。也勝前朝斷舌才。昔香嚴閑禪師垂語云。如人上樹。口啣樹枝。手不攀枝。腳不踏樹。樹下忽有人問。祖師西來意。不對則違他所問。若對他又喪身失命。當恁麼時。作麼生即是。時有虎頭上座出云。上樹即不問。未上樹請和尚道。師呵呵大笑。雪竇拈云。樹上道即易。樹下道即難。老僧上樹也。致將一問來。有云。虎頭上座。是箇惡賊。用無義手。打不防家。直饒本色作家。往往做手腳不辦。雪竇是別機宜。識休咎底漢。到這裏亦祇得藏身露影。還會香嚴做處麼。三千劍客今何在。獨許莊周見太平。各位。枝上那堪更生枝。問者答者。不免喪身失命。

昔僧問智門祚禪師。如何是般若體。師云。蚌含明月。又問。如何是般若用。師云。兔子懷胎。雪竇頌云。一片虛凝絕謂情。天人從此見空生。蚌含玄兔深深意。曾與禪家作戰爭。有云。如何是般若體。一堆屎。如何是般若用。屎堆裏蟲。各位。

般若體者。只在目前一穀一米。般若用者。七擒七縱。收去放來又何妨。如此非唯把定世界。亦乃安貼家邦。若善能參詳。便請丹宵獨步。又昔有僧問雲門。不起一念還有過也無。門云。須彌山。古德拈云。雲門道得不妨諦當。要且落在第二頭。若是老僧即不然。忽有人問。不起一念還有過也無。只對他道。更致將一問來。各位。不生一念豈通宗。真偽分於一句中。築著眼光兼杜口。須彌當面作屏風。人又不是死人。如何能不起一念。故此是逸格絕塵之道。直下便承當。更無第二箇。此猶是曲為今時。古人云。你未跨船舷時。好與三十棒。如此則千里萬里。一時坐斷。須踏著它向上關棙子始得。所以道。羅籠不肯住。呼喚不回頭。佛祖不安排。至今無處所。如是則不勞斂念。樓閣門開。寸步不移。百城俱到。故知此事不涉見聞覺知。人人具足。箇箇圓成。只為無量劫來為生死飄蕩。無明業識蒙蔽。不得現前。不得受用。如今要得向威音王以前。一翻翻轉。須是信道。者一著子。真箇是我本有之物。是我本有田地。決定不從人得。然後盡父母所生之體。稟天地之氣。併作一口吹毛利劍。將自己一條窮性命。斬作兩段。颺在萬仞懸崖之下。直得森羅萬象徹底平沉。方謂之心空及第。苟或外此。而猶未知有此一片田地。直饒參得一肚皮奇妙。築得一布袋禪。臘月三十日。未免手忙腳亂。如落湯螃蟹。古人道。山前一片閑田地。叉手叮嚀問祖翁。幾度賣來還自買。為憐松竹引清風。大眾。刼空田地是諸人安身立命處。

◆相關法語

劫前消息。非口耳之所傳。格外真規。豈思量之能解。須知佛佛祖祖。了無一法為人。子子孫孫。直下全身荷負。既已萬機寢削。自然一糝不留。湛湛之波。碧水冷涵於秋色。靈靈之照。霽天淨洗於冰輪。宛轉旁參。叶通兼帶。夢手推開玉戶。翻身撥動機輪。正令纔行。又見一陽萌動。化工密運。俄驚三世變遷。雖則默爾無言。爭奈熾然常說。無遷無變。今朝拈置一邊。有故有新。且道如何話會。諸人還委悉麼。群陰消剝盡。來日是書雲。

正法眼藏。亘古亘今。祖祖密傳。印印相可。語言路絕。思慮情忘。一切群生。各具斯事。然難信之法。措者還稀。上上之機。方能湊泊。若湊泊得去。便與三世佛祖。有情無情。悉皆同參。無自無他。非前非後。有何生死可出。佛道可成。不假多劫修行。彈指悉皆具足。行住坐臥。任運施為。見聞覺知。隨緣應用。睡來合眼。飯來開口。寒即向火。熱即取涼。既到者箇平實田地。匹上不足。匹下有餘。若是祖宗門下客。直須向火燄裏藏身。微塵裏走馬。東涌西沒。同死同生。爍迦羅眼不能窺。千手大悲把不住。裂破毗盧印。掃盡衲僧蹤。然雖如是。劍閣路危終易度。趙州關險大難行。

這一片田地。唯佛與佛乃能知之。畢竟知後。還傳與人不傳與人。若傳得去。龍頭虵尾。若傳不得。千聖萬聖。一箇箇到這裏。若佛若祖。於一切人機境不到處發明。於一切人用不及處提掇。一切人情識計較不得處。坐斷千差路頭。雖然拈一句。簇錦攢華。攢華簇錦。可以趣向。及至到那畔。若也承當。則沒交涉。到這裏有棒有喝。有權有實。有殺有活。有擒有縱。唯許諸佛知。不許諸佛會。既許諸佛知。為什麼不許諸佛會。會則傳得去也。所以要人心機絕。智境忘得失遺。是非一時落謝。萬境縱然而無何礙。可以與千聖把手共行。同用同證。一切處光輝。一切處澄湛去。

天無四壁。迥絕羅籠。地絕八維。了無障隔。與虛空同體。合暗合明。與虛空同壽。亘古亘今。人人有一坐具地。何用安排。處處悉彌勒門開。不須彈指。盡是人人受用。無去無來。以大悲力成此勝事。所以釋迦老子未離兜率。已降王宮。未出母胎。度人已畢。且道諸人分上還有這箇消息也無。若無。人人具足。箇箇圓成。因什麼卻無。若有。諸人即今在甚處安身立命。還知落處麼。若知落處。不動道場而徧能含受十方剎海。一塵一剎隨處受生。何待九龍吐香水。分手指天地。作大師子吼。須知未出母胎時。已作大師子吼。直至各各時時。念念處處。悉皆圓滿。清淨無為。無間無斷。大解脫門。正當恁麼時。晝昇兜率。夜降閻浮。其中摩尼珠為什麼不現。敢問諸人。中間事作麼生。還委悉得麼。龍袖拂開全體現。象王行處絕狐蹤。

大機圓應。大用縱橫。不墮千聖機關。不遊諸祖窠窟。舉一機。千機截斷。拈一事。萬事齊彰。須是他大解脫人。乃能明向上宗旨。豈不見維摩不離本座。移妙喜世界。如針鋒持棗葉。又不見大仰云。拈一片木葉。便是移一座仰山去。是知箇事若在心機意識。路布言詮上覓。大似掘地覓天。了沒交涉。若是箇生鐵鑄就。不涉化城。不由迷悟。不拘得失。然後一明一切明。一了一切了。一見一切見。一用一切用。此猶是衲僧家垂手應機。為人邊行履。若使他獨照獨運。乃至千聖覓他不著。諸天捧華無路。魔外潛觀不見。周旋往返十方無礙。一念普應。前後際斷。只如今坐立儼然。燈燭熒煌。且道是什麼時節。若道是唯心境界。正坐在荊棘林裏。若道是向上時節。亦未跳出金剛圈在。總不恁麼。又作麼生。還有人道得麼。若不藍田射石虎。幾乎誤殺李將軍。

言發非聲。和言擊碎。色前不物。與物俱融。聲色翳障全消。聞見之源亦脫。直得淨裸裸赤灑灑。清寥寥白滴滴。一片本地風光。一著本來面目。神通妙用底。縱橫十字。不離田地穩密。田地穩密底。坐斷十方。不離神通妙用。雙明中有雙暗。同生中有同死。恁麼也不得。不恁麼也不得。恁麼也得。不恁麼也得。所以道。即此見聞非見聞。無餘聲色可呈君。箇中若了全無事。體用何妨分不分。箇中見聞是體。聲色是用。聲色是體。見聞是用。分也得。不分也得。所以雲門道。移燈籠向佛殿裏。拈三門向燈籠上。若以衲僧正眼覷之。猶為小事。直得納須彌於芥中。擲大千於方外。也只是箇半提。所以盡乾坤大地都無空闕處。更須知有全提時節。三世諸佛只堪齊立下風。六代祖師只得全身遠害。當機直截一句作麼生道。三尺杖子攪滄波。令彼魚龍知性命。

若論此事。如人買田地相似。四至界畔一時分明結契了也。唯有中間樹子猶屬我在。大眾。既是四至分明結契子也。為什麼中間樹子猶屬他。不見道。千年田八百主。若識得中間樹子。耕鋤任你耕鋤。布種任你布種。開花任你開花。結子任你結子。若無中間樹子。爭喚作常住。

來不入門。去不出戶。來去無痕。如何提唱。直得古路苔封。羚羊絕跡。蒼梧月鎖。丹鳳不棲。所以道藏身處沒蹤跡。沒蹤跡處莫藏身。若能如是。去住無依。了無向背。還委悉麼。而今分散如雲鶴。你我相忘觸處玄。

釋迦老子道。若有一法過於涅槃。我即說為如幻如化。此一著子亘古亘今。凝然不變。火不能燒水不能溺。刀斧不能斫。喚作根本。一切有漏無漏。佛界魔界。淨土穢土。無不真實。若悟得可以丹霄獨步。不受別人處分。若未到恁麼田地。管取被人羅籠。

目擊知歸。已為分外。未言先契。猶涉程途。須知箇中有格外機。行格外用。明格外道。證格外心。灑灑落落。淨裸裸絕承當。密密堂堂。赤灑灑無回互。壁立萬仞處。千差萬別。萬別千差處。壁立萬仞。所以道。垂鉤四海。只釣獰龍。格外之機。為尋知識。於中若有箇便恁麼承當。得格外趣向。便恁麼權衡。得格外底作略時。向伊道箇什麼即得。說玄說妙。說佛說祖說心說性。已是此人棄下之增語。

論棒論喝。論權論實。論照論用。亦是此人不要之長物。以其中間不犯鋒鋩。纖塵不立如何透脫。還委悉麼。大道體寬無向背。當陽須是箇中人。

大凡窮生死根源。直須明取自家一片田地。教伊去處分明。然後臨機應用不失其宜。祇如鋒芒未兆以前。都無是箇非箇。瞥爾爆動。便有五行金土相生相剋。胡來漢現四姓雜居。各任方隅是非鋒起。致使玄黃不辨水乳不分。疾在膏肓難為救療。若不當陽曉示。窮子無以知歸。欲得大用現前。便可頓忘諸見。諸見既盡。昏霧不生。大智洞然。更非他物。

白雲兒。靈靈自炤。青山父。卓卓常存。機分頂後光。智契劫前眼。所以道。新豐路兮峻仍皺。新豐洞兮湛然沃。登者登兮不動搖。遊者遊兮莫忽速。亭堂雖有到人稀。林泉不長尋常木。諸禪德。向上一著尊貴難明。琉璃殿上不稱尊。翡翠簾前還合伴。正與麼時。針線貫通真宗不墜。合作麼生施設。滿頭白髮離巖谷。半夜穿雲入市鄽。

一段光明亘古今。有無照破脫情塵。當頭觸著彌天過。百億分身處處真。此箇田地豈涉春緣。其中偏正去來。當處離微出入。暗中著眼。明裏藏身。借位明功。體在用處。借功明位。用在體處。通身及盡。撒手那邊。照用同時。人境俱奪。卻從本地建立得來。一切處不存軌則。拽來便用。無可不可。經行坐臥。語默動容。運大神通。作大佛事。所以臨濟入門便喝。德山入門便棒。打地和尚凡有所問。只打地一下。俱胝和尚凡有所問。只豎一指。歸宗拽石。雲居般土。豈不是大機大用。那有留滯。

截斷千差路。坐卻是非頭。報化不容身。語默絕消息。正當恁麼時。若有祖師西來意。正是撒土撒沙。若無西來意。大似對面相謾。去此二途。須知他家有出身底路。大眾。灼然不是目前事。亦非目前機。有一句子。千聖覷他不見。有一句子。千聖出頭不得。有一句子。千聖同鄽共用。且道此一句畢見從什麼處流出。若有識得流出去處。則淨裸裸。赤灑灑。也不說一即三。三即一。不用行棒。不用行喝。不用道見成公案。不消瞬目揚眉。不用談玄說妙。所以釋迦彌勒。文殊普賢猶是他走使。他本不作一切。不為一切。坐斷一切。初無動搖。各各當人腳跟下圓明朗照。如大日輪。人人回光得度。也不在他處。也不在己處。不在內不在外不在中間。然而一切奇特事因他建立。一切殊勝事由他圓成。如王庫寶刀。如摩醯三目。如圓伊三點如塗毒鼓。千言萬句終說他不成。說他不就。正當恁麼時。還委悉麼。如王寶劍隨王意。揮斥縱橫得自由。

二八　平等性智

道源不遠。性海非遙。但向己求。莫從他覓。盡十方世界。總是一個靈知。了無有個是與不是。開眼與合眼。總是法性海。古云。羣靈一源。假名為佛。體竭形銷而不滅。金流樸散而常存。性海無風。金波自涌。心靈絕非。萬象齊照。體斯理者。不言而徧歷沙界。不用而功益玄化。所以道。向上人見處。把斷世界。不漏絲毫。無得失是非。離見聞知覺。如壺公瓢中。自有天地日月。不與一法作對。正體迢然。萬象不能覆藏。神機歷掌。望州亭。烏石嶺。僧堂前相見。已涉誵訛。不是心。不是佛。不是物。已拖泥帶水。到這裏上根利智。剔起便行。不落言詮。不拘機境。直下向文彩未彰以前。一時坐斷。可謂如天普蓋。似地普擎。無處不圓。無處不徧。古云。祖意如空不是空。靈機爭墮有無功。三賢尚不明斯旨。十聖那能達此宗。這個靈知止是一個。當下豁爾了悟。湛然不動。寂滅現前。清淨圓通。了然無礙。到此之際。若要更起個念頭。用知這個本體。又如何能起得來。以其通身是這個靈知了。不聞永嘉大師云。起知知於知。後知若生時。前知早已滅。二知既不並。但得前知滅。滅處為知境。能所皆非真。所以云。今言知者。不須知知。但知而已。人人分上具足。純一清淨妙明。喚作真實相。一切皆盡。到這裏有因緣底。有形相底。有名字底。俱立不得。如此便見趙州道。泥佛不度水。木佛不度火。金佛不度爐。若是真佛屋裏坐。箇時三世諸佛。仰望不及。歷代祖師。傳持不得。天下老和尚橫說竪說。說不著。唯是自己深證始得。如人飲水。冷暖自知。唯獨自明了。餘人所不見。箇時無男女差別等相。若向這裡分曉。便知道。交互明中暗。功齊轉覺難。力窮忘進退。金鎖網鞔鞔。正恁麼時。說聽同時。能所俱絕。曾無如外智。能證於如。亦無智外如。為智所證。然後觸目絕對待。萬法無不在。是汝心不知。非汝心不會。不會無不會。不知無不知。只箇不會知。殊特也大奇。

昔趙州問大慈。般若以何為體。慈云。般若以何為體。州呵呵大笑。來日州掃地次。慈卻問。般若以何為體。州放下掃箒。呵呵大笑。各位。大慈。趙州兩員古佛。一期相見。不妨奇絕。個中且作麼生商量。明中呈伎倆。是人猜搏。靴裏動指頭。阿誰知有。還相委悉麼。休道神鋒藏笑裏。須知鬼箭落風前。各位。一粒粟中藏世界。恆沙剎海始安居。萬緣不到千差絕。超證無生等太虛。至實處。不容聲。

至深處。無回互。明明蓋天蓋地。歷歷亘古亘今。坐斷千差。壁立萬仞。千聖提撕不到。是衲子放下複子處。千人萬人羅籠不住。是無為無事人拗折拄杖時。雖然浩浩應機。要且如如不動。有時魔宮虎穴。轉大法輪。有時荊棘林中。建立梵剎。有時向十字街頭。壁立千仞。有時向孤峰頂上。合水和泥。有照有用。有權有實。所以道。以大圓覺為我伽藍。身心安居平等性智。則於千人萬人羅籠不住處。始能安居。於千聖萬聖提撕不到處。始放複子。敢問安居一句作麼生道。還委悉麼。但令身語常清淨。夏滿何須驗蠟人。

昔有僧問九峰。如何是向去底人。峰云。寒蟬抱枯木。泣盡不回頭。問云。如何是卻來底人。峰云。蘆花火裏秀。逢春恰似秋。問云。如何是不來不去底人。峰云。石羊逢石虎。相見早晚休。各位。語帶玄而無路。舌頭談而不談。是須恁麼恰恰相應。理事貫通。往來無礙始得。更須知有言語不到處。是非不及處。所以道。一切數句非數句。與吾靈覺何交涉。最初一步。十方世界現全身。末後一言。一微塵中深鎖斷。有時提起。如倚天長劍。光耀乾坤。有時放下。似紅爐點雪。虛含萬象。得到恁麼田地。天魔外道拱手歸降。三世諸佛一時稽首。如是則朝往西天。暮歸東土。百花叢裏坐。淫坊酒肆行。雖然如是。不曾動著者裏一步。昔風穴示眾云。若立一塵。家國興盛。不立一塵。家國喪亡。且道立一塵即是。不立一塵即是。各位。若立一塵。家國興盛。野老顰蹙。意在立國安邦。須藉謀臣猛將。然後麒麟出。

鳳凰翔。乃太平之祥瑞也。不立一塵。家國喪亡。風颯颯地。洞下謂之轉變處。更無佛無眾生。無是無非。無好無惡。野老謳歌。只為家國喪亡。古人道。一言盡十方。絲毫未舉揚。箇時恁麼言。便知道山是山水是水。人是人法是法。世界爾塵塵爾。法法爾念念爾。這裏增一絲頭不得。減一絲頭不得。若有一絲毫道理。又是七花八裂去也。圓覺云。居一切時。不起妄念。於諸妄心。亦不息滅。住妄想境。不加了知。於無了知。不辨真實。正恁麼時。一種平懷。泯然自盡。故知此事。如鸞鳳沖霄。不留其跡。羚羊挂角。那覓其蹤。金龍不守於寒潭。玉兔豈栖於丹影。其或主賓若立。須威音路外搖頭。問答言陳。仍玄路傍提為唱。若能如是。猶在半途。更乃凝眸。不勞相見。

昔有僧問曹山本寂禪師。靈衣不掛時如何。師云。曹山今日孝滿。云。孝滿後如何。師云。曹山好顛酒。古德拈云。清白門庭絕四隣。長年關掃不容塵。光明轉處傾殘月。爻象分時卻建寅。新滿孝。便逢春。醉步狂歌任墮巾。散髮夷猶誰管系。太平無事酒顛人。各位。一切臨時。是儞做處。是我做處。是諸佛諸祖做處。更有甚麼僧俗男女。若不被生死轉。不被境界惑。生也在我。死也在我。脫殼漏子如閑傳舍。如換衣服相似。若是草草地做不到。認身為己。排物作它。既迷本路。便失正因。去去來來。自它隔越。若是體得妙。照得盡。何患不分曉。正恁麼時。如何辨白得恁麼成就去。豈不見六祖道。心地含諸種。普雨悉皆萌。頓悟花情已。菩提果自成。佛佛授手。祖祖傳心。也無別人安排一件事。也不受它處分一轉語。衲僧自證自到。淨而明。虛而靈。默而神。用而沖。在裏不遺照。在外不涉緣。只箇惺惺能照底。在者邊不被諸法轉。在那邊不被寂滅拘。所以道。迢迢空劫莫能收。豈與塵機作繫留。妙體本來無處所。通身何更有縱由。若能恁麼去也。生死了不著我。因緣了不牽我。在生死因緣中。恰恰自在。恁麼時輥底來。更無異相。正無異相時。在法法真。在頭頭準。一切諸相。即是自心。

身裏出門門裏身。眼中之物物中眼。見色也頭頭彌勒。聞聲也處處觀音。文殊於無差別智示有差別身。普賢於有差別境入無差別定。一切處自然正受。十二時法爾禪那。迷逢達磨更誰同。白牯貍奴卻知有。所以道。正位雖正卻偏。偏位雖偏卻圓。正偏宛轉若支離。失卻手中珠墮地。恁麼行履。還是本色衲僧也未。仔細撿點將來。猶未是吾家超脫處。畢竟如何。寶殿無人不侍立。不種梧桐免鳳來。昔保福。長慶遊山次。福以手指云。只這裏便是妙峰頂。慶云。是則是。可惜許。雪竇著語云。今日共這漢遊山。圖箇什麼。復云。百千年後不道無。只是少。後舉似鏡清。清云。若不是孫公。便見髑髏遍野。雪竇拈云。妙峰孤頂草離離。拈得分明付與誰。不是孫公辨端的。髑髏著地幾人知。各位。保福平地上起骨堆。若不是鐵眼銅睛。五線絲斷。幾被惑了。古人行住坐臥。無不以此道為念。所以舉著。便知落處。鏡清云。若不是孫公。便見髑髏偏野。依教中所云。妙峰孤頂。德雲比丘從來不下山。

善財去參七日不逢。一日卻在別峰相見。及乎見了。卻與他說。一念三世一切諸佛智慧光明。普見法門。大眾。萬法是心光。諸緣唯性曉。本無迷悟人。只要今日了。若能在一切處一切時。不被諸緣籠絡。是大智慧人。破塵出經卷。量等三千界。只是諸人妙淨明心。在一切塵一切剎。與法界等。清淨如滿月。妙明常照燭。於諸緣中出一頭地。古人道。即此見聞非見聞。無餘聲色可呈君。箇中若了渾無事。體用何妨分不分。若能恁麼去。聞聲便悟道。見色便明心。到恁麼時。不被一切法礙。物物皆自己。心心絕諸緣。何處不成等正覺。何處不轉大法輪。何處不度脫眾生。何處不入般涅槃。

◆相關法語

樹凋葉落瓦解冰消。歲暮年窮家殘戶破。以世諦觀之。是不稱意境界。以道眼觀之。卻是好箇消息。豈不見香嚴道。去年貧未是貧。今年貧始是貧。去年貧有卓錐之地。今年貧錐也無卓。又有古德道。富貴即易。貧窮即難。本分人打得徹。信得及見得透。物物頭頭俱為妙用。塵塵剎剎悉是真乘。若便恁麼歇去。敢保老兄未徹在。那堪更說漸說頓。說玄說妙。說理說事。卻須放卻玄妙。放卻理性。打破向上向下。截斷佛印祖機。直得東西不辨。南北不分。懞懞懂懂。遇飯喫飯不知是飯。

遇茶喫茶不知是茶。到這裏。猶只得箇衲僧門下潔白露淨底。是故洞山道。見佛與祖是生冤家。始有參學分。正當恁麼時全體現成。佛界不收。魔界不管。且道向什麼處行履。若識得去。便成年窮歲盡。相續不斷。相續不斷。歲盡年窮。今歲今宵盡。來年來日新。

提向上機須向上眼。指其中事要其中人。若能立千聖於下風。擲大千於方外。腳根下硬糾糾。頂門上黑漫漫。坐斷要津不通凡聖。亦未是向上機。亦未是其中事。且作麼生是向上機其中事。焯然將謂實有。恁麼說話。殊不知如將蜜果換苦葫蘆。淘卻業根。俱無實事。若是靈利底人。聊聞舉著便知落處。更不紛紜。既不紛紜。則二六時中。雖終日喫飯不曾咬著一粒米。終日著衣不曾掛一條線。終日說話不曾動著舌頭。雖然如是。能有幾人到此田地。何故。只為不落心意識。不落淨穢邊。透出威音那邊。全明本元要地。一棒一喝。一挨一拶。一出一入一問一答。譬如擲劍揮空。莫論及之不及。斯乃空論無跡。劍刃無虧。正當恁麼時。著實一句作麼生道。還委悉麼。撒手那邊千聖外。燈籠露柱放毫光。

心如虛空界。示等虛空法。證得虛空時。無是無非法。從上佛祖。莫不以此心法。傳示將來。作大佛事。只今以此心法為大伽藍。十方法界。若聖若凡。同一安居平等性智。各位。過去諸如來。斯門已成就。現在諸菩薩。今各入圓明。未來修學人。當依如是住。

昔世尊在摩竭陀國說法。是時白夏乃謂阿難曰。諸大弟子。人天四眾。我常說法。不生敬仰。我今入因沙臼室中。坐夏九旬。忽有人來問法。汝代我說。一切法不生。一切法不滅。言訖掩室而坐。

可中學道。似地擎山。不知山之孤峻。如石含玉。不知玉之無瑕。若如此者是名出家。故導師云。法本不相礙。三際亦復然。無為無事人。猶是金鎖難。所以靈源獨耀。道絕無生。大智非明。真空無跡。真如凡聖。皆是夢言。佛及涅槃。並為增語。

如聖果大可畏處。蓋為無如許聖量等事。不見雲門大師道。平地上死人無數。過得荊棘林者是好手。而今平地上死人無數。直饒透得荊棘林。亦未是好手。更須知有銀山鐵壁。直須透得銀山鐵壁。然後是千了百當底人。更不與他情塵作對。直須心境一如。湛湛寂寂地無為無事。又不墮在無為無事處。到此須是向上人始得。

護生須殺。雖殺無傷。蠟人已冰。其功歷爾。可以駕鐵船入海。可以飛磨盤輪空。半合半開成團成塊。盡出箇大圓覺不得。若有出得大圓覺底。便能逆順縱橫殺活自在。是故文殊菩薩一夏三處度夏。一月日在魔宮。一月日在長者家。一月日在婬房。既三處度夏。卻入世尊會中解制。迦葉極為不平。所以欲白槌擯出文殊。纔舉此念。見會中有無量釋迦。無量文殊。無量迦葉。無量揵槌。迦葉既見恁麼。直得目瞪口呿。何故。過量人有過量見。有過量用。雖金色頭陀到這裏。縮手不得。

展手不去。只如與麼時。是大圓覺裏耶。大圓覺外耶。須是通方作者始能證明。何故。此是文殊普賢大人境界。若參得文殊普賢境界。則無邊香水海。無量無數微塵佛剎。悉為安居處。乃至現無邊身。處處行住坐臥。亦不相妨。亦不犯手。正當恁麼時。若是知音者。舉起便知。諸人若透頂透底去。即是文殊普賢境界。若不透頂透底去。即是迦葉境界。

此事無你卜度處。無你名邈處。如今禪和家盡道。我會得也。什麼處是照不著。且問你照得著底事。上座前生自何趣中來。此身沒後復生何處。作天耶人耶。地獄耶餓鬼耶。作畜生耶。若不委知。空然有此語。要作何用。兄弟。三十年二十年三年五年。在叢林中。恁麼參禪學道。若不曾到底有甚麼用處。你但只管放教心地下一切皆空。一切皆盡。箇是本來時節。所以道。一切皆從心地生。除去一切生底。還是本來心地。者箇心地。平等普遍。無有不在。無有不滿。既心地上生相。盡十方三世。無有一毫自外而來。俱從箇裏發現。便知道。萬法是心光。諸緣唯性曉。心無形影。對緣即照。所以假虛空為森羅萬像之體。假森羅萬像為虛空之用。

於內無心。於外無相。於上無佛祖可仰。於下無眾生可悲。慳貪嫉妒俱除。慈悲喜捨併卻。兩頭坐斷。中道不拘。淨裸裸絕承當。赤灑灑無回互。擊之不濁。揚之不清。撥之不動。攬之不轉。直下坐斷。萬法頭上。孤危不立。於此安居。隨處解脫。且功成一句作麼生道。不憐鵝護雪。且喜蠟人冰。

君臨臣位。猶帶凝然。子就父時。尚存孝養。玉關未透。正迷一色功勳。寶印全提。肯露那時文彩。還從實際。建立化門。撒手回途。通身無滯。所以道。法身無相。應物而形。般若無知。對緣而照。青青翠竹鬱鬱黃花。信手拈來隨處顯現。了無他自。誰作根塵。獨露本身。自然轉物。心無異心。而法無異法。法無異法。而心無異心。

佛子住此地。即是佛受用。常在於其中。經行及坐臥。兄弟。如何履踐得與麼相應去。快須休去歇去。有也莫將來。無也莫將去。現在更有甚麼事。如人負檐。兩頭俱脫。和擔颺卻始得。便是自由底人。若不颺卻。他時異日。只成箇負檐漢子去。如今說聽。誠難其人。若以四大作說法聽法者。四大是塵。非說聽者。若以五蘊為說法聽法者。五蘊是妄。非說聽者。若以虛空為說法聽法者。虛空屬斷。非說聽者。兄弟。直須一念相應。前後際斷。照體獨立。物我俱亡。明歷歷圓陀陀。露躶躶赤灑灑。便是無問而自說。若體到如斯田地。真聽法者。

夫大道融心。顯實一理。前後賢聖。唯趣此門。真了悟者。知諸法寂然。因緣立事。假合成名。不了者著名住字。取想奔耶。若欲攝妄歸真。染淨平等者。要須注意觀心。本覺自現。意觀有力。仍不出意念到彼岸。常入甚深禪定。久習不已。自然事是皆畢。若觀處有事。漸漸向真。縱放身心。虛豁其懷。起作恆寂。不像而照。任運三昧。溫道育德。資成法身。返悟心源。無妨無礙。體若虛空。名無邊三昧。心無出入。名無寂三昧。於一切有。處淨無求。名不思議三昧。三昧不昧。不從緣起。名法性三昧。一切學者但求其解。不求自證。若欲修習大乘者。不解安心。定知悟失。

絕彼我混虛空。透聲色無面目。終日喫飯。不曾嚼一粒米。終日著衣。未嘗掛一縷絲。總虛空華藏剎海。列向下風。過現未來諸聖。倒退千里。舉一步。越不可說世界。向香水海那邊。猶有去處。拈一塵混一切無量無數十方上下。一切諸佛祖師七穿八穴。猶有餘地。且道此人向什麼處安居。若知此人落處。始知本地風光。始見本來面目。便能攝順逆於一塵中。規行矩步。現威儀於一念頃。不越常程。至於以大圓覺為我伽藍。猶是小段在。若能恁麼見恁麼用。恁麼信恁麼透。管取無邊剎海。自他不隔於毫端。十世古今。始終不移於當念。於一念一步一塵一芥中。見成受用。且道此人畢竟在什麼處。還委悉麼。披蓑側立千峰外。引水澆蔬五老前。

二九　大解脫門

太陽溢目。萬里不挂片雲。佛法本來就是解脫。圓通門戶八字大開。所謂當處死當處埋。一年一年。一月一月。一日一日。一時一時。略無些子虛棄底道理。是以古人云。父母未生時也恁麼。即今生了也恁麼。乃至百年壽盡。蟲蛆逩壞。白骨微塵也恁麼。且道。恁麼是甚麼。向遮裏立地薦得去。已是二頭三首了也。所以云。佛也無。法也無。達磨只是老臊胡。釋迦彌勒擔屎漢。十地菩薩守田奴。八十卷華嚴經。草步頭博飯喫底言語。一大藏教是拭不淨底故紙。直饒便恁麼脫體承當得去。腳跟下好與三十拄杖。一棒也較不得。且道。過在甚麼處。若向遮裏會去。更與六十棒。亦未為分外。豈不見。睦州道。現成公案。放汝卅棒。昔有古德云。山僧二十年前。兩目皆盲。了無所睹。唯是聞人說道。青天之上有大日輪。照三千大千世界。無有不徧之處。籌策萬端。終不能見。二十年後。眼光漸開。又值天色連陰。濃雲亂湧。四方觀察。上下推窮。見雲行時。便於行處作計較。見雲住時。便於住處立窠臼。正如是間。忽遇著箇多知漢問道。莫是要見日輪麼。何不向高山頂上去。山僧卻徵他道。那裏是高山頂上。他道。紅塵不到處是。諸仁者。好箇端的消息。還會麼。長連床上佛陀耶。彈指圓成八萬門。剎那滅卻三祇劫。若也見得行得。健即經行困即歇。若也未會。兩箇鸕鷀扛箇鱉。各位。一氣不言含有象。萬靈何處謝無私。山河大地。草木叢林。有情無情。句句皆演一乘了義。諸人若向者裏悟得。則曠大劫來。我人業識。當體煙滅灰飛。現前身世。根境塵勞。徹底冰融雪泮。便見靈山正法眼藏。昭昭溢目全彰。少室涅槃妙心。晃晃通身獨露。譬如演若達多。悟鏡中面目。元來只是己頭。亦如力士獲額上圓珠。明了不從他得。如斯則無量神通三昧。塵塵本爾圓成。恒沙諸佛法門。念念一時具足。於一毫端現寶王剎。當處成現。破一微塵出大經卷。稱性演說。其見色也頭頭彌勒。其聞聲也處處觀音。文殊於無差別智。現有差別身。普賢於有差別境。入無差別定。剎剎自然正受。塵塵法爾禪那。何處不成等正覺。何處不轉大法輪。何處非化導群生。何處非入般涅槃。又何福不臻。何恩不報。所以道。過去諸如來。斯門已成就。現在諸菩薩。今各入圓明。未來參學人。當依如是法。非唯觀世音。我亦從中證。

昔有僧問洞山价禪師。寒暑到來。如何回避。山云。何不向無寒暑處去。云。

如何是無寒暑處。山云。寒時寒殺闍黎。熱時熱殺闍黎。古德拈云。垂手還同萬仞崖。正偏何必在安排。琉璃古殿照明月。忍俊韓獹空上堦。有云。寒暑到來。如何回避。日月星辰。山河大地。迷則靈龜曳尾。悟則猛虎插翅。只如不迷不悟。又如何商量。良久云。白雲斷處見明月。黃葉落時聞搗衣。各位。人人盡欲出常流。折合還歸炭裏坐。熱時熱殺寒時寒。寒暑由來總不干。熱即乘涼。寒即向火。多口阿師。一場懡㦬。又昔大隨法真禪師因燒山次。見一蛇。師以拄杖挑向火中。咄云。這箇形骸。猶自不放捨。你向這裏死。如暗得燈。時有僧問。正當恁麼時。還有罪也無。師云。石虎叫時山谷響。木人吼處鐵牛驚。古德拈云。劫初劫末。法弱魔強。定光老子鐵作脊梁。文經武緯。把定封疆。碧天雲散祖風涼。佛日光輝舜日長。各位。這裡無心。即不見有罪無罪。經云。性火真空。性空真火。法無二見。一亦不存。心性既空。人境俱寂。不與諸緣和合。不礙眾相發輝。譬如三獸渡河。不待截流而登寶所。又若三車出宅。何須頻步而證真乘。於一彈指。正念現前。則雲行雨施。於一剎那。正因不昧。則風回火滅。是以從上佛祖於大集會中。但云。我若向刀山。刀山自摧折。乃至。地獄餓鬼。火不能燒。水不能漂。刀不能斫。當恁麼時。且道承誰恩力。大眾。濃雲潑墨無回互。疾燄過風不可窺。賴有金華慈愍力。火坑化作白蓮池。

二由一有。一亦莫守。眨得眼來。早成窠臼。此事那裏討半點商量分。直下知以歸。已涉途程了也。參禪若未能向朕兆未分以前。拍盲按下。且不可忩忩草草。你但拼取一生去理會。此生不辦。又拼取來生結果。蓋此事是你通身具足底。更過三十生。亦不怕虧損一毫。惟要真實於死字工夫邊。豁然悟一遍。便是心空及第之時。你若不能死盡偷心。擬將心識。向它文字語言上撮掠。墮落意地。縱使會得道。會得禪。不知總是癡狂外邊走。大眾。箇是甚麼所在。箇是甚麼時節。選佛場開也。人人向者裏心空及第去。儞若心地不空。一切處便成窒礙。儞心地若空。更無東西南北。淨裸裸。赤灑灑。箇時不以身為身。不以心為心。此心箇時不立妄想。此身箇時不立色聚。靈靈自知。湛湛常存。箇時是甚麼。還曾辨得麼。一切法生屬因緣。一切法滅屬因緣。須知從本已來。靈明廓徹。廣大虛寂。三界九地甚麼處得來。天地與我同根。萬物與我一體。箇時若覷得破。透得過。是三世諸佛師。六代祖師祖。是一切眾生母。森羅萬象。山河大地。草木叢林。皆是自心中所現物。便知道身反在於心中。若大海之一漚耳。儞莫隨他影像。自然廓落無依。所以道。四大性自復。如子得其母。

諸仁者。此是不思議道。古德云。問君心印作何顏。心印何人敢授傳。歷劫坦然無異色。呼為心印早虛言。須知體自虛空性。將喻紅爐火裏蓮。勿謂無心云是道。無心猶隔一重關。昔僧問投子禪師。月未圓時如何。師云。吞卻三箇四箇。云。圓後如何。師云。吐卻七箇八箇。古德拈云。投子和尚。雖然善能吞吐。要且未知月之所在。或問鼓山。月未圓時如何。只對他道。天上有星皆拱北。圓後如何。人間無水不朝東。大眾。若不會祖師西來意。這因緣卒摸索不著在。若是田地穩密底。方知落處。各位。一尺波。一尺水。吞卻三四個。吐出七八箇。吞吐總由他吞吐。然卻不知吞吐底是個甚麼。何也。若是從門入得。不堪共語。須是入得無門之門。方可坐登堂奧。蓋此事極是直捷。極是現成。衹是汝一時不肯擔荷。便擬擔荷。又成錯過。諸仁者。且須體取空劫以前事。到你體得空劫以前事了。你自會修行去。自會保任去。不消你把捉身心。你自然與麼去。所以云。但得其本。其末自至。爭消得你勞神。求覓解會。汝諸人自己分上事。覓不得。捨不得。須是無取捨底身心始得。直須是凡聖情盡。己見亦忘始得。這箇喚作過量人。知有從上事。應是不與你一問一答。似這箇方有些子佛法身心。圓覺云。善男子。一切菩薩及末世眾生。應當遠離一切幻化虛妄境界。由堅執持。遠離心故。心如幻者。亦復遠離。離遠離幻。亦復遠離。得無所離。即除諸幻。譬如鑽火。兩木相因。灰飛煙滅。諸幻雖盡。不入斷滅。

大眾。但自休心去。三年五年。只如諸人從無始以來。六趣輪迴動經塵劫。尚自過得。如今教人息心五七年。終是不肯。有甚麼救處。如今天下覓一箇無心底人直是無。莫道無心人。便休心者亦少。而起心動念學佛學法者如沙。當知無心底人。極是難得。若據諸人自己事。本來無有欠少。只是當人起心動念了。自生間隔。自相違背。昔雲門問僧云。今夏做什麼。僧云。和尚實問。某甲即道。門云。做賊人心虛。各位。雲門等閒致一問來。者僧便作佛法祇對。克由叵耐。然又不可作一向也。大眾。金屑眼中翳。衣珠法上塵。己靈猶不重。佛祖是何人。似這箇事。不在你功行得。亦不在你息心得。總不與麼。說箇一切成現。亦是頭上安頭。豈可生心動念。推求言句。不見道。擬心即差。動念即乖。如今但學無心去。若得無心。自然知有去。到你一念相應時。三世諸佛覓你蹤跡不得。去一切處安著你不得。這回佛也不知你。祖亦不知你。有甚麼東西奈得你何。所以道。這箇人如大蟲似極惡。更插翅翼。有甚麼抵當處。三世諸佛去佗前頭。無出身之路。作麼敢向伊面前開口。總踏祖佛頭上行。喚作法身出纏。如師子王。金鎖不繫。為箇甚麼。為達出世之道。便能證明得三世諸佛。印可天下祖師。自家一身獨脫猶閑。法界之內有情無情。齊成正覺。這回眾生因你一人悟道力。一切罪障。悉皆消滅。頓時解脫。從此永不入三塗。長生人天。受勝妙樂。究竟成佛。十地菩薩度人尚有分限。若是佗悟道底人。度人無數。無有窮盡。明見佛性。向二六時中親他去合他去。祇喚作修行人。若論我宗門下。還未夢見在。豈不見瞿曇老子。拈青蓮華舉似人天。且道是什麼道理。可是與汝說心說性。說明說暗。說離合親疏麼。饒汝具大根器。於石火電光裏。掉得箇相似法。亦須一回親證始得。若不一回親證。會則似易。做處卻難。歲久日深。恐無利益。不說全無。縱有亦是修行邊事。不與那事相干。大眾。千年闇室一燈破。

萬劫愆尤一句消。此事總在自己。大須識乾。且須趁識力及盡方休。

◆相關法語

普天一色。冰壺未放於春來。空劫無塵。枯木已含於花信。石人休擊節。玉女罷登機。月滿寒巖。皎皎神光非照。雪封古道。依依夜色卻迷。老猿坐折向陽枝。靈鳥投棲無影樹。正恁麼時。聖凡奚立佛祖難臻。化周塵剎絕功勳。坐斷十方無住相。乘時借路撒手回途。昆侖未踏月船舷。胡地風光傳入漢。空懷過市冷眼窺人。咭嘹舌頭話盡平生心事。纍垂鼻孔何妨摩觸家風。

天地與我同根。其根深固。萬物與我一體。其體虛凝。萬物之根。亘古亘今。堅固之體。包含萬有。毫芒得意。可以點鐵成金。可以轉凡作聖。如理如事。即處即真。一念不生。前後際斷。所以道。不思議。解脫力。妙用恆沙也無極。若論妙用去。可以擊碎業山。可以點竭苦海。可以懺不懺之罪。可以解不解之冤。可以起必死之疾。可以證無生法忍。正當恁麼時。不立功勳。隨處自在。

劍輪頂上。全機獨露於孤峰。石火光中。利刃橫施於百草。說權說實。立照立用。行棒行喝。說事說理。大似把髻投衙。直下不說權不說實。不立照不立用。不行棒不行喝。不論事不論理。也是擔枷過狀。設使恁麼中不恁麼。不恁麼中卻恁麼。

正是曳尾靈龜。到這裏佛祖也摸索不著。若是透得底。須知其中有一條通天大路。把斷要津。凡聖跡絕。若也挨得一線開。立得一機出。則千聖萬聖。羅籠他不住。千人萬人。尋覓他不著。不懺罪而罪已消。不集福而福已集。不立絲毫行門。而普賢行門徧滿十虛。不立絲毫機智。而文殊大用廓周沙界。所謂戢玄機於未兆。釋迦彌勒攢眉。藏冥運於即化。德山臨濟卻步。且不墮功勳一句作麼生道。鑊湯爐炭吹教滅。劍樹刀山喝使摧。

往復無間。動靜一如。融大千沙界於一塵。會十世古今於一念。去來起滅甚處安排。春夏秋冬如何理論。到這裏淨裸裸赤灑灑。沒可把。東西不辨。南北不分底。故是未知落處。久參先德腳踏實地。且道正當恁麼時如何。還委悉麼。群陰消剝盡。來日是書雲。

現成公案。無事不辦。纔涉思惟。即成剩法。擊石火閃電光。挨拶出沒。早是鈍置佗了也。那堪分賓主存義路。說心性立玄妙。盡是生死根本。於道則遠之遠矣。直饒向七佛以前威音那畔。玄會得去。總未出得窠窟在。有般漢纔聞人恁麼舉。便道用出作甚麼。我也知你腳跟下。五色線未斷。我且問你。東勝身洲打鼓。南贍部洲喫茶。西瞿耶尼唱歌。北鬱單越接拍。是甚麼人分上事。若也不會。於喫粥喫飯開單展鉢處。亦須仔細自點檢看。

大道坦然。更無回互。同證者識。同道者知。若有實法繫綴羅籠人。入地獄如箭射。所以諸佛出世祖師西來。實無一法與人。只要諸人休歇。若實到休歇田地。二六時中如天普蓋。似地普擎。更不剩一絲毫。亦不欠一絲毫。淨裸裸赤灑灑。見成公案。若更躊躕四顧。說有說無論得論失。有會有不會。有得有不得。落二落三去也。

佛法本無許多。若以無心無念。無事無為。無計校無分別。至竟著衣。至竟喫飯。何曾動著一絲毫。便能坐斷報化佛頭。不起一絲毫佛法見解。所以古人纔見僧來便云。見成公案。放你三十棒。布漫天網。打衝浪巨鱗。持萬里鉤。御千里烏騅馬。也是事不獲已。所以石室和尚纔見人來。舉起拄杖云。過去諸佛也恁麼。見在諸佛也恁麼。未來諸佛也恁麼。只與你略露些子鋒鋩。若是箇人。纔見恁麼道。撩起便行。猶較些子。若是纔入思量。已被漫天網罩卻也。如是三十年。只有長沙和尚知渠落處。便云。和尚。放下拄杖子。別通箇消息來。方契他意。而今參學兄弟直須是箭鋒相拄。針芥相投。內外絕消息始得。

從上來且是箇什麼事。如今抑不得已。且向汝諸人道。盡大地有什麼物。與汝為對為緣。若有針鋒與汝為隔為礙。與我拈將來。喚什麼作佛作祖。喚什麼作山河大地。日月星辰。將什麼為四大五蘊。我與麼道。喚作三家村裏老婆說話。忽然遇著本色行脚漢。聞與麼道。把脚拽向階下。有什麼罪過。雖然如此。據箇什麼道理便與麼。莫趁口快。向這裏亂道。須是箇漢始得。忽然被老漢脚跟下尋著。而勿去處。打腳折有什麼罪過。

玄黃不真。黑白何咎。六祖大師道。葉落歸根。來時無口。若會此箇說話。直入維摩丈室。住金色光中。見十方世界四聖六凡。如觀掌中菴摩勒果。又見一類眾生。寢生死長夜。惛惛睡眠。不覺不知。作金雞報曉一聲。令伊惺悟。豈不快哉。若能如是。方可將此深心奉塵剎。是則名為報佛恩。

夫禪客者。風塵草動時悉皆曉會。朕兆未生未落。思量意路未動時便識取。方名禪客。何故。者般事用敵生死。也須是箇不爭多底漢始得。現成公案。不隔一絲毫。普天匝地是一箇大解脫門。與日月同明。與虛空等量。若祖若佛無別元由。乃古乃今同一正見。若是利根上智。不用如之若何。直下壁立萬仞。向自己根腳下承當。可以籠罩古今。坐斷報化佛頭。更無纖毫滲漏。正如靈山會上。龍女獻珠。便得成佛。女云。我獻寶珠。世尊納受。是事疾否。智積云。是事甚疾。龍女云。以汝神力。觀我成佛。復速於此。然雖如是。猶有途轍。若是本分行本分證。直須更放過三千里。正當恁麼時。畢竟如何是著實處。十方薄伽梵。一路涅槃門。

至理亡言。時人不悉。強習他事。以為功能。不知自性元非塵境。是箇微妙大解脫門。所有鑑覺不染不礙。如是光明未曾休廢。曩劫至今。固無變易。猶如日輪。遠近斯照。雖及眾色。不與一切和合。靈燭妙明。非假鍛煉。為不了故。取於物像。但如捏目。妄起空花。徒自疲勞。枉經塵劫。若能返照。無第二人。舉措施為。不虧實相。

若心緣異境覺起時。即觀起處畢竟不起。此心緣生時。不從十方來。去亦無所至。常觀攀緣覺觀妄識。思想雜念。亂心不起。即得麤住。若得住心。更無緣慮。即隨分寂定。亦得隨分息諸煩惱。畢為解脫。看心煩熱。悶亂昏沈。亦即且自散適。徐徐安置。令其得便。心自安淨。唯須猛利。如救頭然。不得懈怠。努力。努力。

性雖無形。志節恆在。然幽靈不竭。常存朗然。是名佛性。見佛性者。永離生死。名出世人。是故維摩經云。豁然還得本心。信其言也。悟佛性者名菩薩人。亦名悟道人。亦名識理人。亦名得性人。是故經云。一句染神。歷劫不朽。

盡大地是箇解脫門。頭頭物物皆證入。無邊剎海如來藏。綿綿密密悉包容。舉處峭巍巍。用時淨裸裸。譬如猛火聚。近之則燎卻面門。又如太阿劍。擬之則神驚膽戰。若是知有恁麼。徹骨徹髓承當。不勞鵮啄。其或尚留觀聽。猶滯皮膚。須是透出金剛圈。吞卻栗棘蓬。若透得一圈。則百千億圈一時透過。若吞得一蓬。則無數億蓬一時吞得。可以作奇特因。可以現殊勝相。無罪可懺而罪垢消除。無冤可解而冤家解釋。顯現一切難思議。作為無邊殊勝業。只消箇一道清虛。更不用周由者也。正當恁麼時。當機一句作麼生道。聲前突出金剛眼。彈指圓成八萬門。

明暗同途。主賓互用。雖去似去而不去。雖來似來而不來。卓爾超然。動靜曾無兩種。所以道。動若行雲。止若谷神。既無心於彼此。亦無象於去來。如是則去來不以象。而確然去來。動靜不以心。而超然動靜。在彼在此。殊無間然。一道清虛。廓周沙界。是以月上女出城。舍利弗入城。而舍利弗問云。聖姊向什麼處去。月上女云。如舍利弗恁麼去。舍利弗云。我方入城。汝已出城。云何言。如舍利弗恁麼去。女云。諸佛弟子當住何所。舍利弗云。諸佛弟子。當住如來大解脫。女云。諸佛弟子既住大解脫。所以我云。如舍利弗恁麼去。既得如來大解脫。去而無去去跡。入九重城裏。毘贊聖化。住而無住住蹤。在深山白雲中。坐斷天下人舌頭。既住如來大解脫。安有動靜去來之意。

金剛王寶劍截斷玄機。正眼摩醯光吞諸祖。目機銖兩。舉一明三。左轉右旋。七穿八穴。也須是箇風吹不入。水洒不著。針劄不入。快活自由底漢始得。若也浮逼逼地。尚留觀聽。猶涉形聲。說妙說玄。舉今舉古。進前退後。敲床豎拂。行棒行喝。則沒交涉。直得淨裸裸赤灑灑。還有相見底麼。若有。須是同道人。方知同道事。若非同道者。畢竟沒來由。

若能直下頓歇馳求一念。則萬法當體寂滅。萬法依舊熾然。行也得坐也得。著衣喫飯不是別人。山青水綠。夜暗晝明。昏沉散亂。生死涅槃。總是自家縱橫遊戲。得大自在法門。無一法可棄。無一法可取。佛與眾生俱是假名。殊無實義。雖然。你又須是己眼自開。冷地一笑。知道元在自己屋舍中。當軒大坐始得。若只逐旋扶籬摸壁。傍人門戶。又是認驢鞍橋。作阿爺下頷。則沒交涉矣。

三十 轉身吐氣

夫長天一色。星月何分。大地無偏。榮枯自異。是以法無異法。何迷悟而可及。心不自心。假言像而提唱。其言也偏圓正倒。兼帶叶通。其法也不落是非。豈關萬像。萬像既融於水月。源派流混於金沙。不墮虛凝。回途復妙。古云。禪者禪機。多明格外之機。兵者兵機。眼觀東南。意在西北。如人著碁相似。謂之機行。祖師云。機輪轉處。作者猶迷。千眼頓開。與君相見。是故華嚴經云。住著世間。成凡夫行。金剛經云。應無所住。而生其心。維摩經云。從無住本。立一切法。楞伽經云。佛語心為宗。無門為法門。所以禪家流說禪。一挨一拶。一出一沒。縱擒在我。殺活臨時。猶若孫武用兵。如珠走盤。如盤走珠。轉轆轆。活鱍鱍。了無住著。個個立在轉處。見色是轉處。聞聲是轉處。故云。善用者佛眼莫窺。善竊者鬼神莫知。

是故拔楔抽釘。解粘去縛。降伏諸魔。制諸外道。不得不然。昔仰山問三聖。汝名什麼。聖云。惠寂。仰山云。惠寂是我。聖云。我名惠然。仰山呵呵大笑。各位。此公案意旨如何。只如仰山問三聖。汝名什麼。他不可不知三聖名。何故更恁麼問。所以作家要驗人。須得仔細。只似等閑的問云。汝名什麼。更無道理計較。而三聖又不是顛。何故不云己名惠然。卻道惠寂。看他具眼漢自然不同。三聖恁麼。乃是一向攙旗奪鼓。意在仰山語外。所以道。他參活句。不參死句。三聖知他仰山落處。與渠相拄。要爭個轉身。便向他道。我名惠寂。仰山要收三聖。三聖反倒要收仰山。仰山只得就身打劫道。惠寂是我。此是放行處。三聖云。我名惠然。亦是放行。雪竇拈云。雙收雙放若為宗。騎虎由來要絕功。笑罷不知何處去。只應千古動悲風。各位。看他古人念道如此。用盡精神始能大悟。既悟了。用時還同未悟時人相似。隨分一言半句。不落常情。

昔僧從定州和尚會裏來到烏臼。烏臼問。定州法道何似這裏。僧云。不別。臼云。若不別。更轉彼中去。便打。僧云。棒頭有眼。不得草草打人。臼云。今日打著一箇也。又打三下。僧便出去。臼云。屈棒元來有人喫在。僧轉身云。爭奈杓柄在和尚手裏。臼云。汝若要。山僧回與汝。僧近前奪臼手中棒。打臼三下。臼云。屈棒。屈棒。僧云。有人喫在。臼云。草草打著箇漢。僧便禮拜。臼云。和尚卻恁麼去也。僧大笑而出。臼云。消得恁麼。消得恁麼。各位。靈鋒寶劍。常露現前。

亦能殺人。亦能活人。在彼在此。同得同失。若要提持。一任提持。若要平展。一任平展。此公案。賓主互換。縱奪臨時。諸人若向這裏識得此二人。一出一入。千箇萬箇只是一箇。作主也恁麼。作賓也恁麼。二人畢竟合成一家。看烏臼問這僧云。定州法道。何似這裏。僧便云。不別。當時若不是烏臼。難奈這僧何。臼云。若不別。更轉彼中去。便打。爭奈這僧是作家漢。便云。棒頭有眼。不得草草打人。臼一向行令云。今日打著一箇也。又打三下。其僧便出去。看他兩箇。轉轆轆地。俱是作家。緇素分明。這僧雖然出去。這公案卻未了在。烏臼始終要驗他實處。看他如何。這僧卻似撐門拄戶。所以未見得他。烏臼卻云。屈棒元來有人喫在。這僧要轉身吐氣。卻不與他爭。輕輕說云。爭奈杓柄在和尚手裏。烏臼是頂門具眼底宗師。敢向猛虎口裏橫身。便云。汝若要。山僧回與汝。這漢是箇肘下有符底漢。更不擬議。近前奪烏臼手中棒。打臼三下。臼云。屈棒。屈棒。你且道意作麼生。前頭道。屈棒元來有人喫在。及乎到這僧打他。他卻道。屈棒屈棒。僧云。有人喫在。臼云。草草打著箇漢。前頭道。草草打著一箇也。到末後自喫棒。為什麼亦道。草草打著箇漢。當時這僧若是眼目稍有不及。便不奈烏臼何。故這僧禮拜。然這箇禮拜有毒。也不是好心。若不是有眼。也識他不破。烏臼云。卻恁麼去也。其僧大笑而出。烏臼云。消得恁麼。消得恁麼。大眾。看他作家相見。始終賓主分明。斷而能續。續而能斷。其實也只是互換之機。他到這裏。亦不道有箇互換處。自是他古人。絕情塵意想。彼此作家。亦不道有得有失。雖是一期間語言。兩人活鱍鱍地。都有血脈針線。若能於此見得。亦乃向十二時中。歷歷分明。其僧便出。是雙放。之後是雙收。謂之互換也。雪竇頌云。呼即易。遣即難。互換機鋒仔細看。一條拄杖兩人扶。劫石固來猶可壞。滄溟深處立須乾。烏臼老。烏臼老。幾何般。與他杓柄太無端。各位。此公案轉得精彩。猛虎得清風相隨。彼此能盡始盡終。

所以古人發足超方。只要究明向上一路。然此事若不放下身心。苦切根究到水窮山盡處。終無下落。縱到水窮山盡處。古人謂之靜沉死水。又謂之玄妙窠窟。若不回頭轉腦。則面前如鐵壁銀山相似。祇是得力時。不是受用處。故知古人用心。不是死到底。須是死中發活始得。要在回機轉位。所以道。百尺竿頭坐的人。雖然得入未為真。百尺竿頭重進步。大千世界現全身。學人到此。只索轉身一路。方不被他作障礙。昔南泉。歸宗。麻谷同去禮拜忠國師。至中路。南泉於地上畫一圓相。云。道得即去。歸宗於圓相中坐。麻谷便作女人拜。泉云。恁麼則不去也。歸宗云。是什麼心行。各位。南泉雖然臨時無風起浪。看他一人去圓相中坐。一人作女人拜。也轉變得甚好。南泉云。恁麼則不去也。萬古綱宗。也只是這些子機要。古人道。要牽只在索頭邊。撥著點著便要轉。如水上捺葫蘆子相似。須是有殺有活。故知此事。到極則處。須離泥離水。你若作心行會。則沒交涉。他三人是慧炬三昧。莊嚴王三昧。雖作女人拜。他終不作女人拜會。雖畫圓相。他終不作圓相會。至於歸宗云。是什麼心行。大意也只是與他南泉相拍合。彼此卻是一家裏人。一擒一縱。一殺一活。不妨奇特。夾山云。目前無闍黎。此間無老僧。學者到者裏。更要能會轉身一路始得。須體取機雖轉紐。印未成文處方可。不然總是好肉上挖瘡。所以古今公案其實無他。只要驗人平生參學邪正。知解有無得失。情塵是非。若於言下。一槌擊碎。如虛空裏釘鐵橛子相似。有甚麼依倚處。所以巖頭道。若論戰也。箇箇力在轉處。逐物為下。卻物為上。學人逢機。若不能轉身吐氣。則死於句下。又有什麼救處。故縱有箇入處。亦須是經大鑪鞴。毒手烹鍊到不疑之地。放身捨命。如獨木橋上。脫卻百二十斤擔子。又若傷寒得汗。方名安樂處。徹證大法了。然後盡自己力量。縱有長地一任展演。讚佛讚祖。訶佛罵祖。終無二語。亦無兩般舌頭。所以道。釋迦彌勒。猶是他奴。畢竟他是阿誰。

誕生王子是須有父。纔轉身時即不見有。那時喚作妙盡冥符。若是卓卓地體得。向箇裏移一步。如珠發光。光還自照。個中卻有箇紹底道理。又須回頭窺本位。顧位卻回頭。便能闊步過今時。天明不覺曉。分照不落影。垂應不涉緣。著得個身。向閙浩浩中。灑然不被物雜。所以道。即此見聞非見聞。更無聲色可呈君。箇中若了全無事。體用何妨分不分。諸兄弟。參禪漢敲骨打髓。是恁麼地做。昔曹山禪師行腳時。問烏石觀禪師。如何是毘盧師。法身主。烏石云。我若向你道。即別有也。師舉似洞山。洞山云。好箇話頭。秖欠進語。何不問。為甚麼不道。師卻去進前語。

烏石云。若言我不道。即瘂卻我口。若言我道。即謇卻我舌。師歸舉似洞山。洞山深肯之。不見道。語帶玄而無路。舌頭談而不談。截斷天下人舌頭即不無。爭教無舌人解語。昔舍利弗問天女曰。汝何不轉女身。天女答曰。我十二年來求女身相。了不可得。當何所轉。於是天女以神力。化舍利弗為女身。自己化為舍利弗。問曰。汝何不轉女身。答曰。我亦不知當何所轉。是知佛性無差。見處有異。譬如梨園本一男子。以女飾裝之。而見者聞者。咸謂女人。本一女人。以男人衣服飾之。而見者聞者。咸謂男人。一身無異。衣服成差。肉眼好瞞。聖心非昧。若能這裏著眼。男也女也。生也死也。真如幻影。各位。巢知風。穴知雨。甜者甜兮苦者苦。不須計較作思量。五五從來二十五。萬般施設到平常。此是叢林飽參句。諸人還委悉麼。埜老不知堯舜力。鼕鼕打鼓祭江神。谷之神。樞之要。裡許旁參。回途得妙。雲雖動而常閒。月雖晦而彌炤。賓主交參。正偏兼到。十洲春盡花凋殘。珊瑚樹林日杲杲。

昔雲門偃禪師示眾云。聞聲悟道。見色明心。作麼生是聞聲悟道。見色明心。乃云。觀世音菩薩將錢來買餬餅。放下手。元來卻是饅頭。古德拈云。雲門好則甚好。奇則甚奇。要且只說得老婆禪。若是老僧即不然。作麼生是聞聲悟道。見色明心。遂作打杖鼓勢云。堋八囉札。各位。見色明心事已差。聞聲悟道更交加。聞見分明非耳目。休將情解論曹溪。諸仁者。一等是出家。一等是參學。莫虛度光陰。

時不待人。各自了取。莫待怕怖憧惶未有去處。恁時難為整理腳手。須自家著力。作麼生著力。十二時中。似一塊頑石去。此便是諸人著力處。搆取空劫以前事。這裡無你做作處。如寒灰死火。枯木石頭去。一切時中。直得東西不辨。你我不分。此箇人始得有些子出家氣息。從上古人參學。不於言句中參悟。諸仁者。事在當人自己。不在別人心裏。但離卻一切文字語言。於自己分上撿點來看。是甚麼道理。若向這裏撿點得出去。不被祖佛瞞。然雖如是。也須親證始得。切須辨取是非。第一不得取次承當。如未相應。且休歇去。一切無心去。也不消結緣作福。總無實義。便是每日供養得恒沙諸佛。亦不消供養。日造得恒沙寶塔。亦不用造。那是甚麼閑事。無為小因緣妨於大事。直下便休。更莫思前慮後。便恁麼去。以後佛也不奈你何。所以佛云。息心達本。悟無為法。各位。便是佛出世。也只是恁麼說。信得及去。便恁麼行持。信不及去。三世諸佛亦救你不得。不見道。一切障礙即究竟覺。得念失念無非解脫。成法破法皆名涅槃。智慧愚癡通為般若。珍重。

◆相關法語

箇是沒量大一段事。諸佛證此一段事。為諸人放光說法。祖師悟此一段事。為諸人授手傳心。若是分曉漢。不從佛不從祖。學禪學道學佛學法。唯是自己肯休肯歇。肯放肯落。是時一絲不沾綴。一糝不停留。放教與天地合。虛空等。一切事消爍。一切心混融。浩浩蕩蕩。是一箇真實人體。若是頭角盡。蹤跡絕。岐路斷。心意忘。是箇徹頭無生無死底時節。不教儞退一步。亦不教儞進一步。三世諸佛同此時證。六代祖師同此時悟。要箇時惺惺照得破。寂寂體得到。若識得生底法也。即與森羅萬象。蠢動含靈。於其中間皆是箇一道。皆是箇一性。須是識得初相。若不見初相。即成參差。便屬流轉。

智性自如如。非因所置。亦名體結。亦名體集。不是智知。不是識識。絕思量處。凝寂體盡。忖度永亡。如海大流盡。波浪不復生。亦云。如大海水。無風匝匝之波。忽知匝匝之波。此是細中之麤。亡知於知。還如細中之細。是佛境界。從此初知名三昧之頂。亦名三昧王。亦名爾燄智。出生一切諸三昧。灌一切諸法王子頂。於一切色聲香味觸法剎土。成等正覺。內外通達。悉無有閡。一色一塵。一佛一色。一切佛一切色。一切塵一切佛。一切色聲香味觸法。亦復如是。一一徧滿一切剎土。此是細中之麤。是善境界。是一切上流知覺聞見。亦是一切上流。出生入死度一切有無等。是上流所說。亦是上流涅槃。是無上道。是無等等咒。是第一之說。於諸說中。最為甚深。無人能到。諸佛護念。猶如清波。能說一切水清濁。深流廣大之用。

佛未出世時。都無名字。密意潛通。無人覺知。喚作道人。佛出世權說三乘五性。他不是三乘五性人。從那邊行履。他是自由人。會取今有本有。不從佛聞。如今直須截斷兩頭句。透那邊不被凡聖拘繫。心如枯木。始有少許相應。引經說義。皆是與他分疏。向他屋裏作活計。終無自由分。恰如水母得蝦為眼。如何得自由。

有大經卷。在一微塵中。書取三千大千世界中事。有聰慧淨眼人。破此一塵。出大經卷。饒益一切。先聖恁麼道。可謂呼人於醉夢之中。恩大難酬。雖然塵中無不有經。何待淨眼人始能出得。正如琴瑟箜篌。雖有妙音。若無妙指。終不能發。以此可知。眾生日用自蔽妙明。背覺合塵。者大經卷不知埋沒多少時也。畢竟如何出得。有道靈驗真言奉勸諸人。如何是塵。退卻一步。如何是經。又退一步。只管退步。漸漸退到牛角尖裡。意趣絕。興味盡。忽然撞見本爺娘。道箇萬福。無事不畢。

諸人分上各有一段事。回頭方識得。須是解回頭。且如何回頭。不尋尋。尋不尋。若一向不尋。又何異土木瓦石。須是尋而不尋。不尋而尋。學道人解恁麼回頭尋究始得。若能就路還家。便得轉身歸父。一念迴光。便同本得。既然如是。為甚麼諸佛不動智。到一切眾生分上。喚作業識茫茫。早知燈是火。飯熟已多時。

夫今時學者。競以問答為禪宗中關要。不知是取捨作想心。嗚呼。就理就事之學。蓋是近家語。縱有少領覽。未可休息。豈不聞說涅槃之道。圖度絕矣。直須解自點檢始得。人以迷心故進道。乃來山林中見知識。將謂別有一道。可令人安樂。不知返究向來迷處。工夫最第一。若不及此。入山林而不返。徒爾為也。迷處極易而難入。故先德曰。難信難解。又曰。此是頓宗說道。返照向來。已是走作語。況不爾耶。

此箇大事。已是八字打開了。直饒回頭返照。早是鈍置也。直是徹底信得。於未發言以前。一時覷透。既發言之後。且道作麼生承當。初機之士。且於腳跟下明取。而今坐立儼然。各各見聞不昧。人人向腳跟下。如印印空。如印印水。如印印泥。初不分得失彼我是非。淨裸裸赤灑灑。輝騰今古。迥絕知見。返照回光。豈有許多事。然未返照時卻無許多事。只如尋常百不思百不管。絕念忘緣時。一時現成。聊聞返照。便作箇見聞覺知解會。各各在見聞覺知處。起模畫樣。方恁麼時。落在生死陰界中。無由得出離。欲明此事。直須蘊藉深。方可不落是非得失。聞見知覺纖毫淨盡。始得快活。拘牽惹絆他不住。

千差一舉。舉處絕遮攔。萬化一拈。拈時無向背。只如道上古諸佛。未出世未成道。未發心以前。還有這箇消息也無。若道有。有在什麼處。若道無。爭得這箇來。所以前賢後賢。前佛後佛。只是提持得他。景仰得他。要且未解從機境上把定處作得主。山僧今夜與他作主去也。諸佛未出世未發心未成道。盡在山僧手裏。放行教他通一口氣。若不放行。不消一搦搦殺。所以黃檗道。牛頭橫說豎說。不知有向上關捩子。若教他知向上關捩子。祖佛亦提掇不出。實為土曠人稀。相逢者少。然忽若有箇同死同生來相見。且須容他。何故。他若坐山僧須下禪床。山僧若坐他須側足而立。直得如此。雖然同途。要且不同轍。雖然同明。要且不同暗。雖然同得。

要且不同失。

如或安坐。心念紛飛。卻將紛飛之心。以究紛飛之處。究之無處。則紛飛之念何存。反究究心。則能究之心安在。能照之智本空。所緣之境亦寂。寂而非寂者。蓋無能寂之人也。照而非照者。蓋無所照之境也。境智俱寂。心慮安然。外不尋枝。內不住定。二塗俱泯。一性怡然。此乃還源之要道也。

心生法生。心亦不存。心滅法滅。法亦不立。不存不立。荊棘參天。不立不存。髑髏徧地。若能指穢邦為淨土。呼地獄作天堂。糞掃堆頭現丈六金身。蝦蟆口裏演一大藏教。似遮般見解。你且道還有作佛分也無。若能轉位回機。移星換斗。逞通天作略。用跨海神機。終不向惡水坑頭。葛藤堆裏著到。要須知有不露風骨底一著。耳聽則聾。眼見則瞎。三世諸佛不奈何。歷代宗師提不起。天下衲僧無出氣處。豈不見。德山示眾云。我宗無語句。亦無一法與人。而今抖擻屎腸。一時與你說了也。所以道。金剛圈。栗棘蓬。只許人用。不許人說。說底用不得。用底說不得。不說不用。如何通信。若作佛法禪道會。則眉鬚墮落。

寬廓非外。十方國土目前觀。寂寥非內。一毫頭上寶王剎。直得無內無外。絕彼絕此。亘古亘今。全明全暗。到這裏。亦須有轉身一路。始能得大自在。豈不見道。大人具大見。大智得大用。發大機群機泯息。立一言眾言絕謂。直得言言機機頭頭相副。如金鎖連環相續不斷。此猶是長生路上事。所以道。言鋒若差。玄關萬里。

直得懸崖撒手。自肯承當。絕後再甦。欺君不得。非常之旨。人焉廋哉。既有非常之旨。必藉非常之人。既有非常之人。必明非常之旨。正當恁麼時如何。側身方外看。誰是箇中人。

看見了。不柰何者多。既看見如何卻不柰何。祇為不識。所以不柰何。若看見識得。便柰何得也。然發心參禪。便要會得。誰不願樂。祇為無箇入處。又強會不得。一切處不契合。一切處緣差。用力取不得。又你十二時中行住坐臥。折旋俯仰。種種事業。一切處有超佛越祖底事。祇是你纔要解會時已無也。真箇是無也。你擬湊泊已背了也。所以道。看見祇是不柰何。莫是不擬心不起解會時得麼。輾轉更是不得也。會尚不得。豈況不會。向道。是法非思量分別之所能解。又道。智不到處。若不如此。爭稱佛法。須是深深地體究。密密地看詳。忽然柰何得。便無疑情也。長沙大師一日回頭見聖僧。忽然知歸。便云。回頭忽見本來身。本身非見亦非真。若將本體同真體。歷劫迢迢受苦辛。

僧家在此等衣線下。理須會通向上事。莫作等閑。若也承當處分明。即轉他諸聖向自己背後方得自由。若也轉不得。直饒學得十成。卻須向他背後叉手。說甚麼大話。若轉得自己。則一切麤重境來。皆作得主宰。假如泥裏倒地。亦作得主宰。

明眼漢。沒窠臼。只露目前些子。咬去咬住。有時一向不去。有時一向不住。若論戰也。箇箇力在轉處。更說什麼佛說什麼祖。說什麼心說什麼性。說什麼玄說什麼妙。說什麼有說什麼無。一筆勾下只有一劍。劍下有分身之意。亦有出身之路。然於中脫情解去藥忌。識機宜別休咎底。也須實到這箇田地始得。

祖佛提掇不起處。正好作工夫。魔外潛覷不見處。猶宜猛著力。直得通身是眼。也照他未了。直得通身是口。也說他不著。深深處有回互。密密處有譎詭。到這裏。德山有棒。不論佛來祖來。一例行遣。臨濟有喝。不論佛來祖來。一例施呈。若向棒下見。未免瞞盰。若向喝下薦。更是漏逗。須知向上人有換骨換髓。透聞透見底肘後符子。所以道。你若坐我則立。你若立我則坐。若也同坐同立。二俱瞎漢。到這裏。還說心說性得麼。說玄說妙得麼。說理說事得麼。說得說失得麼。若有恁麼。盡是依草附木精靈。且獨脫一句作麼生道。須彌頂上翻身處。百尺竿頭撒手時。

三一　壁立萬仞

昨夜三更失卻牛。天明起來失卻火。東討西尋不見蹤。元來賊是家親做。是汝諸人還認得家親也無。若也認得。十二時中無纖毫過患。不為物轉。不為境礙。不為凡聖所纏。不為生死所縛。隨分著衣喫飯。自然坐斷報化佛頭。若見不到這箇田地。未識得萬法元由在。諸仁者。出家人若覷這般事不透。時夕何安。即被燈籠露柱。欺謾去也。被世俗中事。籠罩去也。然雖如是。直饒見得一一諦當分明。在衲僧分上。猶喚作癡狂外邊走。總喚作影像邊事。與你自己更無交涉。古人云。平等真法界。無佛無眾生。若據諸人分上。更少欠箇甚麼。從無始以來。常與諸佛齊肩。本來是佛。不假你修行。聖凡名號。三世諸佛。八萬法門。百千三昧。有佛有眾生。總謂之名相。若離卻名相二字。更有箇甚麼。本來無物可得。過往諸聖。經三無數劫修行。直至十地滿心。說法如雲如雨。尚不能得見性。忽爾無心。方始見性。卻觀以前枉用工夫。虛受勤苦修行。總無實事。然雖如是。體究不得。修行不得。須是體取空劫以前事始得。昔趙州諗禪師問南泉。知有底人。向甚麼處去。泉云。向山前檀越家。作一頭水牯牛去。州云。謝師指示。泉云。昨夜三更月到牕。南泉幸有此語。否則落草了也。諸位。若識得水牯牛。非但水牯牛。乃至山河大地師資父母。三世諸佛一切聖賢。一時識得。方得天地同根。萬法一體。若不識得水牯牛。乃至每日聚會。師資父母一切聖賢。總不識去。為箇甚麼。為你見不到。未識得三界唯心。萬法唯識。一切有為諸法。總不識去。不識萬法元由去。所以云。亦復不知何者是火。何者為舍。云何為失。但東西馳走。視父而已。諸仁者。直須了取這般事。所以諸聖云。欲證無生理。當了現前因。此事是麤淺底法門。若見不到。不了目前諸法。則被外境所惑。從上古人亦多方便。垂示後來。古云。心如工畫師。能畫世間之法。諸法所生。唯心所現。無一法不從自心所現。皆是汝心畫成。無有一法自然建立。只為當人強生異見。被名相二字所惑。妄有生滅。妄有菩提涅槃。便有出世間法。不出世間法。棄卻十方虛空。卻向鬼窟裡作活計。

昔洞山价禪師因請泰首座喫果子次。乃問。有一物。上拄天。下拄地。黑似漆。常在動用中。動用中收不得。你道過在甚處。泰云。過在動用中。師便喝。乃令撥卻果卓。古德拈云。來朝更獻楚王看。有云。洞山雖有打破虛空底鉗鎚。且無補綴底針線。待伊道。過在動用中。但道。請首座喫果子。泰首座若是箇漢。喫了也須吐出。有云。垂絲千尺。意在深潭。泰首座久戰沙場。功名不就。溈山當時若見洞山問了。便揖云。請喫果子。直饒洞山有懸河之辯。也須教伊結舌。各位。洞山老坐籌幃幄。決勝千里。泰首座通身是口。有理難伸。還知洞山落處麼。若也不知。往往作是非得失會去。這果子。莫道泰首座不得喫。設使盡大地人來。亦不得正眼覷著。蓋此是修不得底事。當知不假你修行。總無你用心處。若多知多解。能問能答。說得道得機鋒迅速。慧辯過人。似這般事。諸人過去生中總曾學來。只是免輪回生死不得。為箇甚麼。為你不曾見性悟道。所以生死不斷。從生至老。只是識得箇門頭戶口光影為身。不知有本來自己。不知有向上一路事。卻於文字語言上。學問學答。有甚麼交涉。從上諸聖皆具無礙智。搆不及底事。那裡在你一問一答。你這一箇自己本性。猶如空中。無形無相。有何面孔。你擬做箇甚麼見得佗。那裡教人指示得著。從上三世諸佛。具五眼六通。尚見不得。無始以來至於今日。未曾生未曾滅。未曾有未曾無。當知此事不在你擬議思量。直下是箇出家人始得。那裡教你容易行止。取次身心學得。昔藥山晚參不點燈。師云。我有一句子。待犢牛生兒。即向你道。時有僧便出云。犢牛生兒也。祇是和尚不道。師喚侍者。將燈來。其僧便抽身入眾。古德拈云。生底是牯牛兒。牸牛兒。又代云雙生。有云。我即不然。犢牛生兒也不向你道。何故如是。若向你道。何處更有王老師。有云。這僧會即會。

只是不肯禮拜。各位。藥山三寸甚密。爭奈被這僧下一粒巴豆。直得心肝五藏。一時吐出。直饒討得火來。也是半夜天明。

大眾。時人住處我不住。時人行處我不行。不是與人難共住。大都緇素要分明。靈山奧旨。少室真傳。日月不足喻其明。虛空不足喻其廣。巍巍獨運。蕩蕩無私。思之則差。議之則錯。五千四十八卷。說食向人。一千七百葛藤。持蠡測海。在今諸方。一般莫不盡謂。驅其耕奪其食。貴圖宗風不墜。殊不知正是救湯進火。禦寒贈冰。與麼道。豈是壓良為賤。取笑大家。蓋臂三折而知醫。人多閱而曉相。靈俐底不用如何若何。便請單刀直入。掃蕩攙搶。坐享太平。豈不快哉。少涉遲疑。白雲萬里。昔溈山和尚坐次。見仰山從方丈前過。溈山云。若是百丈先師。子須喫痛杖始得。仰山云。今日事作麼生。溈云。合取兩片皮有分。仰云。此恩難報。溈云。溈山年邁。非子不才。仰云。今日親見百丈師翁。溈云。子向什麼句中見先師。仰云。不見道祇是無別。溈云。始終作家。各位。從上來百丈有不犯之令。溈山深得其旨。能向劍刃上行。仰山飲氣扶持。且不犯鋒傷手。此即壁立萬仞處。

大眾。諸法蕩蕩。何絆何拘。心源一統。綿亘十方。上上根人。自然明白。不見南泉道。如斯癡鈍。世且還稀。歷歷分明。有無不是。只少箇丈夫之志。致見如斯疲勞。汝今欲得易會麼。自古及今。未嘗有箇凡夫聖人。出現汝前。亦無一箇善語惡語。到汝分上。為甚麼如此。為善善無形。為惡惡無相。故既已無我。將甚麼為善惡。立那箇是凡聖。汝還信否。還保任否。有甚麼回避處。恰似日中逃影相似。還逃得麼。今之既爾。古之亦然。今古齊時。汝還諱得麼。佛法玄妙。了得者自相策發。無為小緣妨於大事。汝不見道。寧可終身立法。誰能一旦忘緣。仁者要徑會禪麼。各歸衣鉢下看取。昔世尊因跋陀婆羅。并其同伴十六開士白佛言。我等先於威音王佛聞法出家。於浴僧時隨例入室。忽悟水因。既不洗塵。亦不洗體。中間安然。得無所有。宿習無忘。乃至今時。從佛出家。今得無學。彼佛名我跋陀婆羅。妙觸宣明。成佛子住。古德拈云。了事衲僧消一箇。長連牀上展腳臥。夢中曾說悟圓通。香水洗來驀面唾。有云。洗塵觸體兩空寂。妙證密圓超見思。白璧無瑕空受玷。圓通會裏受塗糊。各位。一點環中照極微。智無功處卻存知。緣思淨盡無餘事。半夜星河斗柄垂。若向這裡著得箇眼。即照破生死。所以古人道。妄息寂自生。寂生知自現。知生寂自滅。了了唯真見。且道真見。見箇甚麼。如珠發光。光還自照。大眾。作麼生會他道。妙觸宣明。成佛子住。也須七穿八穴始得。

昔洛浦安禪師。本在臨濟為侍者。濟每對眾賞之曰。臨濟門下一隻聖箭。誰敢當鋒。後師辭臨濟。濟拈拄杖畫一畫。云。過得這箇便去。師便喝。濟便打。師作禮去。後臨濟上堂云。臨濟門下。有一赤梢鯉魚。搖頭擺尾向南方去。不知向誰家齏甕裏淹殺。浦遊歷罷。往夾山頂卓庵經年。夾山知乃修書令僧馳到。師接得便坐卻。再展手索。僧無對。師便打。云。歸去舉似和尚。僧回舉似夾山。山云。這僧看書。三日內必來。若不看書。斯人救不得。果三日後至。纔見夾山。不禮拜。乃當面叉手而立。夾山云。雞棲鳳巢。非其同類。出去。師乃云。自遠趨風。請師一接。山云。目前無闍梨。此間無老僧。師便喝。山云。住住。且莫草草忽忽。雲月是同。溪山各異。截斷天下人舌頭即不無。闍梨爭教無舌人解語。師佇思。夾山便打。師因茲伏膺。古德拈云。這僧可悲可痛。鈍置他臨濟。他既雲月是同。我亦溪山各異。說甚麼無舌人不解語。坐具劈口摵。夾山是箇知方漢。必然明聦下安排。有云。搖頭擺尾赤梢鱗。徹底無依解轉身。截斷舌頭饒有術。拽回鼻孔妙通神。夜明簾外兮。風月如晝。枯木巖前兮。花卉長春。無舌人。無舌人。正令全提一句親。獨步寰中明了了。任從天下樂欣欣。有云。但知作佛。愁甚麼眾生。各位。白日青天。有甚麼事。從上佛祖。立機立境。千差萬別。隱顯殊途。只要你實證實悟。於實證實悟處。直是乾曝曝地。所謂上無攀仰。下絕己躬。常光現前。壁立萬仞。到這裡合作麼生。大眾。除是不學。既要學。大須精研。不得取次承當。容易領解。虛度光陰。無有實事。要得知有此事。除是無心。別無異路。直須是如愚如癡去始得。諸仁者。勸你諸人休歇去。無你用心處。自家著眼孔。莫教人謾。見佛之與祖。如同生冤家始得。從他人道作愚癡。沉空滯寂去。但無事去五七年。久久無有不得者。到你得這一回。無得之得去。任是一切法。無有不會者。喚作鼎新一處。萬法具足。爭消得你學。但十二時中。似一箇癡人去。任運騰騰。心如虛空相似。亦無虛空之量。始得無明無暗。無有絲毫佛法身心始得。若有一毫許事不忘。便是一生虛過。賺汝諸人虛費身心。究竟總不成事。所以道。學得佛邊事。亦是錯用心。直須是無事去始得。一般去始得。

◆相關法語

佛法現成一切具足。圓同太虛無欠無餘。若能如是。且誰欠誰剩誰是誰非。誰會誰不會。所以道東去也是上座。西去也是上座。南去也是上座。北去也是上座。上座因甚麼得成東西南北去。若會得。自然見聞覺知路絕。一切諸法現前。何故如此。為法身無相觸物皆形。般若無知對緣而照。一時徹底會去好。通玄峰頂。不是人間。心外無法。滿目青山。

求向物於向。於向未嘗無。責向物於今。於今未嘗有。於今未嘗有。以明物不來。於向未嘗無。故知物不去。覆而求今。今亦不往。是謂昔物自在昔。不從今以至昔。今物自在今。不從昔以至今。故仲尼曰。回也。見新交臂非故。如此則物不相往來明矣。既無往返之微朕。有何物而可動乎。然則旋嵐偃嶽而常靜。江河競注而不流。野馬飄鼓而不動。日月歷天而不周。復何怪哉。

若論此事。如中秋夜望圓月相似。淨無雲翳人皆見之。南閻浮提無所不照。諸人各在他鄉異井。各有父母家山。你道彼中還有麼。山川溪谷迥絕無人到處。彼中還有麼。又爭得無來。人各自謂得見是月。然此滿月。不此方來。不彼方去。若此方來。彼則無也。若彼方去。此何故見之。四維上下亦復如是。所以道。並安千器。千器皆圓。一道澄江。一月孤瑩。

昔新羅僧問雲居。是甚麼得恁麼難道。居云。有甚麼難道。僧云。請和尚道。居云。新羅。新羅。後黃龍新和尚云。雲居要見新羅僧。猶隔海在。兄弟。雲居恁麼答。但恐者僧出不得。黃龍恁麼道。又恐後人歸不得。

向你道。壁立萬仞。依前卻來撞墻撞壁。有什麼近傍處。雖然如是。已是落草了也。不免將錯就錯。於第二頭說葛藤去也。還知麼。直下如當門按一口劍相似。凜凜威風。纔跨門來。誰敢近傍。若近著則喪身失命。若望涯而退。不是大丈夫漢。須是不顧死生。從他手中奪去始得。所以道。不入虎穴。不得虎子。須是當前不顧性命。若奪劍在自己手中。任是佛來也不放過。直饒恁麼。已是第二頭也。不見資福道。你隔江見資福剎竿便回去。脚跟下好與三十棒。

了生即是無生法。非離生法有無生。龍樹云。諸法不自生。亦不從他生。不共不無因。是故知無生。若法從緣生。是則無自性。若無自性者。云何有法。若知心本來不生不滅。究竟清淨。即是淨佛國土。華嚴經云。無量劫一念。一念無量劫。須知一方無量方。無量方一方。

世尊語阿難曰。汝元不知一切浮塵諸幻化相。當處出生。隨處滅盡。幻妄稱相。其性真為妙覺明體。龍勝菩薩曰。諸法不自生。亦不從他生。不共不無因。是故說無生。

若心是生。則夢幻空華亦應是生。若身是生。則山河大地。森羅萬象亦應是生。故文殊師利言。此會諸善事。從本未曾為。一切法亦然。悉等於前際。所以正作時無作。以無作者故。當為時不為。以無自性故。任從萬法縱橫。常等無生之際。乃知磁石決不吸鐵。無明不緣諸行。

須菩提問世尊。云何住。世尊答曰。如是住。卵生胎生。濕生化生。有色無色。有想無想等。皆令入無餘涅槃而滅度之。而實無有一眾生實滅度者。還會得麼。三界萬法。實無絲毫生滅動靜之相。衹由迷此。決定惑為色身之內。所以質礙名色。領納曰受。思惟曰想。遷流曰行。分別曰識。皆由自心之所成立。為不知此名為五陰。遂成色心二法。不見道。照見五蘊皆空。度一切苦厄。現前五陰之身。為有耶為無耶。若能如是見得。實無生死等事。或未然者。豈無去來。

若有一人發真歸源。十方虛空悉皆消殞。從前先聖豈不發真歸源。如何十方虛空至今尚在。又云。漚滅空本無。況復諸三有。幻漚既滅。虛空殞無。三有眾生從茲殄悴。四生九類如何得無。又云。清淨本然。云何忽生山河大地。既生山河大地。如何得復清淨本然。既復清淨本然。云何卻見山河大地。大眾。水自竹邊流去冷。

風從花裏過來香。

諸佛出世。興慈運悲。猶如空花。無有堅實。諸人須知。不曾出世。亦不曾入滅。幻化幻名。無有實者。何以故。四大性本真空故。本不曾滅亦不曾生。亦未曾教化眾生。眾生性如故。色身亦如。眾生性滅故。色身亦滅。還知得麼。自性不生自性。自性不滅自性。人人具足。人人成現。

你如今一切時中。行住坐臥但學無心。久久雖實。為你力量小。不能頓超。但得三年五年或十年。須得箇入處。自然會去。為汝不能如是。須要將心學禪學道。佛法有什麼交涉。故云。如來所說皆為化人。如將黃葉為金止小兒啼。決定不實。若有實得。非我宗門下客。且與你本體有甚交涉。故經云。實無少法可得。名為阿耨菩提。若也會得此意。方知佛道魔道俱錯。本來清淨皎皎地。無方圓無大小。無長短等相。無漏無為。無迷無悟。了了見。無一物。亦無人。亦無佛。大千沙界海中漚。一切聖賢如電拂。一切不如心真實。法身從古至今。與佛祖一般。何處欠少一毫毛。既會如是意。大須努力。盡今生去。出息不保入息。

昔洞山參雲門。悟旨於言下。入佛正知見。所有炙脂帽子。鶻臭布衫皆脫去。以四句偈明其悟。蓋得展事自在之用。投機善巧之風。故其應機接物。不乘言不滯句。如師子王得大自在。於哮吼時百獸震駭。蓋法王法如是故也。言無展事。語不投機。乘言者喪。滯句者迷。於此四句語中見得分明也。作箇脫洒衲僧。根椽片瓦粥飯因緣。堪與人天為善知識。於此不明。終成莽鹵。又世所傳見雲門者。皆坐脫立亡何哉。以無佛法知見故也。

夫禪學不是小小。未用超佛越祖。得了要超亦不難。不落意想不在有無。神珠自瑩。豈可預為之計然後領耶。第一等靈利人。尋討不著此一念。難得自見。見之即是。無別有岐路也。尋常例以前念為是。以後念照之。前後追逐。以心用心心則成境。率初已成心境了。輾轉更不堪。如今後念不取。自無起滅處。當處解脫。念本不生。何更有。有無意想為留礙。一念悟心成正覺。此之謂也。念念無生。念念無相。與虛空等。觸物遇緣。皆佛之妙用。無絲頭許對待。衣珠獨耀。十方世界事。目擊可了。不俟舉意。然後知之。此蓋大丈夫事業。不可不成就。

明佛心宗。等無差誤。行解相應。名之曰祖。祇如諸方說。六度萬行以為佛法。我道是莊嚴門佛事門。非是佛法。乃至持齋持戒。擎油不渙。道眼不明。盡須抵債。索飯錢有日在。何故如此。入道不通理。復身還信施。長者八十一。其樹不生耳。乃至孤峰獨宿。一食卯齋。長坐不臥。六時行道。皆是造業底人。乃至頭目髓腦。國城妻子。象馬七珍。盡皆捨施。如是等見。皆是苦身心故。還招苦果。不如無事。純一無雜。

衲僧做得周旋。何患說不著。何患行不到。儞若不曾真實。到來不十成。穩密不十成。周旋便有欠闕。若是箇無欠闕漢。諸佛說底只是者箇。祖師行底也只是者箇。人人分上具足圓滿。於其中間有承當有擔荷。有省發有明了。箇時忽有間斷。不能浩蕩成一片去。喚作履踐底人。若是大丈夫漢做處。一扃便了。一嘔便盡。中不留絲。間不容髮。過去心不可得。未來心不可得。現在心不可得。亘十方是箇心。盡三世是箇法。何不便桶底子脫去。只為儞心地下。紛紛地是思惟。攪攪地是架鏤。於妄想中。膠膠纖纖。安安排排。粘粘綴綴。甚麼時得灑落去。

儞若向這裏脫然放下。不見箇身不見箇心。箇時滿虛空遍法界。只是儞一箇自己。三世諸佛出世。也在儞身中出世。一切眾生顛倒。也在儞身中顛倒。乃至三界九地。大大小小方方圓圓。皆是儞自己身中所現影像。若一念淨盡去。廓落無依去。三世諸佛望儞頂相不及也。是箇做處。了了而明。靈靈而知。晃晃而耀。惺惺歷歷分分曉曉也。是箇做處。隨高隨下。照青照黃。剎剎塵塵。心心法法也。是箇做處儞若分曉。穿作一穿。豈不是衲僧縱橫皆到底時節。

一切處迷不得是佛。一切處壞不得是法。一切處混不得是僧。是儞分上具足三寶。又不見龐居士道。十方同聚會。箇箇學無為。此是選佛場。心空及第歸。若心地下空寂。便是及第底時節。若有一絲頭即成凝法。到者裏。善惡如尖檐兩頭脫相似。箇時身心。廣大如法界。究竟等虛空。的的分曉。便知道。金枝敲玉戶。韻出碧霄齊。若從此透得出。靈靈而知。歷歷而照。跨步應世。在諸法頭上行。箇時山不是山。水不是水。若具足成就。山是山水是水。小是小大是大。到恁麼田地。甚麼時不成道。甚麼時不說法。甚麼時不為人。甚麼時不明己。所以雪峰道。盡大地撮來。如米粟粒大。拋向面前。漆桶不會。打鼓普請看。若見得透。破一微塵。出大千經卷。但心地下。不著一箇字腳。自然一切處通達。且道正恁麼時如何。山河不隔越。處處是光明。

大解脫人具大根器。離見聞超情識。於日用中急著眼看。斷知無上妙道。不在日用處著到。如疾雷破山。於一念未萌以前識得破。佛及眾生也無著處。須是實證實悟。方可向千聖頂𩕳上獨行。卻於異類中插腳。更有甚麼佛法禪道。水一滴也無到你口裏。軟似南賓鐵。硬似兜羅綿。便是千手大悲也無你摸索處。不見白雲端和尚道。無摸索處病難除。放下蛇頭捋虎鬚。今日為君通一線。好看月上長珊瑚。白雲恁麼說話。亦能殺人。亦能活人。三十年後。不得錯舉。

三二 死句活句

大凡唱教須會目前生死。意句殺活。方可褒揚。殺人刀活人劍。上古之機鋒。亦是今時之樞要。摧魔破執。不得不無。直露真詮。大用無虧。圓通現前。魔難措手。須知己有的。能破的。到這裏也須是箇漢始得。點著便轉。撥著便露。擬議之間。喪身失命。所以道。坐卻舌頭。別生見解。他參活句。不參死句。活句下薦得。永劫不忘。死句下薦得。自救不了。只如諸人即今作麼生會他活句。莫是即心即佛是活句麼。沒交涉。莫是非心非佛是活句麼。沒交涉。不是心不是佛不是物是活句麼。沒交涉。莫是入門便棒是活句麼。沒交涉。入門便喝是活句麼。沒交涉。但有一切語言。盡是死句。作麼生是活句。豈不見僧問南泉和尚云。即心是佛又不得。非心非佛又不得。師意如何。泉云。你但信即心是佛便了。更說甚麼得與不得。只如大德喫飯了。從東廊上西廊下。不可總問人得與不得也。遮裏若識得南泉。方不被三句所使。便能使得三句。既使得三句。始與南泉同一眼見。同一耳聞。同一鼻嗅。同一舌嘗。同一身觸。同一意思。更無差別。但只為你執藥為病。舊病未除。新病復作。卻被死句活句。使得來七顛八倒。將他古人徑截處。一時紆曲了。

昔有別山祖智禪師者。蜀人也。因閱華嚴經善財入彌勒樓閣。見閣中有無量不可思議諸佛境界而有省。默舉祖師公案。亦皆會節目。復遍歷名席。俱獲美譽。渡錢塘遊天台。友斷橋倫。見無準範禪師於雪竇。範棒喝風馳。智結舌不能仰對。範每受參垂問。智擬當機。然瞻視範公。不能進措一辭。乃私嘆曰。我生平所參所悟底皆死法也。死法何濟哉。乃盡捐宿負。堅依範公。久之。於範公棒喝中。大通妙旨。遂呈偈曰。用盡工夫夜欲闌。東挑西撥見還難。無端豆爆寒灰裡。便把柴頭作火看。各位。宗門下這一著子。妙在自證自得。其自證自得之妙。乃是箇活脫無依底道理。傳不得。教不得。學不得。擬不得。智如鶖子思量他不得。辯如滿慈也分別他不得。自有宗門已來。都道有參有學。誰知道自證自得底。與參學的。料掉沒交涉。世之所謂學得底說得底。盡是情識依通。知見解會。正是無量劫來。生死根本。縱饒有宿熏智種。不被情識所遷。生具正因。不遭知解所障。體認得倜儻分明。猶是死法。望他活意。猶萬里崖州。盡理言之。縱饒學得契佛契祖。說得契佛契祖。倘未到活脫無依田地。未免都是死法。所以臨濟大師道。我者裏是活祖師西來意。

要用便用。一切臨時。前輩大達之士。得者些子活脫道理。隨機應變。逆行順行。諕諕訛訛。千奇百怪。謂之大用現前。不存軌則。直是無你湊泊處。

昔有葉縣省禪師示眾云。宗師血脈。或凡或聖。龍樹馬鳴。天堂地獄。鑊湯爐炭。牛頭獄卒。森羅萬象。日月星辰。他方此土。有情無情。以手畫一畫云。俱入此宗。此宗門中。亦能殺人。亦能活人。殺人須是殺人刀。活人須是活人句。各位只是剎那法一切臨時。蓋行腳禪流直須著忖。參學須具參學眼。見地須得見地句。方有相親分。始得不被諸境惑。亦不落於惡道。畢竟如何委悉。有時句到意不到。妄緣前塵分別影事。有時意到句不到。如盲摸象各說異端。有時意句俱到。打破虛空界。光明照十方。有時意句俱不到。無目之人縱橫走。忽然不覺落深坑。昔有石鞏藏禪師。凡見僧來。以弓架箭示之。一日三平至。師云。看箭。平乃撥開胸云。此是殺人箭。活人箭又作麼生。師乃扣弓弦三下。平便作禮。師云。三十年架一張弓兩隻箭。只射得半箇聖人。遂拗折弓箭。三平後舉似大顛。顛云。既是活人箭。為甚麼向弓弦上辨。平無對。顛云。三十年後。要人舉此話也難。雲門問長慶。作麼生道。免得云作半箇聖人。長慶云。若不還價。爭辨真偽。門云。入水見長人。古德拈云。大小三平。元來只是箇死漢。若非死漢。又覓甚麼活人箭。石鞏龍頭蛇尾。矢在弦上。又卻不發。當時若便與一箭。那裏來大顛作死馬醫。有云。不省宗師特意來。箇箇盡隨迷醉走。句中認影影難開。三平猶未全提得。霹靂雷聲偏九垓。

有云。石鞏習氣不除。三平相席打令。卻云三十年。一張弓兩隻箭。祇射得半箇聖人。豈不是以己方人。大都不入驚人浪。到了難尋稱意魚。各位。細雨灑花千點淚。淡煙籠竹一堆愁。張弓架箭只為喚君回。否則從他掘地更深埋。殺人刀活人箭者。即是宗門中把住或放行。這裡須具頂門眼和肘後符始得。

古云萬古長空。一朝風月。豈可以一朝風月。昧卻萬古長空。豈可以萬古長空。不明一朝風月。此是廣大甚深法。自在之宗。若也明得。何處更有一絲頭剩法來。光陰倏忽。變化密移。始見望朝。又已念日。諸人還知光陰不變化。日月不遷流麼。快須究取。昔日六祖大師。於廣州法性寺遇夜廊廡間有二僧。風幡競辯。未盡厥理。祖師直以非風幡動。仁者心動告之。大眾。祇如夜來風起。且道是風動。不是風動。若道不是風動。如此觸簾動戶。簸土揚塵。作麼生不是風動。還斷得出麼。也不是風動。也不是幡動。也不是心動。有人識得麼。青山無限好。猶道不如歸。昔有祕魔巖禪師。常持一木杈。凡見僧來。遂提起杈云。甚麼魔魅教汝出家。甚麼魔魅教汝行腳。道得也杈下死。道不得也杈下死。速道。速道。後霍山聞。遂訪祕魔禪師。纔見未禮拜。便攛入懷。魔乃拊山背三下。山拍手云。師兄三千里外賺我來。三千里外賺我來。古德拈云。山僧當時若見。奪取杈來驀項杈倒。點把火照看伊面皮厚多少。有云。祕魔杈子動家邦。來往禪人被死降。禪佛單刀直入處。始知項羽到烏江。有云。道得無言杈下死。霍山猛跳入懷中。三千里外虛相賺。更有何人透此宗。

各位。千聞不如一見。自省自證的好。又昔有深明二上座。因到淮河。見人牽網有鯉魚透出。明云。深兄。俊哉。一似箇衲僧。深云。雖然如此。爭似當初不撞入網羅好。明云。深兄。你欠悟在。深禪師後行三十里方省。古德拈云。明上座鈎頭有餌。深禪老一釣便上。老僧當時若見他道。深兄你猶欠悟在。只對道。今日網得一箇。不獨塞斷明上座口。且要千古之下。免人怪笑。各位。三汲浪高轟霹靂。一聲透過禹龍門。見色聞聲。都是漫天網子。若見色而住於色。就如同死在色下。必須具眼透出。不被色礙才行。昔有僧清稅問曹山本寂禪師云。清稅孤貧。請師拯濟。山喚稅闍黎。稅應諾。師云。青源白家三盞酒。喫了猶道未沾唇。古德云。滿屋黃金不肯親。吁嗟甘自怨孤貧。無端更飲三盃酒。醉後郎當笑殺人。有云。稅闍黎拋甎引玉。不知換得箇擊子。曹山雖來風深辨。可惜不一等與他本分草料。免致今時向黑山下作活計。各位。清稅當下應諾。是甚麼心行。又甚麼處是與他酒喫處。到這裏。若不是頂門具眼。實難話會。

昔雲門和尚示眾云。平地上死人無數。透得荊棘林者是好手。時有僧云。恁麼則堂中第一座有長處也。雲門云。蘇嚧蘇嚧。各位。此是自己本命元辰落處。能透得荊棘林者。除了自己關中主外。更能有什麼人。有般底纔聞雲門道個蘇嚧蘇嚧。便作玄妙奇特。作言無展事。語不投機會。然此事也無言也無事。也無語也無機。是這僧識得雲門意。故云。恁麼則堂中第一座有長處也。還見雲門與遮僧麼。譬如百萬軍陣前。搴旗誅將。突騎斬關。流血成河。橫屍徧野。仔細看來。不動一刀一鎗。亦不傷鋒犯手。只是一坑埋卻。所以古德教人參禪。先要參取涅槃堂裏禪。其間傳佛心宗。續佛慧命。且置之一邊。何故。蓋涅槃乃死生切要之地。眼光欲落未落。火風欲散未散。如刀割肉。似箭攢心。那時要能得用。萬一不覺不知。被他移入驢胎馬腹裏。卒難得出。出家兒尤宜著鞭。袈裟下失卻人身。萬劫不復。每日不要只管理會他人閑事。爾自己分上。無量劫來如洪波大浪。未嘗休息。一日十二箇時辰。阿那箇一時無走作來。一粥一飯無走作麼。開單展鉢無走作麼。進退揖讓無走作麼。語言談論無走作麼。驀然打箇困來。便乃落在陰界中。頭出頭沒。爾醒時一段孤明歷歷底。阿誰作主。既無人作主。火風未散。陽魄未飛。早成隔生了也。大難。大難。棒打石人頭。剝剝論實事。有志於此者。切宜尋師擇友。如救頭然。終不為身衣口食。觀山翫水。悠悠度日。第一須得本智現前。本地風光常露倮倮地。自由自在。出入無滯。作箇脫灑底道人。豈不快哉。其或未然。有寒暑兮促君壽。有鬼神兮妬君福。

◆相關法語

生耶死耶。非得非失。不道不道。有理有事。若向有理有事處。得箇入處。只在教乘裏頭出頭沒。若於非得非失處。得箇入處。敢保諸人十二時中。未有安身立命處。既未有安身立命處。則不知生死落處。若知得生死落處。即知自己安身立命處。且道即今是生耶是死耶。是不生耶是不死耶。若道不生。爭奈死何。若道不死。爭奈生何。若道亦生亦死。又是戲論說。若道非生非死。又是相違說。直饒離四句絕百非。直下如明鏡當臺。明珠在掌。胡來現胡。漢來現漢。當人各各腳跟下。淨倮倮明歷歷。生死如夢幻空華。去來如浮雲水月。猶未是徹頭處。縱饒如實見得。昔日之生。本不曾生。今日之滅。本不曾滅。亦是無夢說夢。何以故。生而不生鏡裏之形。滅而不滅水中之月。正當恁麼時。那裏是諸人出身處。若委悉得去。只今與諸人把手共行。同入如來大寂滅海。

有句無句。如藤倚樹。孟八郎漢便恁麼去。機不到。語不副。眼裏著得百千萬億須彌山。耳裏著得無量無邊香水海。機副語語投機。眼裏著沙不得。耳裏著水不得。有般漢聞恁麼道。便道。見月休觀指。歸家罷問程。不知垂萬里鈎。駐千里烏騅。布漫天網。打衝浪鯤鯨。若是蝦蟆蚯蚓。跛鼈盲龜。徒勞上釣。徒勞入網。須是恁麼人方知恁麼事。所以道。殺人自有殺人刀。活人自有活人劍。有殺人刀。無活人劍。一切死人活不得。有活人劍。無殺人刀。一切活人死不得。死得活人。活得死人。便能刮龜毛於鐵牛背上。截兔角於石女腰邊。不作奇特商量。不作玄妙解會。須知盡十方徧法界。無有如針鋒許不是各各當人安居之處。

摩醯首羅。揭示頂門正眼。摩竭陀國。全提向上鉗鎚。壁立萬仞絕承當。孤光爍破四天下。所以道。殺人刀活人劍。將錯就錯。上古之風規。亦是今時之樞要。和泥合水。若論殺人刀。不存毫末。活人劍。橫屍萬里。須知殺中有活。擒縱人天。活中有殺。權衡佛祖。直饒說得殺活。倜儻分明。在此更問你覓劍在。正恁麼時。見麼。萬仞懸崖垂隻手。高峰共唱太平歌。

古人以除日當死日。蓋一歲盡處猶一生盡處。故黃檗垂示云。預先若打不徹。臘月三十日到來管取你熱鬧。然則初生墮地時便理會死日事不為早。不覺少而壯。壯而老。老而死。況更有不及壯且老者。豈不重可哀哉。應當惕然自誓自要。雖然。此打徹二字不可容易。不是通幾本經論當得徹也。不是坐幾炷香不動不搖當得徹也。不是解幾則古德問答機緣。作幾句頌古拈古當得徹也。不是酬對幾句口頭三昧滑溜當得徹也。

日間有事或處分不定。睡去四五更起坐。是非可否忽自了然。日間錯處於此悉現。乃知爾來不得明見心性。皆由忙亂覆卻本體耳。古人云。靜見真如性。又云。性水澄清。心珠自現。豈虛語哉。

若是上士。腳纔跨門。便知般若之體。便乃覿露鋒機。如同電拂。論禪與道。未免輪迴。舉意明宗。猶遭曲轍。通人分上。私限不拘。後進初機。快須薦取。於斯明得。許儞把定乾坤。手擎日月。若也未然。勞而無功。

萬里鼇鈎。蓋為獰龍而下釣。千鈞之弩。豈因鼷鼠而發機。然道在人弘。事無一向。所以出群獅子。天外吼音。敵勝丈夫。隨方導物。磨礱臨濟吹毛劍。倜儻楊岐栗棘蓬。當可捲而懷之。遇奇人則拈出。眼光明爍四天下。噫氣卷舒六合雲。設若據令而行。直得無位真人。與他鏤明脊骨。況乃入廛垂手。任是大悲菩薩。更為額上栽眉。正恁麼時。滅卻正法眼即且置。為我扶起破沙盆一句作麼生道。倒將浩瀚西江水。注作玲瓏妙密錘。

汝等看經書。務先知其緩急。道為急務。達者為先。第一須用銷磨無量劫來。種種習氣。對治一一病痛。夫哄哄人我妄作。毋使一毫芥蒂留於胸次是急。又如喫飲食。一一須是消化得。便是爾我真實受用。其他資談柄。長識見。博學強記。及無礙辨才。皆為末事。可緩耳。

佛法無人說。雖慧不能了。去卻上頭關。面南看北斗。虛空挂劍。殺活臨時。鞭起臨濟瞎驢。放出五祖酸嗛。盡大地人亡鋒結舌。扶豎佛祖正宗。還他過量人。能持過量事。過量人已見。過量事已聞。且不涉言詮一句。如何通信。不依倚一物。顯示本來人。

眼裏不著沙。耳裏不著水。雖然俊俏衲僧。寧免守株待兔。眼裏著得須彌山。耳裏著得四大海水。橫來也著。豎來也著。一任象馬龍蛇。拳踢蹴踏。且道憑箇甚麼。得到與麼地。打開無盡藏。運出無價珍。

只者是。大似撒沙向眼中。只者不是。還如注水向耳裏。直下無事。平地陷人。別有機關。墮坑落塹。且畢竟作麼生。祇園屈曲流泉急。鷲嶺巍峨雲出遲。復云。雲居開大洪爐。不止烹佛烹祖。但有一切。持來烈燄堆中辦取。是則當處平和。不是切宜退步。鍛出金剛眼睛。直得乾坤獨露。雖然到者田地。須知向上一路。還委悉麼。放將三聖瞎驢。踢殺大雄猛虎。

此一段事。謂難則不可。謂不難則亦不可。謂其難則人人本有之物。不假他求。謂其不難。自拈花微笑以來至於曹溪。甫千七百年。以歲月言之。則盡大地人。普請作佛久矣。何得人傳一人。不絕如線。若言此事。上上根器。方可堪任。中下無分。上上根器者。果何人哉。一見便見。力行深造者是。初非生而能知。以般若種子。熏煉純熟故也。中下無分者。豈妙法有所不偏處耶。蓋不能力行。中道懈退者是。曹溪使人善惡二法。都莫思量。自然得入清淨心體。岩頭大師。呼之為頂句。為正位。為得住。初機新學。不識此句。難為話會。

古人云。諸佛未出世。人人鼻孔遼天。出世後杳無消息。雖無消息。要且瞞諸人一點不得。天不能蓋。地不能載。日月不能昭臨。虛空不能包褁。萬象不能覆藏。通上徹下是箇大解脫。何處更有許多名字。所以道。處處真處處真。塵塵盡是本來人。真實說時元是妄。正體堂堂失卻身。

寂靜中做工夫者。以寂靜為究竟。他且不是你寂靜中究竟底物。憒鬧中做主宰者。以憒鬧為得意。它且不是你憒鬧中得意底物。經教中領覽者。以經教為根本。它且不是你經教中領覽得底物。師友中講磨者。以師友為淵源。他且不是你師友中講磨得底物。此無形段金剛大士。從塵點劫來直至而今。如潛泉魚鼓波而自躍。你擬向東邊討它。它向西邊立地。你向南邊討它。它向北邊立地。教它與一切人安名立字即得。一切人與它安名立字即不得。一切處一切時。與你萬象為主。萬法為師。此其是也。自非上根利智。具殺人不眨眼底手段。將第八識斷一刀。豈有成辦時節。

三三 劍鋒相拄

禪家流。欲知佛性義。當觀時節因緣。謂之教外別傳。單傳心印。直指人心。見性成佛。劍鋒相拄者。你呼我應。說聽同時。思議不及也。如釋迦拈花。迦葉微笑。如如也。恁麼來也。若力量相當。則如紅爐上一點雪。當下銷融。若不得如此。則須知有轉身處。能轉位就功。始無礙矣。否則即流將去。滯著去。不得自在。昔鹽官安禪師。問講華嚴大師云。華嚴經有幾種法界。對曰。略而言之。有十種法界。廣而言之。重重無盡。鹽官舉拂子云。是第幾重法界。大師俛首擬答之。鹽官訶曰。思而知。慮而解。是鬼家活計。日下孤燈。果然失照。出去。又昔福州善侍者。乃慈明高弟。當時龍象數。道吾真。楊岐會。皆推伏之。嘗至金鑾。真點胸自負親見慈明。天下莫有可意者。善與語。知其未徹。一日山行。真舉論鋒發。善取一瓦礫置石上曰。若向遮裏下得一轉語。許你親見老師。真左右窺視擬對之。善喝曰。佇思停機。識情未透。何曾夢見去。真大愧悚。即日且圖還霜華。慈明見來曰。本色行腳人必知時節。有什麼忙事。解夏未久。早已至此。對曰。被善兄毒心。終礙塞人。故復來見和尚。慈明即問曰。如何是佛法大意。對曰。無雲生嶺上。有月落波心。慈明瞋目喝曰。頭白齒豁。猶作此等見解。如何脫離生死。真涙下交頤。不敢仰視。明云。你問我。真復理前語問曰。如何是佛法大意。慈明曰。無雲生嶺上。有月落波心。真乃大悟於言下。古人有云。三老暗轉拖。孤舟夜回頭。蘆花兩岸雪。煙水一江秋。風力扶帆行不棹。笛聲喚月下滄洲。大眾。問處一般答處一般。真點胸如何就能悟去。蓋以楔出楔。劍鋒相拄也。然此亦是渠平日念茲在茲。而無雜想。故纔被問著。便已全盤打動。更被逼拶。則乃還丹入口。全身轉活也。

昔僧問法眼禪師。如何是曹源一滴水。眼云。是曹源一滴水。其僧惘然而退。時韶國師在會下。聞此語大悟。古德拈云。法眼恁麼說話。眼觀東南。意在西北。忽有人問山僧。如何是曹源一滴水。只對他道。死。有云。曹源一滴久澄清。流出千江絕浪聲。大海幾多遊翫者。茫茫空遶水邊行。大眾。這般公案。法眼門下謂之箭鋒相拄。更不用五位君臣。四料簡。直下恁麼去。是他家風如此。答處在言前。一句下便見。當陽便要透。截斷眾流窮源底。百川依舊勢朝天。若向句下尋思。卒摸索不著。又昔法眼問修山主。毫釐有差。天地懸隔時如何。修云。毫釐有差。天地懸隔。眼云。與麼道。又爭得。修云。某甲只與麼。師兄作麼生。眼云。毫釐有差。天地懸隔。修遂禮拜。各位。山主恁麼祇對。為甚麼不肯。及乎再請益。法眼亦只恁麼道便得去。且道誵訛在甚麼處。其實修山主被泥彈子。換卻了眼睛。在此請問各位。毫釐有差。天地懸隔。甚處得這箇消息來。還知麼。法眼與修山主。絲來線去。綿綿密密。各出一隻手。扶豎地藏門風。可謂滿目光生。為甚如此。此乃明暗兩條路。一擊毫釐兩路分。本來無有定盤星。秤頭蠅坐便斜傾。

昔有僧問雲居膺禪師。截水停輪時如何。師云。磨不轉。古德拈云。雲居有語機關絕。不轉令君返照看。截鐵閉關停妄解。百花俱發一花園。開花結果從他有。因地抽條長碧天。有云。截水停輪話已圓。借婆裙子拜婆年。後人不見雲居老。往往思量在二邊。大眾。此事恩大難酬。磨雖不轉。然不管登山。或則渡水。柱杖子始終不負來機。又昔有僧問雲門。如何是一代時教。雲門云。對一說。雪竇拈云。對一說。太孤絕。無孔鐵鎚重下楔。閻浮樹下笑呵呵。昨夜驪龍拗角折。別。別。韶陽老人得一橛。各位。釋迦老子四十九年住世。三百六十會。開談頓漸權實。謂之一代時教。這僧拈來問云。如何是一代時教。雲門只向他道箇對一說。一大藏教只消三箇字就解決了。且四方八面。無你穿鑿處。若當頭薦得。便可歸家穩坐。若薦不得。且伏聽處分。雲門尋常一句中具三句。謂之函蓋乾坤句。隨波逐浪句。截斷眾流句。放去收來。自然奇特。如斬釘截鐵。教人義解卜度他底不得。對一說。

此語獨脫孤危。光前絕後。如萬丈懸崖相似。亦如百萬軍陣。無你入處。只是忒煞孤危。雪竇亦讚之不及。大似個無孔鐵鎚重下楔相似。天下人都奈何不得。為何奈何不得。知麼。從前汗馬無人識。只要重論蓋代功。

昔曹山本寂禪師一日聞鐘聲乃云。阿耶耶。阿耶耶。僧云。和尚作甚麼。師云。打著我心。古德拈云。聞鐘便道打余心。語淺分明理事深。上流默默點頭笑。可謂真鍮不博金。大眾。作賊人心虛。栖蹤不在梧桐樹。又昔有僧問多福禪師。如何是多福一叢竹。師云。一莖兩莖斜。云學人不會。師云。三莖四莖曲。古德拈云。一莖兩莖斜。其意毒如蛇。三莖四莖曲。無疑入地獄。言下若知非。心空及第歸。堪笑蔣山老。無端入荒草。有云。斜即任斜。曲即任曲。喚甚麼作一叢竹。各位。清貧長樂。濁富多憂。永明和尚曰。此重玄門。名言路絕。隨智所演。以廣見聞。唯證方知。非情所解。若親證時。悉是現量之境。處處入法界。念念見遮那。若但隨文義所解。只是陰識依通。當逆順境時。還成滯礙。遇差別問處。皆是疑情。昔龍潭信禪師。在天皇三年。忽一日問云。某甲自到來。不蒙和尚指示心要。皇云。自汝到來。吾未嘗不指示汝心要。師云。甚處是指示某甲心要處。皇云。汝擎茶來。吾為汝接。汝行食來。吾為汝受。汝和南時。吾便低首。何處不指示汝心要。師跱思。皇云。見即直下便見。擬思即差。師當下開悟。乃問云。如何保任。皇云。任性逍遙。隨緣放曠。但盡凡心。別無聖解。古德拈云。脫白求師貴苦辛。擎茶問訊盡躬親。無端再敘三年事。笑殺堦頭賣餅人。昔普化禪師。居常入市振鐸云。明頭來。明頭打。暗頭來。暗頭打。四方八面來。旋風打。虛空來。連架打。一日臨濟令僧捉住云。或遇不明不暗來時如何。師托開云。來日大悲院裏有齋。僧回舉似濟。濟云。我從來疑著這漢。古德拈云。若是老僧即不然。若有人問。總不恁麼來時如何。和聲便打。是他須道。盲枷瞎棒。我只要你恁麼道。何故。一任舉似諸方。有云。明暗俱打誇無上。擒住方知無伎倆。伎倆無。亂稱呼。至今誰解辨真虛。各位。明暗兩路。俱是空華。箭鋒相拄勿喎斜。客來須看。賊來須打。臨濟頌云。沿流不止問如何。真照無偏說似他。離相離名人不稟。吹毛用了急還磨。

昔普菴禪師一日誦華嚴論。至達本情忘。知心體合處。通身汗流。乃大聲示眾曰。我今親契華嚴法界矣。李公長者於此大經之首。痛下一椎。擊碎三千大千世界。如湯消雪。不留毫髮許。於後進作得滯礙。普菴一見。不覺吞卻五千四十八卷。化成一氣。充塞虛空。方信釋迦老子出氣不得之句。然後破一微塵。出此華嚴大經。偏含法界。無理不收。無法不貫。便見摩耶夫人是我身。彌勒樓臺是我體。善財童子是甚茄子。文殊普賢是我同參。不動道場遍周法界。悲涕歡忻欣。踴躍無量。大似死中得活。如夢忽醒。良久云。不可說不可說。又不可說。即說偈曰。捏不成團擘不開。何須南嶽又天台。六根門首無人用。惹得胡僧特地來。復謂心。圓通二子曰。達本情忘知心體合。汝作麼生會。乃曰。先天先地。何名何樣。阿曼陀。無物比況。觸目菩提。自是人不肯承當。且輪迴滯名著相。圓融法界無思無想。盧陵米不用商量。血脈纔通。便知道擊木無聲。打虛空盡成金響。又曰。柏庭立雪。一場敗缺。了無為當下休歇。百匝千圍。但只者孤圓心月。不揩磨鎮常皎潔。無餘無欠。無聽無說。韶陽老只得一橛。十聖三賢聞舉著。魂消膽裂。惟普菴迥然寂滅。

昔地藏琛禪師一日插田次。見新到僧乃問。甚麼處來。云南方來。師云。南方佛法如何。僧云。商量浩浩地。師云。爭似我這裏種田博飯喫。僧云。爭奈三界何。師云。喚甚麼作三界。僧無語。古德拈云。種田博飯有來由。免見區區向外求。莫謂勞心便勞力。大都工拙要全收。有云。種田博飯待方來。玄妙商量一任猜。無影樹頭懸日月。幾人於此便心灰。大眾。禪非意想。道絕功勳。非意想不是禪。絕功勳亦非道。當恁麼時。向甚處著到。截斷意根如何分別。不落心識如何近傍。纔入陰界已是隔生了也。直須蓋天蓋地。了無佛見法見。刀山劍樹上拈來。鑊湯鑪炭裏受用。但恁麼信取。自然步步腳踏實地。把得定作得主。逐物卻物。布置臨時。向上轉去。佛魔削跡海嶽逃形。向下轉來。僧是僧俗是俗。超聞見絕依倚。等閑向騎聲蓋色。敵勝驚羣處。須急著眼看。豈不見。古德云。俊狗不露牙。擬不擬便著。各位。獅子窟中無異獸。象王行處絕狐蹤。

◆相關法語

古佛堂中曾無異說。流通句內誠有多談。得之者妙用無虧。失之者觸途成滯。所以溪山雲月。處處同風。水鳥樹林。頭頭顯道。若向迦葉門下。直得堯風蕩蕩。舜日高明。野老謳歌。漁人鼓舞。當此之時。純樂無為之化。焉知有恁麼事。

一切眾生本來清淨。本來圓滿。添亦不得。減亦不得。為順一念漏心。三界受種種身。假名善知識。指本性即成佛道。著相即沈輪。為眾生有念。假說無念。有念若無。無念不自。滅三界心。不居寂地。不住事相。不無功用。但離虛妄。名為解脫。有心即是波浪。無心即是外道。順生死即是眾生垢。依寂滅即是涅槃。不順生。不依寂滅。不入三昧。不住坐禪。無生無行。心無得失。影體俱非。性相不立。

圓機普應。鑒在機先。鑒則且置。應後如何。若不闊著步急著眼。墮在死水裏。永無出期。若能回身顧影。已是鈍置了也。恁麼說話。還覺舌頭拖地也無。所以楞伽云。佛語心為宗。無門為法門。一切世間。差別語言。世出世間。總是大解脫三昧。豈不是佛語。但以心為宗。更愁何處不圓通。何處不是自己。若也便恁麼領略去。我早知你作實法會了也。具爍迦羅眼底。試辨看。

無憶無念莫妄。無憶是戒。無念是定。莫妄是惠。此三句語即是總持門。念不起猶如鏡面。能照萬像。念起猶如鏡背。即不能照見。須分明知起知滅。此不間斷即是見佛。一切眾生無明酒醉。不信自身見性成佛。無念即是真如門。有念即生滅門。無明頭出般若頭沒。無明頭沒般若頭出。念不起是戒門。念不起是定門。念不起是慧門。無念即是戒定慧具足。過去未來現在恆沙諸佛皆從此門入。若更有別門。無有是處。

一物在心。不出三界。離一切諸相。即名諸佛。無念即無相。有念即虛妄。無念出三界。有念在三界。無念即無是。無念即無非。無念即無自。無念即無他。自他俱離。成佛菩提。正念之時。無念不自。

凡有展托。盡落今時。不展不托。墮坑落塹。直饒風吹不入。水洒不著。箇點將來。自救不了。豈不見道。直似寒潭月影。靜夜鐘聲。隨扣擊以無虧。觸波瀾而不散。猶是生死岸頭事。

諸人還見得初相來麼。佛是恁麼時生。祖是恁麼時出。箇時不識。便隨地水火風色相音響。隨大隨小隨高隨下去也。箇時若識得。移一步是我步。得一句是我句。所以道。一人已過九人亦過。一人不過帶累九人。一切事皆是自己。一切法皆是自己。眼處作色界佛事。耳處作聲界佛事。香味觸法各各作佛事。如人六兄弟。成褫一家業。

儞但第一莫將身相來。第二莫將道理來。若是不將身相來。一切處能說法。若是不將道理來。一切處能受用。入一切世間法。離箇色字不得。出一切世間法。離箇心字不得。世出世間只恁麼平等。儞還識色法初相來麼。若識得色法初相。山河大地草木叢林。東西南北長短高下。盡從恁麼處來。便乃隨長隨短隨高隨下。不要就上增減一絲毫。即是一切色法具足底相。儞還識心法初相來麼。若識得心法初相。便能於一切處出一頭地。恰恰相應。歷歷不混。即是一切心法具足底相。此猶是應現法界。若也坐斷一切心。拈卻一切色。退得盡放得落。正恁麼時。是箇甚麼。

行時絕行跡。說時無說蹤。行說若到。則朵生招箭。行說未到。則神鋒劃斷。就使說無滲漏。行不迷方。猶滯殼漏在。若是大鵬金翅。奮迅百千由旬。十影神駒。馳驟四方八極。不取次啗啄。不隨處埋身。且總不依倚還有履踐分也無。剎剎塵塵是要津。

今朝結卻布袋口。明眼衲僧莫亂走。心行滅處解翻身。噴嚏也成獅子吼。栴檀林。任馳驟。剔起眉毛頂上生。剜肉成瘡露家醜。

夫古佛真宗。常隨物現。堂堂應用。處處流輝。隱顯坦然。高低盡照。是以沙門上士道眼唯先。契本明心方為竟究。森羅萬像一體同源。廓爾無邊誰論有滯。塵劫中事都在目前。時人曠隔年深致乖殊體。迷心認物久背真宗。執有滯空。不遇良朋善友只自於私作解。縱有商量渾成意度。及至尋窮理地。不辨正邪。況平生自己未嘗撈摝。若乃先賢古德便自知時。克己推功菴巖石室。古德云。情存聖量猶落法塵。己見未忘還成滲漏。不可道持齋持戒長坐不臥。住意觀空凝神入定便當去也。

有甚麼交涉。西天外道入得八萬劫大定。凝神寂靜。閉目藏睛灰心滅智。劫數滿後不免輪迴。蓋為道眼不明。生死根源不破。

上士相逢休存目擊。祖師門下如何受用。古往今來新新無間。雖然如是。猶在荊棘林中。衲僧家須向鑊湯爐炭上成等正覺。刀山劍樹上說法度人。方有少分相應。良久云。茯苓只在松根下。用意追尋事轉遙。

有時靜坐。則心念馳散。或然臨事又全失卻。都緣未得親證。落二落三。致有錯謬輾轉之失。古人云。動靜不二。真妄不二。維摩明一切法。皆入不二門。若領此要。萬動自寂滅也。且如眼不至色。色不至眼。聲不至耳。耳不至聲。法法皆爾。元是自心功德藏。無可得取捨。契者何往不利。此正是那伽大定。今生出來自肯學道者。蓋夙生曾種善根。素有根本。便解發心。亦解疑著。就己尋究。又煩惱障薄。有因有緣。此人易可化度。若未薰得此心。正信不生。縱聞之亦不生疑。但如風過耳。勸之又生瞋加誹謗。此又何緣得顯露。所以千人萬人中。但一二人而已。

兄弟。夫行腳也須帶眼。莫被這般底罩卻。教儞直須冥然去。須得綿綿去。苦哉。被這般底無辜枷著。有甚麼出期。這箇如水上葫蘆子。有人按得麼。常露現前滔滔地自由自在。未嘗有一法解蓋得伊。未嘗有一法解等得伊。撥著便露。觸著便轉轆轆地。蓋聲蓋色。展即周流無滯。常露現前。豈是兀兀底。出則無無不是。入則箇箇歸源。聲前迥迥地。豈墮有無。所以道聲前一句。非聖不傳。未曾親近。如隔大千。聲前一思。大家具知。這箇作麼生會。尋常道聲前有路從汝洞明。句後不來猶虧一半。纖毫不盡如隔鐵圍。奇特相逢將何詰對。

放一線道縱橫可否。不放一線道大難大難。所以睦州和尚道。放一線道也由睦州。不放一線道也由睦州。僧問。如何是放一線道。州云。量才補職。如何是不放一線道。州云。萬里崖州。雖然如是。各在門底施設。建立宗乘。大開徑路。大陽尋常道。握拳展手為訪知音。展則當處出生。握則隨處滅盡。恁麼告報猶尚不會。豈況言中宛轉句裏藏鋒。覿面無私徒伸意款。一句當軒。三門頭合掌。兩廊下行道。中庭裏作舞。後門底搖頭。更有針鋒上師子。作麼生道。儞若委悉去。放一線道。若也宗乘舉唱。老僧口門窄。

雪峰和尚道。盡大地撮來如粟米粒大。又道。盡大地是沙門一隻眼。鹽官道。虛空為鼓。須彌為椎。什麼人打得。南泉道。王老師不打這破鼓。法眼道。王老師不打。玄沙道。深山巖崖。千年萬年無人到處。還有佛法也無。雲門大師道。日裏來去。日裏辨人。忽然教夜中取箇物。無日月燈。不曾到處。作麼生取。似此若不通透。有纖毫隔礙則如山如嶽。或若盡情透得。要行便行。更疑什麼。雖然如此。直須是真實到這箇田地。始得向萬丈懸崖處撒手。百尺竿頭進步。且道此事畢竟如何委悉。撞著道伴交肩過。君向瀟湘我向秦。

寧可生身入地獄。永劫受沈輪。向鑊湯鑪炭裏煮煠。終不肯將佛法作解會。亦終不起佛見法見。佛見法見尚自不起。何況更起世間情想。分別妄緣諸業。奉勸諸人。快好究取。二六時中去離塵緣。莫起異念。豈不聞昔日有人在高樓上。見二比丘從樓前過。有二鬼使掃併道路。復有二鬼散花隨後。及乎二比丘迴。次二鬼復在前叱喝噀唾。二鬼隨後掃除腳跡。其人遂下樓問二比丘所以。其二人方悔。感悟乃云。我等去時共談佛理。及至迴時卻言雜語。諸禪德。此雖麤境界。仔細推來。乃是學道之人大事。何故。祇為情念瞥起外境現前。念若不生無境可得。所以先聖道。以無念為宗。而今但無凡聖異念種種心量。亦無煩惱可斷。亦無菩提可求。於生無生。於死無死。

三四　證悟解悟

禪宗全貴真悟。若不到真悟田地。雖說至十成。理窮至極則。要與此事無干。初祖達磨未來以前。東土亦有許多大乘明師。各個皆得教乘秘密。於甚深摩訶衍法。多有深證。與宗門極口理談。亦不稍遜。然轉身那一著子。畢竟尚須一籌。所謂三乘膽戰。十地魂驚。實非虛語。蓋以那一著子非理可詮。非意可構。故自六祖以後。易為機語。欲使人自悟。悟則句句皆真詮。不悟則言言皆糟粕。所以云。我說是我底。終不關汝事。故有同一句子。我說則是。汝說則不是。此豈是欺人之語。蓋煞有旨趣。不可不諦信也。昔死心燀師為僧了。便發志行腳。初見晦堂。堂問。喚作拳頭則觸。不喚作拳頭則背。死心罔措。惟尚強辯。堂遂抑之。一日又強辯不已。堂云。住住。說食終不飽。死心云。某甲到此。弓折箭盡。願和尚慈悲。與安樂法門。堂云。一塵飛而翳天。一芥墜而覆地。汝正坐在知解多。若要安樂法門。直須死卻全心方可。心默領旨。一日宴坐。忽聞庫下知事捶行者。雷忽震。遂大悟。趨出見晦堂忘納其屨。才見晦堂。便自點胷云。和尚。天下人是參得底禪。某甲是悟得底禪。堂云。選佛得甲科。何可當也。

又昔臨濟和尚在黃檗會下。前堂首座陳尊宿勉他請益方丈。三問佛法的的大意。三遭痛棒。遂辭黃檗。檗指去見大愚。愚纔見。便問甚處來。濟云。黃檗來。愚云。黃檗有何言語。濟遂舉前話云。不知某甲過在甚處。愚云黃檗老婆心切。為汝得徹困。濟云。元來黃檗佛法無多子。愚扭住云。這尿牀鬼子。適來問有過無過。如今卻道無多子。畢竟有多少。濟便於大愚肋下築三拳。愚云。汝師黃檗。非干我事。濟便回黃檗。檗云。來來去去。有甚了期。濟云。只為老婆心切。檗云。大愚饒舌。待他來後與他一頓。濟云。即今不可放過。遂打檗一拳。檗云。這瘋顛漢。敢來這裏捋虎鬚。乃喚侍者。引參堂去。各位。本色衲僧。具透關眼。風驚草動。悉辨來機。蓋他做處穩密。不落聲前句後。得處既妙。用出來自然蓋天蓋地。豈可與依草附木輩。同日而語哉。此公案濟北瞎驢。初到高安灘頭。既不能踢蹈。卻還黃檗山中。探頭露影。看他老漢驗人眼目。一見便拋出斷貫索云。來來去去有甚了期。句中有權有實。雖未展毒手。早是去死十分。臨濟便通箇欵狀子道。只為老婆心切。然猶恐不實。更向險處與一拶道。大愚饒舌。待見與他一頓。箇些子如滴油過箭。稍自眼力不到。喪身失命無疑矣。然步驟既高。徒設陷穽。反與黃檗一掌云。說甚待見。即今便打。已是將驢鞍橋作阿爺下頷。父子投機。既無縫罅。方且言引者瘋顛漢參堂去。故知古來尊宿。動於劍刃上求人。尚不得一半。何況繩墨之法耶。若是真正本色衲僧。具透關眼。未必甘心死在黃檗臨濟句下。然黃檗因何只教他去見大愚何也。蓋緣大愚在歸宗會下多年。一日辭歸宗。宗云。汝何處去。愚云。諸方學五味禪去。宗云。我這裏祇有一味禪。愚云。如何是和尚一味禪。宗便打。愚擬開口。宗又打。愚於此有省。後來黃檗云。馬祖會下。出八十四員善知識。問著箇箇屙漉漉地。獨有歸宗較些子。大眾。黃檗指臨濟見大愚。緣他在歸宗棒下打發。所謂要知山下路。須問去來人。臨濟既然悟機於棒下。故後來臨濟兒孫。多以棒喝為佛事。以無明三毒當慈悲。相見則非喝即棒。把你兄弟打到空中。如生寃家相似。不問是佛是祖。是凡是聖。直須與你捩轉面皮。換卻你眼睛。寧可以熱鐵纏身。烊銅灌口。終不以佛法當人情。豈不見古人云。任從滄海變。終不為君通。

昔真淨文禪師初行腳時。自言我之見處如吳道子畫相似。縱畫得十分逼真。但只是畫底。畢竟成不得事。所以不肯小了。徧扣諸方。一日聞舉僧問雲門。佛法如水中月是否。門云。清波無透路。而有領解處。即往見黃龍。而機未契。蓋渠小小有所悟解。並未完全透達。所以不契。但不自知。卻云。我有好處。這老漢不識我。遂往香城見老順和尚。順問云。甚處來。淨云。黃龍來。順云。黃龍近日有何言句。

淨云。近日州府委請黃蘗長老。黃龍垂一轉語云。鍾樓上念讚。床腳下種菜。有人下得語契。便請住黃蘗。勝上座下語云。猛虎當路坐。黃龍遂令去住黃蘗。順不覺云。勝首座。只下得一轉語。便得黃蘗住。佛法未夢見在。各位。猛虎當路坐一句。也只是截斷。是真的佛法尚未夢見在。淨於順言下打失鼻孔。方知黃龍用處。遂回見黃龍。龍問。甚處來。淨云。特來禮拜和尚。龍云。恰值老僧不在。淨云。向什麼處去。龍云。天台山普請。南嶽遊山。淨云。恁麼則某甲得自在去也。龍云。你腳下鞋甚處買來。淨云。廬山七百錢買。龍云。何嘗得自在。淨云。何嘗不自在。看渠悟後自然轉轆轆地。如水上葫蘆。遏捺不得。信知悟得底人與得底人說話。自然別也。

然一般來說。悟即不無。要悟到大休大歇。到安樂田地則大不容易。就如大慧禪師即自述云。渠大悟十八回。小悟不計其數。此豈虛語哉。觀渠在湛堂時。雖尚未完全悟達。然拈偈作頌。業已為鏡清。無盡等諸大老賞識。渠未甘者。乃方丈裏有禪。方丈外便無禪。下單來有禪。纔上單便無禪。以此切切然不肯放過。及參天寧圓悟禪師。一日聞悟陞堂舉僧問雲門。如何是諸佛出身處。門云。東山水上行。若是天寧即不然。忽有人問。如何是諸佛出身處。只向他道。薰風自南來。殿閣生微涼。慧於言下。忽然前後際斷。心中掛礙一時冰釋。自認為已得快活自在。而圓悟謂其坐在淨裸裸處而不允。夫以大慧之姿質。豈肯自欺而小了。然渠亦不知自己。

並未悟得徹底透頂。此乃枯木巖前差路多。行人到此盡蹉跎也。直至圓悟告之云。可惜死了不能得活。不疑言句是大病。要渠參有句無句。如藤依樹。後於樹倒藤枯。則相隨來也。一句上始得真正了卻。大眾。真正師家說法。無不從向上一句子。任學人因緣。到即推門落臼。不到則亦令其發起疑情。或從前依倚處恬適處。就一句子下。一回倒斷。予以鏟除。故知最後一錐。大有時節也。大慧若不得大手眼宗師。再三鍛煉。去其滯渣。又豈能名滿天下。為後世之所依憑哉。古人有言。參禪必須透過三關。然諸方說法不一。而本人粗淺的看法則認為三關者。大略可分為有關無關和自己關。而自己隨時貫通於三關。在此就以大慧悟道因緣為例來作說明。慧於薰風自南來。殿閣生微涼。言下忽然得前後際斷。此即是初關。雖有而幻。此時無明執著自然消落。其次於有句無句。如藤依樹。樹倒藤枯。則相隨來也。一句上真正了卻。此是重關。雖無而圓。所謂菩提煩惱等空平。無一物非我身。無一物是我己。境智融通。色空無礙。獲大自在。至於牢關者。即是獲得自己。超格越量。古云。未後一句。始到牢關。鎖斷要津。不通凡聖。如此則純屬行履。此時家舍即在途中。途中不離家舍。明頭也合。暗頭也合。寂即是照。照即是寂。行斯住斯。體斯用斯。頓入一乘法。如人飲水。冷暖自知。然雖云透三關。而實無透關者。雖云修證。而實無修證者。故不可執為實有也。

總之。此事大須徹底。若徹底人自然合他古轍。不必逞聰明湊泊。若逞聰明湊泊。即使十成完具。偶一兩處古人意到而句不到。或句同而意別。一時比量不及。便自逗漏。所以證悟和解悟不同。雖然證之與解極相似。其實有雲泥之異。蓋為若作恁麼解了。二六時中。便被滯著。便有幾種過不得處。首先是於聲色關頭。逢著便黏。即不黏。亦費許多力量撥置是一。其次又方寸裏。生生滅滅。更有許多。拈一放一底時節。且道理上。亦有許多杜撰與杜撰不得。一時間胸臆。放不過底去處。所以去不得。既去不得。又不可從頭問人。只得推作自己行履不到。各位。佛法不是者箇道理。古人也有行履底話。卻是他悟得底。即是他行底。行底即是他悟得底。未有悟處不曾圓滿。卻向行履上圓滿。譬如人家有一百畝田。饒你耕耘得十分勤力。灌溉得十分及時。到成熟時。亦只是一百畝田底稻子。終不成耕出二百畝來。人之學道亦復如是。汝打頭見處如是。饒你精勤踐履。亦不過純熟得所見底。未有見地不圓滿。卻靠著行履圓滿。所以道。打頭不遇作家。到老終成骨董。蓋二乘見地。終不得灑脫。然真正宗師。自然有宗門方便手段。昔有僧問歸宗禪師。如何是佛。宗云。我向汝道。只恐汝不信。僧云。和尚誠言。安敢不信。宗云。汝便是。大眾。歸宗又不道。汝怎底怎底便是。怎底怎底便不是。但云。汝便是。真可謂渾金璞玉。不曾有些子逗遛。亦無毛頭許剩義。豈不是垂手處。便有剿絕底道理。其僧卻云。如何保任。宗復云。一翳在目。空華亂墜。各位。者一句子。從頂門上霹靂一聲。直得湊泊無路。於今人聞說汝便是。卻向五蘊識田裏。認箇主宰。一認認著。向行住坐臥處。體貼一回。又向古人冊子上。比量一回。自然撞到箇。穿不過底所在。一定回頭。在靜地裏打點潔淨。自謂一翳在目。空華亂墜。喚做悟後保任。大眾。佛法不是者箇道理。它只是一乘法。不可打作兩橛。深山裏清水白米。阿誰無分。祇要你是箇人。你若是箇人。自然合他古轍。又何勞續鳧截鶴。

不見南泉云。我有一頭水牯牛。擬向東溪牧。不免犯國王水草。擬向西溪牧。也不免犯國王水草。不如隨分喫些些。總不見得。大眾。汝看隨分喫些些。總不見得。正是當時南泉悟得底一箇大總持。即在一切時。一切處得。與麼跛跛挈挈。他見人家男女不識好惡。東溪西溪。牽來放去。終日不得著便。不得已露布箇消息。於今人卻說那邊者邊。打成一塊。要人向黑漆桶裏。橫衝直撞。撞來撞去。撞到差別境界。尚不知非。卻謂大用現前。不存軌則。更引什麼古人過量話。剿絕向上話。殊不知者箇事無有向上向下。一向不曾知痛癢底。一回掉得。自是有箇入處。若果有箇真消息。他亦自知轉變。所謂到家罷問程。故知此事要有證悟。方有行履份。若真實悟底人。渠自然一切時。一切處絕諸滲漏。逢人問著。便露現箇消息。生殺縱奪。盡有回互。盡有出身。所以勸汝諸人。若欲了生死。須實求真悟實證始得。若自解作活計收拾得上。生生從此去。輾轉明利。更不退失功德。一生勝一生。入他諸佛閫域。常與此事相應。人間天上。亦祇如此。設對五欲八風一切境界。與理符合。不行三塗道。一味平等正知見。復有何事。生死不可不畏。須了此一段死生情偽。始得安樂無過。身心為累耳。身如桎梏。當知身去來處。心如猿猴。當知心起滅處。此二自何處去來起滅。則身心圓明。內外一如而已。且心為內。身則為外。身為內。物為外。國師曰。身心一如。身外無餘。則不見有生死當情。可謂解脫大道也。故能令人見聞不得不脫。意想不得不息。物境不得不融。復奚疑哉。

◆相關法語

瞎堂遠禪師者。圓悟禪師法嗣。一日聞舉龐居士不與萬法為侶因緣。大徹其旨。越眾進問曰。淨裸裸空無一物。赤骨立貧無一錢。戶破家殘。乞師賑濟。公曰。七珍八寶一時拏。曰。賊不入謹家之門。公曰。機不離位。墮在毒海。遠便喝。公以拄杖擊禪床曰。喫得棒也未。遠又喝。公連喝兩喝。遠作禮趨而去。自此機發莫禦。叢林共加其號為鐵舌遠。遂與元布袋輩齊名。

眾責花兮獨責松。青青顏色不如紅。算來終不與時合。歸去來兮翠藹中。可笑古人恁麼道。大似逃峰赴壑。避溺投火。爭如隨分到尺八五分。钁頭邊討一箇半箇。雖然如是。要且半箇也不要。何故。富嫌千口少。貧恨一身多。

昔僧問道吾。如何是學人著力處。吾云。千人萬人喚不回。故知此一段事。直須人人自到。人人自證。可以超出生死。可以透過古今。可以與佛祖同得。所以道。

一切眾生具有如來智慧德相。但以妄想執著。而不證得。儞若離妄想離執著。即無一星事。如今認地水火風為自己。豈不是妄想執著。喚甚麼作自己。只儞思惟分別底是妄想。見聞覺知底是妄想。直須歇得到空空無相。湛湛絕緣。普與法界虛空合箇時是儞本身。若恁麼時。明白見得徹。如虛空不可掛針相似。那時生相已離。有甚麼死相。所以道。生滅二元離。是名常真實。此喚作無生理。為渠不可生即無死。箇時若似一物。即成礙塞。不可名不可狀。能恁麼也。卻到本所住處。若不分曉。識不破。爭知恁麼來。只為儞元不曾成佛作祖來。儞若曾成佛作祖來。流轉儞不得。明明了了。於地獄畜生中。皆得自在。分明知道俱是我心所現境界。所以在地獄中。如受三禪樂。將箇殼漏子。天上人間任運恁麼受用。若男若女身中。亦是成佛作祖相似在。

凡參一念未生話。須從有念時參去。動靜不可打作兩橛。蓋未見本來面目時。則動靜皆不離念也。時應酬酢。不妨酬酢。時欲靜坐。不妨靜坐。乃至喜怒哀樂。人所不免亦不必免。須有感時即參。我有感時。諸念紛紜。念未生前。是何境界。到一念不生。即看今知無念。此亦念也。縱無無念。亦無無無念。前念猶淺。後念愈深。故如剝筍。層層剝盡。如木如石。木石知見亦不立。行住坐臥悉皆如是。方是工夫成片。工夫到得成片則時節若至。其理自彰。到一念不生時。定見本來面目。見本來面目。方一念不生。不是說食可止饑也。

舜老夫初自洞山至武昌行乞。先至一居士家。居士高行為郡所敬。意所與奪。莫不從之。故諸方乞士至。必首謁之。舜老夫方年少。不知其飽參頗易之。居士曰。老漢有一問。上人語相契即開疏。如不契即請卻還。新豐問。古鏡已磨時如何。對曰。照天照地。未磨時如何。對曰。黑如漆。居士曰。卻請還山。舜即馳歸。舉似聰禪師。聰為代語。舜即趍問曰。古鏡未磨時如何。聰曰。此去漢陽不遠。磨後如何。曰。黃鶴樓前鸚鵡洲。舜於言下大悟。

北院通辭洞山。山謂曰。子何處去。通曰。入嶺去。山曰。飛猿嶺峻好看。通遲疑。山曰。通闍黎。通應諾。山曰。何不入嶺去。通頓於言下得旨。古人為人處甚徑直。每見人來無不示他。是伊道入嶺去。此意如何。今人不明了。須做箇會處。以些子會自隔了。衹許體究不許會解。一體體得了更不疑也。然亦不易保任。若入得。是則無退失。所以會處明得。不如不會處見得。亦有可保任分。更無不照顧時。不曉了時。所以古人道。平常心是道。還可趣向也無。擬向即乖。看他不許你趣向。又作麼生保任。不易不易。此豈不是出離事。你若尋出離處。所謂苦屈。玄沙道。盡大地是地獄劫住。若向者衣綫下不明。是大苦屈。不可等閑。

今時學者。但以古人方便為禪道。不能與古人同參也。譬如有力人負一百二十斤檐過獨木橋。不傾不側。何物扶持得如此耶。其精緻無雜而已。為道亦爾。經中稱。譬如師子。捉象亦全其力。捉兔亦全其力。人問。全什麼力。曰。不欺之力。

若見一毛髮異於心者。則自喪身命。故達道人。無有不是者。此力甚大。但為無邊惡覺侵蝕。致令力用有虧。若無如許多異法異狀。異緣異念。則隨心轉變。自在無礙。

而今行腳兄弟可信道有頓悟底事也。若無頓悟底事。則三界二十五有如何消遣。疑情如何消落去。有者道。見聞不昧。一向去認見聞。便道是也。則是不見那不昧處。此事須有省悟始得。若有悟處無不會者。自不消問人。若無省悟。祇那會處亦未是在。

雪峰和尚見風吹芋葉動。遂指似僧。僧云。某甲甚生怕怖。峰咄云。是你屋裏事怕作什麼。其僧有省。既一時是你屋裏事。為什麼卻不會。蓋為你隨處流浪。不常在家。不見古人問。如何是祖師西來意。尊宿大驚曰。你問他西來意作麼。何不問你自己意。云。如何是自己意。曰。當觀密作用。云。如何是密作用。尊宿以目開合示之。古人多少苦口。後來子孫又不恁麼也。入門來便喝。更無如何若何。生怕你明不得有恁麼一件事。諸人十二時中。祇是妄想塵勞心念。智慧未能發生。所有流布。皆從意思中來。要作何用。

智慧如日出。無不開朗。喚作無分別智現前。須得恁麼一回了。本有之事。你分上現行現用。不著尋討。不著整理。不著修證。祇要你一信信得。甚是省力。古曰。此道者天真自得之妙。蓋緣有生知底事。不是思量時有。不思量時又不是也。

佛法不如此。

古人道。涅槃名廣度。無餘一味收。卵胎并濕化。空有及沈浮。薩埵能降住。菩提道自周。倏然纖芥在。此岸永淹留。纔有纖毫不盡。便是此岸也。又道。剎那流入意地。便為生死根栽。豈可亂有所證。妄生解會耶。

大眾。但信取有頓悟底事。譬如村夫。於耕田處拾得一粒金丹。服後渾家上昇。又似白衣拜相相似。教中說。你那凡夫情量。如似土坯未曾經大火中鍛過。都用不得。須是經大火中鍛過始得。卻似得一回頓悟相似。須是自家做活計。法華云。是法非思量分別之所能解。爭可以凡夫情量。便同他聖人所證處。

僧家有時道是也。卻到剋骨究實。卻走作不定。如隔窗看馬騎相似。忽爾便過。直須似三二萬斤鐵相似。牽不前推不後。方知是實。你等纔被人撼著。早動也。更著力推一下。便倒了也。須是洞明。頓見三百六十骨節八萬四千毛竅。一時開張。內身外器。法法皆是本來法。無有不是始得。而今師僧依倚。方能道得。若一時去卻。則無湊泊處。又謂空過了。諸人無過此時好也。既在其中。定省精神。努力究取。

各各有初心在。謂你最初發底一念。轉頭來最有力。此是你參底禪。若得現前時。秖是此心明淨也。中間求訪宗師。日夜推究。秖是養育此心。乃至悟得了。便見未發心時。亦則不失。馬鳴祖師。謂之始覺即本覺。本覺即不覺。本始不二。名究竟覺。又道。初發心時即成正覺。謂先證得果頭佛。六度萬行成熟之事也。

虛玄大道。無著真宗。不可得而茍求。有生而知之者。學而知之者。各任其器。阿那箇是生而知之者。趙州和尚是也。纔數歲隨本師詣南泉請戒。本師先與南泉和尚人事。次引沙彌禮拜。適見南泉偃息。就臥處受他作禮。南泉道。爾是那裡受業。趙州道。瑞像。南泉云。爾還見瑞像麼。趙州云。某甲不見瑞像。即今見箇臥如來。南泉見物主眼卓豎。矍然起坐乃問。爾是有主沙彌那。趙州云。某甲不敢。南泉云。作麼生是爾主。趙州近前叉手道。孟春猶寒。伏惟和尚萬福。者箇自非無量劫來。熏煉成熟。安能及此。雖未極其淵奧。看他題目已自分曉。豈非生而知之者歟。

初機學道。如深山獼猴被鐵索縛住。見人眼生只管亂跳。得形衰氣索。然後教之以藝。或刺鎗使棒檐水打毬。弄得既熟。方可去此索子。風前月下。水際雲根。任之自然。驀忽叫一聲。孫大爾來。他便突在面前。及問他所習之藝。便如水裏火發。若如是體究。安得不妙。

先德開示學人謂。我今亦不論你禪定智慧。神通辨才。只要你下一轉語諦當。學人聞此。便晝夜學轉語。錯了也。既一轉語如是尊貴。如是奇特。則知定不是情識卜度見解依通所可襲取。蓋從真實大徹大悟中自然流出者也。如其向經教中。向古人問答機緣中。以聰明小智摸倣穿鑿。取辦於口非不語句尖新。其實隔靴抓癢。直饒一剎那。下恆河沙數轉語。與自己有何交涉。

雪峰和尚三到投子九上洞山。在投子時。一日揭簾入庵。投子見來便下禪床立。峰擬議。子便托出。峰直得哭。後來到洞山。又理會不得。乃到德山問。從上諸聖。學人還有分也無。山打一棒云。道什麼。峰當下如桶底脫相似。及至鼇山。尚云有疑在。看他古人。直以疑團子破也方始休。便道事已了。意亦休。此箇元來觸處周。

悟則事同一家。不悟則萬別千差。永明和尚曰。今之學者多好求解會。此豈究竟。解但為遣情耳。說但為破執耳。情消執盡。則說解何存。真性了然。寂無存泯。故三祖大師云。纔有是非。紛然失心。

延慶洪準禪師桂林人。從南禪師游有年。天資純至未嘗忤物。聞人之善如出諸己。喜氣津津生眉宇間。聞人之惡必合掌扣空。若追悔者。見者莫不笑之。而其真誠如此。終始一如。渠暮年不領院事。寓跡於寒溪寺。壽已逾八十矣。平生日夕無他營為。眠食之餘。唯吟梵音。讚觀世音而已。臨終時。門人弟子皆赴檀越飯。唯一僕夫在。師攜磬坐土地祠前。誦孔雀經一遍告別。即安坐瞑目。三日不傾。鄉民來觀者堵立。師忽開目見笑。使坐于地。有頃門弟子還。師呼立其右。握手如炊熟。久寂然。視之去矣。神色不變。頰紅如生。道俗塑其像龕之。歎其平生多潛行密用。不妄求知於世。至於死生之際。乃能超然如是。真大丈夫也。

茶陵郁和尚作山主時。因廬山化士到。言話間為舉僧問法燈。百尺竿頭如何進步。燈云。嗯。由是每日參詳。至於喫粥喫飯時未嘗離念。一日因赴外請。騎驢子過橋。橋損陷驢子腳倒。不覺口中云。噁。忽然大悟。乃有悟道頌云。我有明珠一顆。久被諸塵封裹。今朝塵盡光生。照破山河朵朵。者箇便是樣子喚作實頭參學。今時人但恁麼學取。

說箇譬喻。如外國有二人來大朝探事。初入界時。兩人商量了各自分首。一人東去一人西去。從一州至一州從一縣至一縣。行來行去忽然到東京城裏。兩人在朝門前相撞著。囫。者箇覷那箇。那箇覷者箇。並無言說。從前許多商量本國中事。歷歷地分明。挨肩便過無人知得。奇怪。諸人且道恁麼撞著時如何。恰似禪和家做功夫相似。今日體得些箇。明日究得些箇。窮來窮去一日現前。全似朝門前撞著一般。喚作打發。須得恁麼一回始得。方謂之行腳事辦。又如去鄉多年。鬧市中逢見老爺相似。便乃識得無疑。亦不須問人是爺不是爺。兄弟。但恁麼管帶。莫為等閑。時不待人。各自宜努力。

圓覺曰。眾生為解礙。菩薩未離覺。故知脫生死於言下。自非上根大智。何以臻此。大愚以黃檗為老婆。良有以也。黃檗每曰。決定不流至第二念。就中方入我宗門。蓋宗乘有旨趣。下流不悟。妄生同異。欲望大法之興。不亦難乎。

得之於心。伊蘭作栴檀之樹。失之於旨。甘露乃蒺藜之園。到這裏。凡聖情盡。生死關透。得失是非。了然不生。全體如如。如如亦不要。然後騎佛殿出三門。將新羅國與占波國鬭額。搽灰抹土。展鉢喫飯。著衣禦寒。自在優遊。初無二緣。亦無二相。不是心。不是佛。全心即佛。全佛即人。人佛不二。只這不二亦不消得。所以千聖出來。無你提掇處。無你湊泊處。如猛火聚。近之則燎卻面門。如按太阿。擬之則喪身失命。到得恁麼田地。方始會得自家活計。所以古人道。尋牛須訪跡。學道貴無心。跡在牛還在。無心道易尋。

三五　藥病相治

夫妙性無生。超群數而絕朕。機緣有感。逐根性以類分。既有緣起。則真俗有無皆成對待。佛為大醫王應病與藥。以無上大慧觀一切眾生。知其根性大小不等。而以方便智說方便法。故為闡提說十善法。為小乘說四諦法。為中乘說十二因緣法。為大乘說六波羅蜜法。皆對病根投以良藥。此蓋方便教中不易之典也。何者。若為小乘人說大乘法。心則狂亂。狐疑不信。所謂無以大海。內於牛跡也；若為大乘人說小乘法。是以穢食置於寶器。所謂彼自無瘡。勿傷之也。然眾生之性。即是法性。從本已來無有增減。云何於中予以分別。金剛三昧經云。皆以一味道。終不以小乘。無有諸雜味。猶如一雨潤。又云是法平等。無有高下。是名阿耨多羅三藐三菩提。涅槃經曰。欲得早成佛者與早。欲遲成者與遲成。起信論曰。世尊為勇猛眾生說。

成佛在一念。為懈怠眾生說。得果須滿僧祇。此皆方便之旨。變通與奪。應病與藥也。昔文殊一日令善財採藥云。是藥者。採將來。善財徧觀大地無不是藥。卻來白文殊云。無有不是藥者。文殊云。是藥採將來。善財遂拈一枝草度與文殊。文殊提起示眾云。此藥亦能殺人。亦能活人。古德拈云。是藥拈來更不疑。師資相見在臨時。從茲病甚無醫處。殺活還應作者知。有云。大地蒼生病似麻。吉祥靈藥示無涯。其間殺活難分辨。又是重添眼裏花。有云。善財能採。文殊能用。非但寢疾毗耶。直饒盡大地人。抱必死之疾。到文殊所。教他箇箇脫體而去。何故。解用不須霜刃劍。延齡何必九還丹。各位。善財拈來。只是尋常草木。到文殊手裡。便為出格神醫。故知藥病相治貶更褒。當機生殺按吹毛。

然離卻四大幻身。且道那箇是病。那箇是藥。古者云。佛法在世間。不離世間覺。離世覓菩提。恰如求兔角。若如此則通身是藥通身病。通身是病通身藥。蓋藥病無所不在也。而生命本身即具自我調合的功能。若要吃飯則有口。要看東西則長有眼睛。有需求即會有對治。一切都能恰好。古德云。火熱風動搖。水濕地堅固。眼色耳音聲。鼻香舌鹹醋。然於一一法。依根葉分布。所以世界濶一丈。古鏡濶一丈。然你還知蒲團上。一箇吞不下吐不出底火爐。也濶一丈麼。者裏一肩荷負得去。便可喚火爐作古鏡。喚古鏡作世界。都無異致。如其未爾。火爐與古鏡。相違不止三千里。何以如此。蓋能所分別作障礙。覿體即如銀山鐵壁。只此便是生死輪迴根本。所謂風動心搖樹。雲生性起塵。故楞嚴云。根塵同源。縛脫無二。識性虛妄。猶若空華。由塵發知。因根有相。相見無性。同於交蘆。故這裏無你動步處。無你著眼處。華嚴經菩薩登第七地證無生法忍云。佛子。菩薩成就此忍。即時得入菩薩第八不動地。為深行菩薩。難可知無差別。離一切相一切想一切執著。無量無邊。一切聲聞辟支佛所不能及。離諸諠諍。寂滅現前。譬如比丘具足神通。得心自在。次第乃至入滅盡定。一切動心。憶想分別。悉皆止息。此菩薩摩訶薩。亦復如是。住不動地。即捨一切功用行。得無功用法。身口意業念務皆息。住於報行。譬如有人。夢中見身墮在大河。為欲度故發大勇猛。施大方便。以大勇猛施方便故。即便寤寐。既寤寐已。所作皆息。菩薩亦爾。見眾生身在四流中。為救度故。發大勇猛。起大精進。以勇猛精進故至此不動地。既至此以。一切功用靡不皆息。二行相行。皆不現前。此菩薩摩訶薩。菩薩心佛心菩提心涅槃心尚不現起。況復起於世間之心。

所以諸佛出世無法可說。祖師西來亦無實法與人。自古聖賢以過量傑出。如植大根器。獨證此大因緣。以悲願力發揮。直指萬有同體。至淵至奧一段事。不立階梯。頓超獨得。從空劫以前。湛然不動。印定群靈根腳。亘古今。絕思慮。出聖凡。越知見。現在一切有情無情。莫不圓具。是故釋迦初生時。即指天地。大哮吼云。天上天下惟我獨尊。只貴具正眼底領略。令捨執著。頓悟本有而已。自爾四七二三密傳。不知有者。以謂有多少妙用神機。若鞠其至趣。不消一劄。昔李駙馬見石門。

門謂曰。此大丈夫事。非將相所能為。李便領旨。以頌自陳云。學道須是鐵漢。著手心頭便判。直趣無上菩提。一切是非莫管。蓋上智利根。天機已具。唯務確實透徹。當受用時握大機發大用。先機而動。絕物而轉。若能於物上轉得疾。則一切俱立在下風。並歸自己掌握。居常自處。泰然安靜。不掛纖末於方寸。回轉變通。得大自在。萬彙萬緣。皆迎刃而解。莫不如破竹勢。從風而靡。所以立處既真。用時有力。與古佛同見同聞。同知同用。四祖云。非心不問佛。德山云。佛只是箇無事人。永嘉云。不離當處常湛然。覓即知君不可見。皆只仗此一著子之蘊也。

昔有僧問趙州。初生孩子還具六識也無。趙州云。急水上打毬子。僧復問投子。急水上打毬子意旨如何。子云。念念不停流。各位。此六識教家立為正本。山河大地日月星辰因其所以生。來為先鋒。去為殿後。若證佛地。以八識轉為四智。教家謂之改名不改體。根塵識是三前塵。元不會分別。勝義根能發生識。識能顯色分別。即是第六意識。第七識末那識。能去執持世間一切影事。令人煩惱。不得自在。第八識亦謂之含藏識。含藏一切善惡種子。這僧知教意。故將此問趙州云。初生孩子還具六識也無。蓋初生孩兒雖具六識。眼能見耳能聞。然未曾分別六塵。好惡長短。是非得失他總不知。學道之人要復如嬰孩。榮辱功名逆情順境。都動他不得。眼見色與盲等。耳聞聲與聾等。如癡似兀。其心不動如須彌山。這箇是衲僧家真實得力處。古人道。衲被蒙頭萬事休。此時山僧都不會。然雖如此。爭奈一點也瞞他不得。

山依舊是山。水依舊是水。無造作無緣慮。如日月運於大虛。未嘗暫止。亦不道我有許多名相。如天普蓋。似地普擎。為無心故。所以長養萬物。天地為無心故。所以長久。若有心則有限齊。得道之人。亦復如是。於無功用中施功用。一切違情順境。皆以慈心攝受。到這裏。古人尚自訶責道。了了了時無可了。玄玄玄處直須呵。又云。事事通兮物物明。達者聞之暗裏驚。又云。入聖超凡不作聲。臥龍長怖碧潭清。人生若得長如此。大地那能留一名。然雖恁麼。更須跳出窠窟始得。豈不見教中道。第八不動地菩薩。以無功用智。於一微塵中。轉大法輪。於一切時中。行住坐臥。不拘得失。任運流入薩婆若海。

故修行人須知有向上一路始得。不然一生在死水裏。只借他人鼻孔出氣去也。昔廬山玉簡林禪師頌北斗藏身云。北斗藏身為舉揚。法身從此露堂堂。雲門賺殺他家子。直至而今謾度量。你道過在那裏。五祖戒和尚乃雲門嫡孫。持此語問林作偈之意。林舉目視之。戒云。若果如此。雲門不值半文錢。公亦無目去在。後林果失雙目。將知佛法。豈同容易承當。不可草草。此乃入佛階級。透脫生死。安敢自欺。若此不了。空作箇撥無因果漢。後悔何及。要悟須是桶底剔脫。方知道元來不在言句上。亦當自知時節。昔有古德示眾云。老僧不會禪。只是識病。作麼生是病。見不徹透不過。動若有礙。沒量大人都被語脈裡轉卻。便乃隨語生解。病在命根不斷。似信不信。似有似無。從上宗師。下棒下喝。各有宗旨。病在見聞。病在語默。病在情識。病在義路。病在滲漏。病在知解。說得天花亂墜。無有是處。古今語錄中。多有難判底公案。看病不出。便判不下。昔日永首座與慈明同辭汾陽。而永未盡其妙。相從慈明二十年。終不脫灑。一夕夜深圍爐。慈明以火筯敲炭曰。永首座。永首座。永乃咄之曰。野狐精。慈明遂指永而謂之曰。訝郎當又恁麼去也。永由是方得究竟。然畢命相隨。凡慈明居常差別激問。眾不能酬對。唯永至。慈明即點頭許可。此即所謂無病之藥。學者罕得其妙。況後世知見會解之徒。何由領是事哉。各位。莫將來。有也莫將來。無也莫將來。但有纖毫即是塵。不住舊時無相貌。外來知識也非真。昔仰山寂禪師因見雪獅子。乃指云。還有過得此色者麼。眾無對。雲門云。當時好便與推倒。雪竇云。雲門只解推倒。不解扶起。古德拈云。一倒一起。雪庭獅子。慎於犯而懷仁。勇於為而見義。清光照眼似迷家。明白轉身還墮位。衲僧家。了無寄。同死同生。何此何彼。暖信破梅兮。春到寒枝。凉飈脫葉兮。秋澄潦水。大眾。且問推倒扶起相去多少。須知推倒也恁麼。扶起也恁麼。且道還有過得此色者麼。

古人云。學道之人不識真。只為從前認識神。無量劫來生死本。癡人喚作本來人。然法門廣大。聖凡並托。得骨得髓者固多。不達佛心者。亦如麻似粟。慧日雲蔽。約其訛謬亦有三端。其上者。纔見根塵互引。法界相生。意識紛飛。無非幻妄。頓生歡喜謂是真常。休去歇去。以空為空。不知性海無邊。化城無住。果能見性。

當下無心。然其心既以空為定見。即未能見性。於是形同死灰槁木。萬有到前。一空不敵。縱能坐脫立亡。仍是業識精魂。況乃固執斷見。必至變作狂華。謂之因果皆空。恣猖狂而不返。豈非一妄在心。恆沙生滅。能不造生死業。斷菩提根乎。此是著空者。其次又其下者。見得個昭昭靈靈。便謂是無位真人。面門出入。揚眉瞬目。豎指擊拳。作識神之活計。張日下之孤燈。寶魚目為明珠。覓旃檀於糞土。噏著鐵丸。口稱玉液。到得臘盡歲除時。方知依舊茫茫。無本可據。此是著有者。又其更下者。從經教語錄中。挂取葛藤。從諸方舉揚處。拾人涕唾。發狂亂之知見。翳於自心。立幻化之色聲。作為實法。向真如境上。鼓動心機。於無說法中。自生繫縛。情塵積滯。識浪奔催。瞞己瞞人。欺心欺佛。全是為名為利。卻來說妙說玄。盲驢牽盲驢。沿磨盤而遶轉。癡夢證癡夢。拈漆桶為瓣香。是則循覺路而撲火輪。能不由善因。而招惡果乎。此是自欺自瞞者。

昔雲門大師云。光不透脫。有兩般病。一切處不明。面前有物是一。透得一切法空。隱隱地似有箇物相似。亦是光不透脫。法身亦有兩般病。得到法身。法執不忘。己見猶存。墮在法身邊是一。直饒透得。放過則不可。仔細撿點將來。有甚麼氣息亦是病。各位。大段末法人參禪。得少為足者多。墮在光影門頭。不能開頂門正眼。豈不見善財童子南詢百城。參五十三員大善知識。各授一種法門。入佛境界。不說成佛之事。但云與虛空等。與法界等。與毘盧遮那等。及見普賢菩薩。乃為說十種行願。此便是修行學佛之大榜樣。不以悟後為無事也。今人修行。縱能悟徹法界。若不學善財修習普賢大行。終是不免墮落空見外道。可不懼哉。又有古德云。楞嚴會上如來說五十種禪病。直須無病始得。如今向諸人道祇有二種病。一者是騎驢覓驢。二者是騎卻驢了不肯下。你道騎卻驢了更覓驢。可殺是大病。直是向你道。不要覓。靈利人當下識得。除卻覓底病。狂心遂息。既識得驢了。騎了不肯下。此一病最難醫。向你道。不要騎。你便是驢。盡大地是箇驢。你作麼生騎。你若騎。管取病不去。若不騎。十方世界廓落地。此二病一時去。心下無事。名為道人。復有什麼事。所以趙州問南泉。如何是道。泉云。平常心是道。州從此頓息馳求。識得祖病佛病。無不透得。後來徧到諸方。無有出其右者。蓋緣他識病。知道三界無別法。唯是一心作。各位。經論可學。唯有靈臺作麼生學。所以古者云。不見一法即如來。溈山大師云。大須識乾。識若不乾。敢保輪迴去在。敢保啼哭有日在。

◆相關法語

臨濟大師云。大凡舉唱宗乘。一句中具三玄門。一玄門具三要。大機大用。豈容以句義劈析之耶。古人立法將以防偽。誰知後世反滋傳偽。病在不求者一句端的著落。卻去辨別甚麼是玄甚麼是要。如必一一分析。過為區分未免十分破碎。付諸瞞盰而已。

佛以無上大慧。觀一切眾生。知其根性大小不等。而以方便智說方便法。故為闡提說十善法。為小乘說四諦法。為中乘說十二因緣法。為大乘說六波羅蜜法。皆對病根投以良藥。此蓋方便教中不易之典也。

此事似聰明伶俐人方纔構得。然聰明伶俐人。往往解了會了拋置一邊。一任猢猻子亂跳。都以為不是別底。至於佛法身心打做兩橛尚不自知。被明眼人簡點。渠也不伏。只因渠信得平日悟處堅僻。或搜古人淆訛。所在一一和會。便不疑他人更有長處。所以生死到來。多是打退鼓。若未到生死。且不見得。以此看來。又似全貴至誠老實。一有所悟。便能腳踏實地。不肯自己瞞昧。此是第一種好處。然往往多作實法會。恰似有者般事。聞人說話。不復玩味。盡以自己所見和會。亦不信他人有特地過量事。所以盡其力量。不能深達法源底。畢竟但成箇修行人而已。若論吾宗。真沒量大人方能擔荷。不然且教依教修行。或深信淨土。免虛度光陰。錯足旁途。良可怖畏。

禪學者本地風光。若未發明。則孤峭玄關。擬從何透。往往斷滅空以為禪。無記空以為道。一切俱無。以為高見。此冥然頑空。受病幽矣。今天下之言禪者。多坐在此病。向上一關。措足無門。雲門云。光不透脫有兩種病。透過法身亦有兩種病。須一一透得始得。

今時人參學錯學。不出二種病。一是五蘊窟宅。無言無說。無形無段。湛然不動處。便道。任他佛祖出來。我也祇恁麼。此是一病。次認能言能語能聞。運用施為。行住坐臥者。此亦是一病。你還知道動是苦本。風力所持麼。

佛言。不應於一法一事一身一國土一眾生見於如來。應徧於一切處見於如來。佛者覺義。謂於一切處常徧覺故。所謂徧見者。見自己本源自性天真佛無不徧故也。眾生迷此。而輪轉三界受種種苦。諸佛悟此。而超諸有海受殊勝妙樂。然苦樂皆無實體。但迷悟差別而苦樂異途耳。故杜順云。法身流轉五道。名曰眾生。眾生現時。法身不現是也。

佛法至妙無二。但未至於妙。則互有長短。苟至於妙。則悟心之人如實知自心究竟。本來成佛。如實自在如實安樂。如實解脫如實清淨。而日用唯用自心。自心變化把得便用。莫問是非。擬心思量已不是也。不擬心。一一天真一一明妙。一一如蓮華不著水。所以迷自心故作眾生。悟自心故成佛。而眾生即佛。佛即眾生。由迷悟故。有彼此也。如今學者。多不信自心不悟自心。不得自心明妙受用。不得自心安樂解脫。心外妄有禪道。妄立奇特妄生取捨。縱修行落外道。二乘禪寂斷見境界。

纔作道理便難會去。須是不作道理始得。有般聞恁麼說了。便道我都無言說亦無道理。卻不知正是道理了也。古人多少慈悲向你道。行是佛行。坐是佛坐。一切法皆是佛法。一切聲皆是佛聲。你錯會了。便道一切聲真箇是佛聲。一切色真箇是佛色。從本已來非青黃赤白。無相無狀。我說向你道。此喚作言語不是你本心。本心如何思量。己眼如何得見。

此事決定不在言語上。今時學者出這幾路不得。向他道不在言語上。便去機境上作解會。又向道不在機境上。便去舉起處承當。不是心。不是佛。不是物。舉了便會了。硬主張擊石火閃電光。業識茫茫。未有了日。更有一般底。說靜是根本。悟是枝葉。靜得久自然悟去。又引淨極光通達為證。且莫錯會好。先聖不奈何。說箇淨極光通達。寂照含虛空。譬如良醫。應病與藥。如今不信有妙悟底。返道悟是建立。豈非以藥為病乎。世間文章技藝。尚要悟門。然後得其精妙。況出世間法。所以道懸崖撒手。自肯承當。絕後再甦。欺君不得。莫道無恁麼事。

本有之性。因什麼不會。佛法無多子。祇要省徑也。不教滅除妄想。遏捺身心。閉目合眼便道是。此事不如斯也。須看現定是何道理。為什麼卻迷去。恁麼最是親切。千說萬說。不若覿面一見。

如今道不得。過在什麼處。蓋為於無色處見色。無聲處聞聲。無道理處強作道理。無主宰中強作主宰。者裏消遣不下。喚作翳眼猶存。空花亂墜。何故。祇為心存在。便道不得。佛法無多子。祇要平白地道得一句子便了。且道作麼生是平白地一句子。若有人問。祇向伊道。兩句了也。還會麼。

若只尋見尋聞。求知求解。只成箇生死根本。何不體取無生。了本無速。若能箇箇如是見。生死路一時截斷。全不動一絲毫頭。所以道。居千人萬人中。如無一人相似。只是歇得身心百無知解。如無用處一般。若是隨言逐句作道理。滿肚皮是禪。何時得脫去。故南泉禪師道。山僧出世。只為諸人拈卻佛病祖病。故云。菩提本無樹。明鏡亦非臺。本來無一物。何處惹塵埃。

道人保養。如人病須服藥。藥之靈驗易見。要須忌口乃可。不然服藥何益。生死是大病。佛祖言教是良藥。染污心是雜毒不能忌之。生死之病無時而損也。圓覺經曰。末世諸眾生。心不生虛妄。佛說如是人。現世即菩薩。法句經曰。若起精進心。是妄非精進。但能心不妄。精進無有涯。楞伽經云。譬如以指指物。小兒觀指不觀於物。隨言說指而生執著。乃至盡命。終不能捨文字之指。

無明為父。貪愛為母。自己是病。還醫自己是藥。自己是刀。還殺自己無明貪愛父母。故云殺父害母。一語類破一切法。喫非時食者。亦復如是。祇如今但是一切有無等法。盡是喫非時食。亦名惡食。是穢食置於寶器是破戒。是妄語是雜食。佛是無求人。如今貪求一切有無諸法。但是所有所作皆背也。卻是謗佛。但有貪染盡名授手。祇如今不貪染。亦不依住不貪染。亦無不依住知解。是名般若火。是燒手指。是不惜軀命。是節節支解。是出世間。是掌世界於他方。

但是一切言教。祇如治病。為病不同。藥亦不同。所以有時說有佛。有時說無佛。實語治病。病若得瘥。箇箇是實語。治病若不瘥。箇箇是虛妄語。實語是虛妄語生見故。虛妄是實語斷眾生顛倒故。為病是虛妄。祇有虛妄藥相治。

佛出世度眾生。是九部教語。是不了義教語。瞋及喜病及藥。總是自己。更無兩人。何處有佛出世。何處有眾生可度。如經云。實無眾生得滅度者。亦云。不愛佛菩提。不貪染有無諸法。名為度他。亦不守住自己。名為自度。

為病不同。藥亦不同。佛入諸類與眾生作船筏。同渠受苦無限勞極。佛入苦處亦同眾生受苦。佛祇是去住自由。不同眾生。佛不是虛空。受苦何得不苦。道流。無佛可得。乃至三乘五性圓頓教跡。皆是一期藥病相治。並無實法。設有皆是相似表顯。路布文字差排。且如是說。

此道無向背絕商量。你擬心則千里萬里沒交涉。你若不擬心亦無你湊泊處。做工夫看箇話頭。身心勇猛打成一片。如銀山鐵壁相似。既是成一片。身與心人與境。觀體混融。不容有所知。苟或知是一片。則又是兩片三片了也。安有混融之理哉。如今真實做處。都不要問一片不一片。但有一日精神參取一日。歲久月深。不自知而以之悟入。決不相賺。只憑你一片決定信心。除卻箇趙州因甚道箇無字外。見人說禪說道。便與劈面唾。生死無常。不是小事。取三二十年。腳踏實地。死工夫捱將去。不怕甕中走卻鱉。若真箇打成一片時。亦不知如銀山鐵壁。

禪門一著。須見徹自己本地風光。方為究竟。此事雖人人本有。但為客塵妄想所覆。若不痛加鍛煉。終不明淨。圓覺經云。譬如銷金鑛。金非銷固有。雖復本來金。終以銷成就。蓋謂此也。

設夢中果能作主得。則又不得謂之夢矣。昔所謂至人無夢者。正以此有所檢耳。又吾禪門下。所謂打成一片。寤寐一如者。亦以此耳。此是吾參禪人做工夫。直須到這田地。夢中作得主。正是打成一片。寤寐一如之先驗也。以至不二法門。事理無礙。惺寂雙流。定慧等學。是非一致。物我同根。萬物一體。凡聖同源。莫不一以貫之。皆是打成一片事。所謂若有一人發真歸源。十方世界悉皆消殞。若人識得心。大地無寸土。

本來不認自知自覺是自己佛。向外馳求覓佛。假善知識說出自知自覺作藥。治箇向外馳求病。既不向外馳求。病瘥須除藥。若執住自知自覺。是禪那病。是徹底聲聞。如水成冰。全冰是水。救渴難望。亦云必死之病。世醫拱手。

無始不是佛。莫作佛解。佛是眾生邊藥。無病不要喫。藥病俱消。喻如清水。佛似甘草和水。亦如蜜和水。極是甘美。若同清水邊數則不著。不是無。是本有。亦云。此理是諸人本有。諸佛菩薩喚作示珠人。從來不是箇物。不用知渠解渠。不用是渠非渠。但割斷兩頭句。割斷有句不有句。割斷無句不無句。兩頭迹不現。兩頭提汝不著。量數管汝不得。

不是欠少。不是具足。非凡非聖。非明非暗。不是有知。不是無知。不是繫縛。

不是解脫。不是一切名目。何以不是實語。若為雕琢虛空作得佛相貌。若為說道虛空是青黃赤白作得。如云法無有比。無可喻故。法身無為。不墮諸數。故云聖體無名。不可說如實理。空門難湊。喻如太末蟲處處能泊。唯不能泊於火燄之上。眾生亦爾。處處能緣。唯不能緣於般若之上。

參善知識。求覓一知一解。是善知識魔。生語見故。若發四弘誓願。願度一切眾生盡。然後我始成佛。是菩薩法智魔。誓願不相捨故。若持齋戒。修禪學慧。是有漏善根。縱然坐道場。示現成等正覺。度恆沙數人盡證辟支佛果。是善根魔。起貪著故。若於諸法都無貪染。神理獨存。住甚深禪定。更不昇進。是三昧魔。久耽翫故。至上涅槃。離欲寂靜是魔業。若智慧脫若干魔網不去。縱解百本圍陁經。盡是地獄滓。

夫語須辯緇素。須識總別語。須識了義不了義教語。了義教辯清。不了義教辯濁。說穢法邊垢揀凡。說淨法邊垢揀聖。從九部教說。向前眾生無眼。須假人雕琢。若於聾俗人前說。直須教渠出家持戒。修禪學慧。若是過量俗人。亦不得向他與麼說。如維摩詰傳大士等類。若於沙門前說。他沙門已受白四羯磨訖。具足全是戒定慧力。更向他與麼說。名非時語。說不應時。亦名綺語。若是沙門。須說淨法邊垢。須說離有無等法。離一切修證。亦離於離。若於沙門中。剗除習染。沙門除貪瞋病不去。亦名聾俗。亦須教渠修禪學慧。若是二乘僧。他歇得貪瞋病去盡。依住無貪將為是。是無色界。是障佛光明。是出佛身血。亦須教渠修禪學慧。貪瞋癡等是毒。十二分教是藥。毒未銷藥不得除。無病喫藥。藥變成病。

彼自無瘡。勿傷之也。佛瘡菩薩等瘡。但說有無等法盡是傷也。有無管一切法。十地是濁流河。眾作清流。說豎清相說濁過患。向前十大弟子。舍利弗富樓那。正信阿難邪信善星等。箇箇有榜樣。箇箇有則候。一一被導師說破。不是四禪八定阿羅漢等。住定八萬劫。他是依執所行。被淨法酒醉。故聲聞人聞佛法。不能發無上道心。所以斷善根人無佛性。教云。喚作解脫深坑可畏之處。一念心退墮地獄猶如箭射。亦不得一向說退。亦不得一向說不退。祇如文殊觀音勢至等。卻來須陀洹地。同類誘引。不得言他退。當與麼時。祇喚作須陀洹人。

眼耳鼻舌身意。不納一切有無諸法。名轉入第七地。七地菩薩不退。七地向上三地菩薩。心地明白易染。說火即燒。從色界向上。布施是病。慳貪是藥。從色界向下。慳貪是病。布施是藥。

但有舉心動念。盡名破戒。祇如今但不被一切有無諸境惑亂。亦不依住不惑亂。亦無不依住知解。是名偏學。是名勤護念。是名廣流佈。未悟未解時名母。悟了名子。亦無無悟解知解。是名母子俱喪。無善纏無惡纏。無佛纏無眾生纏。量數亦然。乃至都無一切量數纏。故云。佛是出纏過量人。

大凡今之學人。事作一邊。理作一邊。所以致令身心不得安樂。何不且教事常順理去。古人一得其理了。事便如理融通去。豈不見昔人聞板鳴乃撫掌大笑曰。我會也。我會也。此豈不是順理而學。何不且去十二時中恁地觀究。做得者般功夫。久久成熟。自然與理相應。祖師道。要急相應。唯言不二。不祇說了便了。要得相應始得。溈山道。事理不二。真佛如如。

三六 參善知識

修行漸次。今古皆然。利鈍根機。固難齊等。始自見。修。無學。至暖。頂。忍。世。等妙二覺。皆不出建化玄門。古云。成就慧身。不由他悟。初發心時。即證菩提。仔細點撿將來。也只道得一半。至若如來不出世。亦無有涅盤。始是八成。只如十成一句。合作麼生道。多口衲僧難舉似。無言童子善敷揚。古人云。大凡參學。未必學問話是參學。未必學揀話是參學。未必學代語是參學。未必學別語是參學。未必學捻破。經論中奇特言語是參學。未必捻破。祖師誵訛言語是參學。若於如是等參學。任你七通八達。於佛法中儻無見處。只喚作乾慧之徒。豈不聞古者道。聰明不敵生死。乾慧豈免苦輪。諸人若也參學。應須真參實學始得。行時行時參取。立時立時參取。坐時坐時參取。眠時眠時參取。語時語時參取。默時默時參取。一切作務時。一切作務時參取。既向如是等時參取。且道參箇甚麼人。參箇甚麼語。到者裏須自有箇明白處始得。若不如是。喚作造次之流。則無能究了之旨。不見香嚴和尚在百丈會裏。直是聰明靈利。數年參禪不得。只為多知多解。百丈遷化後到溈山。山云。我聞汝在百丈先師處。問一答十。問十答百。此是汝聰明靈利。意解識想生死根本。父母未生時。試道一句看。香嚴被溈山一問直得茫然。卻歸寮中。將平日看過底文字。從頭檢過。要尋一句可將酬對。意不能得。乃自歎曰。畫餅不可充飢。屢上堂頭乞溈山說破。山云。我若說似汝。汝已後罵我去。我說底是我底。終不干汝事。香嚴奈何不得。肚裏只管悶。又怪溈山不為他說破。遂將平昔所集文字。以火爇卻。曰休休。此生不學佛法也。且作箇長行粥飯僧。免役心神。從此一放放下。禪也不思量。道也不思量。善也不思量。惡也不思量。父母未生時底。也不思量。即今底也不思量。四楞著地。一切放下。便辭溈山。直過南陽。睹忠國師遺跡。遂憩止卓菴。一日芟除草木。因颺瓦礫。驀然擊著一竿竹作聲。不覺打著父母未生時鼻孔。當時如病得醫。如暗得燈。如貧得寶。歡喜無量。遂沐浴焚香。遙禮溈山歎曰。和尚大悲恩逾父母。當時若為我說破。豈有今日事。乃有頌曰。一擊亡所知。更不假修治。動容揚古路。不墮悄然機。處處無蹤跡。聲色外威儀。諸方達道者。咸言上上機。

各位。須知此事貴悟。若遇沒量宗師。自爾規模高深。絕不容你作解會。直待你機緣成熟打翻時節。方纔與箇本色鉗鎚。從上大老門下。一箇箇悟得者。便是徹頭徹尾。然在未悟以前。亦多在教門用心。又多方參學行腳。豈不見藥山參石頭時。置箇問端云。三乘十二分教某甲粗知。誠聞南方直指人心。見性成佛。某實未明了。乞師指示。由其問端。即知渠已先行在教門下用心。所以才撥著便能悟道。又如雲門到乾峰。峰示眾云。法身有三種病二種光。須是一一透得。更須知有向上一竅。門出眾云。秖如庵內人。為甚不知庵外事。峰呵呵大笑。門云。猶是某甲疑處。峰云。你是甚麼心行。門云。也要和尚相委。峰云。直須恁麼。始得穩坐地。門云。喏喏。各位。庵內人本來就不知庵外事。此實語也。又到曹山。山示眾云。諸方盡把格則。何不與他道卻。令他不疑去。門出眾云。密密處。為甚麼不知有。山云。秖為密密。所以不知有。門云。此人如何親近。山云。莫向密密處親近。門云。不向密密處親近時如何。山云。始解親近。門云。喏喏。又到疏山。山上堂云。病僧咸通年前。會得法身邊事。咸通年後。會得法身向上事。門出眾云。如何是法身邊事。山云。枯椿。門云。如何是法身向上事。山云。非枯椿。門云。還許學人說道理也無。山云。許。門云。和尚道枯椿。豈不是法身邊事。山云。是。門云。道非枯椿。豈不是法身向上事。山云。是。門云。秖如法身還該一切也無。山云。法身周遍。豈得不該。門指淨瓶云。秖如淨瓶還該法身也無。山云。闍黎莫向淨瓶邊覓。門禮拜。各位。這三段因緣。其實雲門已為大眾點出。若能一一透得。可為萬世法程。見地行履無不具足。所以道。師勝資強。古有明鑑。

昔者大慧禪師。初參奉聖初問云。承和尚有言。金蓮從地湧。寶蓋自天垂。為是神通妙用。為是法爾如然。初云。金蓮從地湧。寶蓋自天垂。慧云。鸞鳳不棲荊棘樹。燕雛猶戀舊時巢。初云。多年不見。你有許多說話。慧云。只如適纔僧問。昔日世尊。今日和尚。又作麼生。初喝一喝。慧云。這一喝未有主在。初取拄杖稍遲。慧云。掣電之機。徒勞佇思。拂袖歸眾。據他這些作略。已是慣排陣勢。臨陣不怯底手段。後參湛堂準。準云。你今日為甚麼鼻孔無半邊。慧云。寶峰門下。準云。杜撰禪和。一日侍準入鄉村。準指王十官人問曰。此官人貴姓。慧云。姓梁。準以手抹額曰。怎奈姓梁底少個襆頭。慧云。襆頭雖無。鼻孔彷彿。準云。杜撰禪和。乃歸僧堂看經。準問云。看甚麼經。慧云。金剛經。準云。是法平等。無有高下。為甚麼雲居山高。寶峰山低。慧云。是法平等。無有高下。準云。你到做得座主使下。秪這三箚。從前臨陣慣敵底鎗刀器械。都不見了。各位。湛堂準為何訶大慧。只做得座主使下。蓋渠未得活的祖師意。後又參圓悟而於。有句無句。如藤依樹。樹倒藤枯。則相隨來也。此公案上始得真正了卻而徹悟。故知宗師。自有宗門解粘去縛的手段。昔日于迪相公出鎮襄陽。酷刑慘毒。忤者皆殺之。因讀觀音經有疑處。一日訪紫玉山道通禪師。乃問曰。如何是黑風吹其船舫。飄墮羅剎鬼國。玉乃抗聲云。于迪客作漢。問恁麼事作麼。于聞之大怒。玉乃云。只這便是黑風吹其船舫。飄墮羅剎鬼國。于迪有省。你且道他恁麼問。紫玉何故恁麼答他。蓋此乃發他根本無明。現前隨手為伊指出。不妨好手。又李萬卷問歸宗和尚。須彌納芥子則不問。如何是芥子納須彌。宗云。你身如椰子大。萬卷書著在甚處。歸宗老漢尋常一條白棒。打佛打祖。及乎李萬卷問著。不免曲順人情。放開一線。然他用處。也只教渠當頭截去。後來眾中無識者便道。芥子是心。須彌是萬卷。納之於心何所不可。佛法若只如此。爭能到今日。

所以語有真語有實語。有相似語有合頭語。量有現量有比量。見有了了見有相貌見。果能透得這些關節。始可喚作真正師真正禪。莫只學個名字禪和子。滿口吐出野狐涎。將來有甚麼用。此事爾若真箇信得及。莫教有一日被爾捱得透。百千法門無量妙義畢矣。便能成就一切法。破壞一切法。出三界二十五有。通一切有無障礙。春花秋葉雲騰鳥飛。皆吾藏中。無一事不契真如。無一法不順正理。自是明暗相凌。若不能到得無依獨脫之地。便乃有新學久參。且如新學比丘。纔入門來。先以生死大事未明為由。放下笠子。坐得一年半載。既不善用工則無所入。便起錯用心。輥入無明窠子裏。以文言義句。為日益之學。歲月既往。豪邁之氣日高。味道之心日遠。殊不知。得失在心。煎熬萬狀。要如臨濟三年不出僧堂。無復得也。看他一旦奮發。驚群動眾。臨機通變。如俊鷹快鶻。搏風搏日。擬尋其影跡。了不可得。若要到者箇田地。急須颺卻從前學解。明昧兩歧。捱教通身如熱鐵團子。與死為鄰。念茲在茲。晝夜如坐芒刺。自有穿透底時節。切不得泥著坐相。坐時須要方便。裏面既無主宰。徒爾勞神。古德道。心空境寂。只為久滯不通。參禪須參活句。不參死句。死句下薦得。自救不了。此是新學比丘之程限也。

至於久參者。古德亦有教人要參話頭。然所謂的話頭。據本人之見。乃是學人累積了很多的想法和知見。這些可以助道。但本身也是障礙之源。教中謂之所知障。貯於心中。久之自然起疑。進而念茲在茲。而欲透脫。此即是參話頭。所謂大疑大悟。小疑小悟。然若肚子裡沒有東西。內心中沒有攪動。而憑空弄個話頭出來。又能濟得什麼事。又如迴光返照一句。此是獨脫凡情。超入大悟之域底境界。你若工夫未到此箇田地。凡有起心動念。所作都成造偽。都是情識。且光作麼生迴。照作麼生返。你若未到真正悟明之地。但有可迴可返之理。皆是自瞞。以其悟得徹處。則其心光。不待迴而自迴。覺照不待返而自返矣。蓋以無所對待故也。如此則無光可迴。亦無照可返。是謂一行三昧。從上佛祖。總向這裏垛跟。甚非意識情妄所可到者。然如今有些人於靜僻處。收視聽絕見聞。如木石相似。喚作迴光返照。似恁麼照得二三十年。念念要脫佗生死。還能得麼。又其中亦有久參宿將。發足超方。然因打頭不遇惡辣手段底宗匠。故始終限制在見地。雖枯志忘形。鑽之仰之淘之汰之。但裝重己見而已。不能脫去鶻臭布衫。古人謂之見不潔淨。一旦時緣成稔。出來為人。取與之間。應機不妙。蓋從殊勝境界中得。未經大火烹煉過。被人蓋覆將來。便乃辨他不出。所以性敏者多不得道。自高者多恥下問。此焯然之理。

昔法眼會中有一僧。名之曰則監院。久依法眼。凡陞堂小參入室普說。並不趨赴。法眼一日撞見他道。則兄。爾後生家。白日茫茫。何不問事。者僧道。某甲實謾和尚不得。曾見青峰和尚。得箇安樂法門。所以罷參。法眼云。爾從甚麼因緣中得入。者僧道。曾問如何是學人自己。青峰向我道。丙丁童子來求火。我便從者裏住。法眼云。好語。只恐爾錯會。僧道。丙丁屬火。將火覓火。乃將自己覓自己。法眼大笑道。我向爾道。爾不會青峰意。者僧鼓起無明。起單走人。是他般若因緣成熟。時節至矣。行得三兩日。忽然思量道。法眼和尚是五百眾肉身大士。道我不是。必有長處。回來投誠請誨。法眼道。爾問我。者僧便問。如何是學人自己。法眼厲聲道。丙丁童子來求火。者僧豁然大悟。各位。問處一般。答亦不別。那裏是者僧悟處。其間手腳未穩者。未免躊躇。當知此案。劍鋒相拄。以楔出楔。所以古人道。參須實參。悟須實悟。閻羅大王不怕多語。

◆相關法語

不擇師無以得法。鳥之將息。必擇其林。人之求學。當選於師。師乃人之模範。模不模範不範。古今多矣。為模範者世唯二焉。上則智慧博達行業堅貞。猶密室燈光徹窗隙。次乃解雖洞曉。行亦藏瑕。如犯罪人。持燈照道。斯二高座皆蘊師法。

你若只覓言覓句。覓玄覓妙。何時得了。千人萬人各說不同。你用那箇句則是。若見道了。更用言句作麼。若不用言句。你作麼生見。到這裏。參須實參。悟須實悟。令教透頂透底。亘古亘今。打開自己庫藏。運出自己家財拯濟。莫只向外邊尋覓。你若撈得一路透去。便與你同參。你若只守箇昭昭靈靈。下咄下喝。揚眉瞬目。不知這箇更是大病。所以云。此事隱在四大六根裏。六根四大只是箇閑家具。故云生如著衫。死如脫袴。六根四大只是箇衫袴。且道著底是什麼人。且道是誰著。

諸人未了生死疑情。參學有什麼是處。要得省心力麼。但明取若身若心。若外世界種種變化。悉由何發現。須是一得了始得。迷情不現。說法恆沙不了。後並無用處。達磨大師曰。吾本來茲土。傳法救迷情。一花開五葉。結果自然成。可謂無承當人也。

大凡學道須是用作事始得。莫只等閑。但二六時中。如欠卻人家二三百萬貫債負。憂怕還他不徹。如此存誠。不憂不到。是故古者道。大事未辦。如喪考妣。又有一喻。學道之士。如雞抱卵。須是暖氣相接。方可生成。若中間間隔。暖氣不接。便抱十年。終不得生。龍牙亦云。學道如鑽火。逢煙未可休。直待金星現。燒燃始到頭。況此大事。三世諸佛為之出世。自己為之透脫生死。豈可因循如存若亡。

儒林宗工但聞於此道。自以為難。往往士大夫。只知所謂佛者。千劫學威儀。

萬劫修相好。乃至三大阿僧祇劫。修而後成。錯會先佛所言。大通智勝佛。十劫坐道場。佛法不現前。不得成佛道。謂佛道之難成如此。云何博地凡夫。現行無明。為富貴所折困。何時與道相應。纔作是念。便是於心意識中。推出一座須彌山。一障障了道眼。不能明見本地風光。本來面目。正所謂。所知不是障。是障障所知。殊不知一念普觀無量劫。無去無來亦無住。如是了知三世事。超諸方便成十力。

教中道。法不可見聞覺知。若行見聞覺知。是則見聞覺知。非求法也。喻似有人問。城中路從甚麼處去。指云從這裏去。聞說便行。早曲了也。這箇如何將知見解會。計較得失。玄妙是非底心去學得。你要真箇參。但一切放下如大死人相似。百不知百不會。驀地向不知不會處。得這一念子破。佛也不柰你何。

近來佛法可傷。魔彊法弱。禪和家每人有一肚皮禪。到處鬭百草相似。驢年得休歇麼。尋常向你諸人道。祖師西來只是作得箇證明底人。亦無禪道傳與人。若有禪道可傳。則各自傳與父母。傳與六親眷屬去也。既無可傳。須是當人自悟始得。你擬心求悟。早錯了也。豈況多知多解。恣意亂統。

十二時中許你一時絕學。即是學佛法。不見阿難多聞第一。卻被迦葉擯出。不得結集。方知聰明博學。記持憶想。向外馳求。與靈覺心轉沒交涉。五蘊殼中透脫不過。順情生喜。違情生怒。蓋覆深厚。自纏自縛。無有解脫。流浪生死。六根為患。眾苦所逼。無自由分。而被妄心於中主宰。大丈夫兒。早構取好。

古之宗師為人直截。凡有所問。只就問處與之破執。初無實義。近世宗師。間有普說。尚多文體。不見古人直截為人處。大似場屋中論策一般。及攻其所從乃藥貼上語。不能療人之病。徒使其末流。紛紛傳集祕蓄。以當本參。殊不知。我王庫內無如是刀。德山道。亦無佛亦無祖。達磨元是老臊鬍。釋迦老子乾屎橛。十二分教是神鬼簿。四果三賢是守古塚鬼。盡皆自救不了。是則一期方便。早是畫蛇添足。臨濟道。山僧往日曾向毘尼中留心。數十年之間披尋經論。後來方知是濟世表顯。遂乃一時拋卻。發意參禪。遇善知識。方得道眼明白。辨得邪正。不是孃生下便會。此亦古人不欺之語。

經云。從平等法身流出報身。從此報身流出化身。從此化身流出三藏等教十二部經。以是義故。先修法身。言法身者。所為妙有妙無。中道正觀。若悟此理。即是法身。以見法身。即知自身心。從無始世來常違法故。既見法已。即須懃懃用意無間。自然清淨。順於如故。久如不以。如心既成。是為報佛。所以法身本有。報身修行。化身者。經云。現種種身名化身。

既自是佛。何慮佛不解語。只恐不是佛。被有無諸法轉。不得自由。是以理未立。先被福智載去。如賤使貴。不知於理先立。後有福智。臨時作得主。捉土為金。變海水為酥酪。破須彌為微塵。於一義作無量義。於無量義作一義。

學道何故不向城邑聚落。要在山居。答曰。大廈之材。本出幽谷。不向人間有也。以遠離人故。不被刀斧損斫。一一長成大物。後乃堪為棟梁之用。故知栖神幽谷。遠避囂塵。養性山中。長辭俗事。目前無物。心自安寧。從此道樹花開。禪林菓出也。

只如今衲僧家也須著精神參取始得。千里萬里行腳。一等是踏破草鞋。也須是踏得破始得。方且不孤負平生。彼此來南閻浮提打一遭。也不虛過亦不折本。然後向四威儀中隨時受用。亦自安樂。

法句經云。說諸精進法。為增上慢說。若無增上慢。無善無精進。若起精進心。是妄非精進。若能心不妄。精進無有涯。

欲求寂滅樂。當學沙門法。無心離意識。是即沙門法。法句云。說食之人終不能飽。佛頂云。阿難縱強記。不免落邪見。念覺出思惟。身心不能及。歷劫多聞。不如一日修無漏法。方廣經云。一念亂禪定。如殺三千界。滿中一切人。一念在禪定。如活三千界。滿中一切人。

無以生滅心。說實相法。法過眼耳鼻舌身心。法離一切觀行。法相如是。豈可說乎。是故文殊師利菩薩。讚維摩詰無有言說。是真入不二法門。道無形段可修。法無形段可證。只沒閑不憶不念。一切時中總是道。

自慮愛見難防。遂捨眾入山習定均慧。前後息慮相計十年。微細習情起滅彰於靜慧。差別法義羅列見於空心。虛隙日光纖埃擾擾。清潭水底影像昭昭。豈比夫空守默之癡禪。但尋文之狂慧者。然本因了自心。而辨諸教。故懇情於心宗。又因辨諸教。而解修心。

普度禪師謁無得通。於常州之華藏寺。久侍華藏。師子相契如水乳也。通公每勉度出世。度啟曰。行道之日無窮。事師之期有限。師壽縱愈趙州。恐普度薄福。一旦填溝壑。再欲蒙師教誨。其可得乎。通公為之俛首惻然。

學道先須得旨歸。聞聲見色不思議。若憑言語論高下。一似從前未悟時。又云。空門有路人皆到。到者方知旨趣長。心地不生閑草木。自然身放白毫光。

參禪須透祖師關。妙悟要窮心路絕。祖關不透。心路不絕。盡是依艸附木精靈。所以必須將三百六十骨節八萬四千毫竅。通身起箇疑團。參箇公案。蓋要諸人透祖師關。窮心路絕。只如僧問趙州。狗子還有佛性也無。州云無。且道古人意作麼生。便好向者裏起箇疑團。參箇無字。不得向舉起處承當。不得向意根下卜度。不得作有無之無。不得作無無之無。但恁麼舉。舉來舉去。如咬生鐵橛相似。但覺心頭熱悶。不得放捨。求生不得。求死不得。眠不得坐不得。咬來咬去。驀然齒折鐵碎。開口不在舌頭上。便見祖關不透而自透。心路不絕而自絕。便乃與古佛。同一方便。共一舌頭。如獅子奮迅。誰敢當其威。猛似太阿在握。孰敢犯其鋒鋩。我為法王於法自在。無三界可出。無涅槃可證。上無攀仰。下絕己躬。亦無人亦無佛。大千沙界海中漚。一切聖賢如電拂。

香林和尚云。老僧二十年前見與我一般一輩人。盡皆得道。我日夜思量。他得箇什麼。便如此去。我二十年中常看。後來也得恁麼。你看他先德苦切之言。實可取信。豈可守株。徒喪日月。道源不遠。性海非遙。但向己求。莫從外覓。覓即不得。得亦不真。

佛祖所示。廣大坦夷。明白簡易如此。而亦鮮有諦信之者。行人當勤勇念知。顯修之儀。以貪等世事無始惡習。離之甚難。過於世間慈父。離於孝子。故須精進。方能除遣。勤則欲勤策勵。勇猛不息。念則明記不忘。知則決斷無悔。

大德。莫因循過日。山僧往日未有見處時。黑漫漫地。光陰不可空過。腹熱心忙奔波訪道。後還得力始到。今日共道流如是話度。勸諸道流。莫為衣食。看世界易過。善知識難遇。如優曇花時一現耳。

學道之門。別無奇特。只要洗滌根塵下無量劫來業識種子。汝等但能消除情念。斷絕妄緣。對世間一切愛欲境界。心如木石相似。直饒未明道眼。自然成就淨身。若逢真正導師。切須勤心親近。假使參而未徹。學而未成。歷在耳根。永為道種。世世不落惡趣。生生不失人身。纔出頭來一聞千悟。須信道。真善知識為人中最大因緣。能化眾生得見佛性。

兄弟一等是踏破草鞋行腳。拋卻師長父母。直須著些子眼睛始得。若未有箇入頭處。遇著本色咬豬狗手腳。不惜性命。入泥入水相為。有可咬嚼。眨上眉毛。高挂鉢囊。十年二十年辦取出頭。莫愁不成辦。直是今生未得。來生亦不失卻人身。向此門中亦乃省力。不虛辜負平生。亦不辜負師長父母。

直須在意自看。莫空過時。無人替代。時不待人。一日眼光落地。前頭將何抵擬。莫一似落湯螃蟹。手腳忙亂。無你掠虛。說大話處。一失人身。萬劫不復。不是小事。莫據目前。俗子尚云。朝聞道。夕死可矣。況我沙門合履踐何事。大須努力。

跋

佛語心為宗。無門為法門。然既是無門。且作麼生得入。豈不聞古人云。從門入者。不是家珍。從緣得者。始終成壞。故知但有言說。大似無風起浪。好肉剜瘡。又似掉棒打月。隔靴爬癢。有甚交涉。然大道雖然無門。卻千差有路。蓋古聖垂慈。皆以因緣為宗。隨緣不變。不變隨緣。在此當略為述及大小乘及其差別。夫小乘者大約都是指二乘人從無始以來。於因緣之法念念相續。執之為實。而為空有二門所滯著。聲聞人因聞四諦而悟解。緣覺人以明十二因緣而得道。然均尚未入得大乘之空門。蓋大乘始教以空為主。緣生之法。各自無性。徹底是空。但以色性自空。非色滅空。至於大乘終教則雖論空。卻不礙幻有。如此則二相雙存。緣起無性。一切皆如。以上所論之大小乘。皆屬偏且未達圓頓之旨。乃是漸修之法。至於大乘頓教者。言說頓絕。理性頓顯。一念不生。空有互奪。名言路絕。能得證剎那之法空。但因是即心即佛。所以容易誤認識神為我。而一乘圓教者。乃情盡體露之法。蓋情盡理現。諸見自亡。法界緣起無礙。相即相入。故云。繁興大用。起必全真。起唯法起。滅唯法滅。本體並無增減。此即無生。然緣起必依於色。而遍計執依他起以及圓成實三性。亦須依於色空而顯。故知色空本身。即是質礙。我們就以地水火風空覺識七大為例。地水火風是色。屬於六境故為物質。覺及識如電如光。則等同能量。其質由粗而漸細。即是物質漸漸轉變為動能的過程。且是以空為轉換點。由於地水火風空覺識。七大遍滿全身。而一一細胞亦同具七大。於中相互流動往來。互容互攝。各不相礙。亦如百千明鏡鑒像。光影相照。塵塵剎剎各不相借。一切即一。皆同無性。一即一切。因果歷然。或一或多。各住自位。即此即彼。主伴交輝。如是重重無盡。猶天帝網珠。融通無礙。而修行人所能做的努力。就是基於心物一元之道理。將粗重的質。改變成輕清的能。這是轉識成智。蓋地水為重。火風為清。輕清則上昇。濁重則下沉。故參學者能見到空性多少。即能解脫滯礙多少。蓋諸法若不空則無道果。一般來說道果有二。分屬智德和斷德。有菩提智果。乃覺法之樂。頂門眼也。有涅槃斷果。乃寂靜之樂。肘後符也。二者互為主伴。故能照而常寂。

寂而常照。

　各位。此是如來清淨心。快快予以決擇。不可須臾捨離。古云。行之有力則到必遠。學之勤苦則悟必深。學者當謀遠大之計。莫期淺近之功。所謂萬古碧潭空界月。再三撈摝始應知。無上大道。高越泰華。廣逾十虛。一切有情。本來具足。然若非聖賢器量。而欲窮其高。盡其大者。則必定亦須求取捷徑。獲得真訣。否則是虛誑兩邊走。蓋那伽常在定。無有不定時。故若不得相續。亦總是虛耗光陰。然如何是捷徑。一乘法就是。六祖云。唯論見性。不論禪定解脫。古德云。不識本心。學法無益。又云。吾之法門。先佛傳授。不論禪定精進。唯達佛之知見。即心即佛。心佛眾生。菩提煩惱。名異體一。自己心靈。體離斷常。性非垢淨。湛然圓滿。凡聖齊同。應用無方。離心意識。三界六道。唯自心現。昔華嚴休靜禪師在洞山時。問曰。學人未見理路。未免情識。洞山曰。汝還見理路也無。曰。見無理路。洞山曰。什麼處得情識來。曰。學人實問。洞山曰。恁麼則須向萬里無寸草處立。曰。無寸草處。還許立也無。洞山曰。直須恁麼去。故知此事仍以出格為貴。在途之語總是病。出世或不出世法。盡是出世邊說。所以古人道。紹是功。紹了非是功。轉功位了。始喚作人王種。始得尊貴。

　昔洛浦告眾曰。吾非明即後也。今有一事問汝等。若道遮箇是。即頭上安頭。若道遮箇不是。即斬頭求活。大眾。洛浦不說是不對。也不說不是不對。只說頭上安頭或斬頭求活。所以此事不在兩頭。當時第一座對曰。青山不舉足。日下不挑燈。師曰。遮裏是什麼時節。作遮箇語話。蓋第一座落入一色。所謂枯木巖前差路多。坐在白雲深處了也。故為師所訶。時有彥從上座別對曰。離此二途。請和尚不問。師曰。未在。更道。要彥從更說道理看。曰。彥從道不盡。師曰。我不管汝盡不盡。各位。此是說不到的故不盡。所謂智不到處。不得說著。說著則頭角生也。然此雖已道出七分。但尚未與無面目者相見。故洛浦再與一逼而曰。我不管汝盡不盡。對曰。彥從無侍者。祇對和尚。此即與絕氣息者相見了也。師乃下堂。至夜。師令侍者喚彥從入方丈。曰。闍梨今日祇對老僧甚有道理。據汝合體先師意旨。先師道。目前無法。意在目前。不是目前法。非耳目之所到。且道那句是主句。若擇得出。分付鉢袋子。曰。彥從不會。師曰。汝合會。但道。曰。彥從實不知。師喝出。乃曰。苦。苦。各位。大段吾輩既擔箇學道之名。必先要具參方眼。自解作活計始得。庶不辜我生平行腳。即如當初德山上堂曰。問即有過。不問又乖。有僧出禮拜山便打。僧曰。某甲始禮拜。為什麼便打。山曰。待汝開口。堪作什麼。還知麼。此事只是曲為今時。不可思議。實在很難說得明白。且天地洞然。一切事如麻如葛。佛出世亦不奈何。祖出世亦不奈何。唯有體盡即無過患。若明自己事。即轉他一切事為自己受用具。故云體在妙處。莫將作等閑。若體會不盡。則轉他一切事不去。如何能得自由。所以這裏沒量大人辨不得。古德云。這裏直須句句不斷始得。如似長安路上。諸道信秏不絕。若有一道不通。便是不奉於君。此人命如懸絲。直饒學得勝妙之事。亦是不奉於君。豈況自餘有什麼用處。所以必須一切處不受。自信自肯。始稍有相應分。然大捨是輕。大肯是重。蓋大捨底人。雖不見有身。但屬向去功勳邊事故為輕。而大肯底人。見自己向上事如似不淨物。不落功勳邊故重。故古人云。頭頭上了。物物上通。只喚作了事人。終不喚作尊貴。將知尊貴一路自別。

昔歐陽文忠奉官洛中。一日游嵩山。去卻僕吏。放意而往。至一山寺。入門。脩竹滿軒。霜清鳥啼。風物鮮明。文忠休於殿陛。旁有老僧閱經自若。與語不甚顧答。文忠異之曰。道人住山久如。對曰。甚久也。又問。誦何經。對曰。法華經。文忠曰。古之高僧。臨生死之際。類皆談笑脫去。何道致之耶。對曰。定慧力耳。又問。今乃寂寥無有何哉。老僧笑曰。古之人念念在定慧。臨終安得亂。今之人念念在散亂。臨終安得定。文忠大驚。不自知膝之屈也。各位。此事平時就要先作準備。能離能捨。否則臘月卅日。眾苦交加。如何作得主宰。而透脫得去。溈山警策云。一朝臥疾在床。眾苦縈纏逼迫。曉夕思忖。心裏恇惶。前路茫茫。未知何往。從茲始知悔過。臨渴掘井奚為。自恨早不預修。年晚多諸過咎。臨行揮霍。怕怖慞惶。縠穿雀飛。識心隨業。如人負債。強者先牽。心緒多端。重處偏墜。無常殺鬼念念不停。命不可延。時不可待。人天三有。應未免之。如是受身。非論劫數。感傷嘆訝。哀哉切心。豈可緘言。遞相警策。所恨同生像季。去聖時遙。佛法生疏。

人多懈怠。略伸管見。以曉後來。若不躅矜。誠難輪逭。古云。若精誠不內發。三世中縱值恆沙諸佛。亦無所為。是知眾生識心自度。佛不度眾生。佛若能度眾生。過去逢無量恆沙諸佛。何故我不成佛。只是精誠不內發。口說得。心不得。終不免逐業受形。故云。諸攝心人為緣外境。麤心小息。內鍊真心。心未清淨。時於行住坐臥中恆懲意看心。猶未能了了清淨。獨照心源。是名無記心也。亦是漏心。猶不免生死大病。況復總不守真心者。是人沈沒生死苦海。何日得出。是故努力勤求本心。勿令妄漏。所以此事要在自己願意下刀。別人為汝都著力不得。古云。此身不向今生度。更向何生度此身。又云。努力今生須了卻。莫教永劫受餘殃。珍重。

管炬　識於台灣新北　二〇一七年九月

後記

本書在二〇一二年即開始籌劃，原本早該完成問世。但於一五年八月八日的清晨，蘇迪勒颱風一場突如其來的大水，將本人所住的房子連屋頂都掀掉，由於當時初稿的內容均是手寫稿，當然也被大水沖走，所以只好再重新寫過。如今能順利付梓刊出，總算完成了心願。

感謝當時水災協助處理的公部門救難人員，例如新北市政府、新店區公所各課室相關人員及高義良里長等的幫助。除此也十分感謝慈濟功德會，和其他民間慈善人士的濟助，以及鄰居間相互間的幫忙，在此一併感謝。

水災時所有的物品，像大型傢俱、冰箱等，幾乎都被大水沖得精光。但神奇的是，家中所供奉的藥師如來、釋迦如來與阿彌陀佛等三尊木製佛像卻全都完整的保留下來，沒被水沖走。此係家父在一九七八時於寺廟中請回，且在家中供奉了數十年，是父親留下的紀念。真誠感恩佛祖的護持，也願佛光持續普照世間。

感謝佛光出版社黃師姑及委員們能耐心的審察本稿。本書雖被退件，但也有了改正的機會，使書中內容更加完整，心裡很是感激。又黎明出版社吳總編輯建議，著作須分段落以利閱讀，本人已照做，在此謝謝吳總編輯的指導。

當然本人最該感謝的還是博客思（蘭臺）網路出版公司全體同仁，本書才得以與讀者見面。謝謝。

國家圖書館出版品預行編目資料

古叢林入禪秘鑰 / 管延興編著. -- 初版. -- 臺北市：
博客思, 2018.05
面； 公分. -- (佛學與人生系列 ; 7)
ISBN 978-986-95955-7-5(平裝)
1.禪宗 2.佛教修持
226.65　　　　107004603

佛學與人生系列7
古叢林入禪秘鑰

作　　者：管延興編著
編　　輯：楊容容
美　　編：楊容容
封面設計：塗宇樵
出 版 者：博客思出版事業網
發　　行：博客思出版事業網
地　　址：台北市中正區重慶南路1段121號8樓之14
電　　話：(02)2331-1675或(02)2331-1691
傳　　真：(02)2382-6225
E—MAIL：books5w@gmail.com 或 books5w@yahoo.com.tw
網路書店：http://bookstv.com.tw/
http://store.pchome.com.tw/yesbooks/
三民書局、博客來網路書店 http://www.books.com.tw
總 經 銷：聯合發行股份有限公司
電　　話：(02) 2917-8022　　傳 真：(02) 2915-7212
劃撥戶名：蘭臺出版社　帳號：18995335
香港代理：香港聯合零售有限公司
地　　址：香港新界大蒲汀麗路36號中華商務印刷大樓
C&C Building, 36,Ting, Lai, Road, Tai,Po, New,Territories
電　　話：(852)2150-2100　　傳真：(852)2356-0735
經　　銷：廈門外圖集團有限公司
地　　址：廈門市湖里區悦華路8號4樓
電　　話：86-592-2230177　　傳 真：86-592-5365089
出版日期：2018年　5月　初版
定　　價：新臺幣 380 元整（平裝）

ISBN：978-986-95955-7-5